中华人民共和国
土地管理法
注解与配套

第六版

中国法制出版社

CHINA LEGAL PUBLISHING HOUSE

出版说明

中国法制出版社一直致力于出版适合大众需求的法律图书。为了帮助读者准确理解与适用法律，我社于2008年9月推出“法律注解与配套丛书”，深受广大读者的认同与喜爱，此后推出的第二、三、四、五版也持续热销。为了更好地服务读者，及时反映国家最新立法动态及法律文件的多次清理结果，我社决定推出“法律注解与配套丛书”（第六版）。

本丛书具有以下特点：

1. 由相关领域的具有丰富实践经验和学术素养的法律专业人士撰写适用导引，对相关法律领域作提纲挈领的说明，重点提示立法动态及适用重点、难点。

2. 对主体法中的重点法条及专业术语进行注解，帮助读者把握立法精神，理解条文含义。

3. 根据司法实践提炼疑难问题，由相关专家运用法律规定及原理进行权威解答。

4. 在主体法律文件之后择要收录与其实施相关的配套规定，便于读者查找、应用。

此外，为了凸显丛书简约、实用的特色，分册根据需要附上实用图表、办事流程等，方便读者查阅使用。

真诚希望本丛书的出版能给您在法律的应用上带来帮助和便利，同时也恳请广大读者对书中存在的不足之处提出批评和建议。

中国法制出版社

2023年7月

适用导引

土地是民生之本、发展之基，关系广大人民群众的切身利益。随着我国经济社会的快速发展，土地作为基本生产资料的地位和作用日益突出。

《土地管理法》于1986年6月25日由第六届全国人民代表大会常务委员会第十六次会议通过，其间经历1988年、1998年、2004年及2019年四次变迁。《土地管理法》共8章87条，明确了国有土地和集体所有土地在范围上的划分，确立了土地用途管制制度，对耕地实施特殊保护，详细规范了建设占用土地涉及农用地转为建设用地应当办理的审批手续，加大了各级自然资源主管部门对违反土地管理法律、法规行为的监督检查力度，强化了违法者的法律责任。2019年8月26日修改的土地管理法，继续坚持土地公有制不动摇，坚持农民利益不受损，坚持最严格的耕地保护制度和最严格的节约集约用地制度，并在充分总结农村土地制度改革试点成功经验的基础上，在土地征收制度、集体经营性建设用地入市、宅基地管理等方面作出多项重大突破，将多年来土地制度的改革成果上升为法律规定。《民法典》《土地管理法实施条例》《城镇国有土地使用权出让和转让暂行条例》《基本农田保护条例》和《违反土地管理规定行为处分办法》等法律法规和政策性文件的出台或修订，建立了耕地保护制度、建设用地管理制度、土地产权和交易制度、监督检查制度和法律责任制度。

《土地管理法》的主要内容包括：

（一）土地权属制度。我国实行土地公有制，分为全民所有和集体所有两种。其中国有土地的范围包括：城市市区的土地，依法属于国家所有的农村和城市郊区的土地，国家已征收的土地。土地所有权不得买卖或者以其他形式非法转让，但是土地使用权可以依法转让。

（二）农用地转建设用地。国家严格限制农用地转为建设用地，控制建设用地总量。建设占用土地，涉及农用地转为建设用地的，应当按照管理权限办理批转手续。（1）永久基本农田转为建设用地的，由国务院批准。（2）在土地利用总体规划确定的城市和村庄、集镇建设用地规模范围内，为实施该规划而将永久基本农田以外的农用地转为建设用地的，按土地利用年度计划分批次按照国务院规定由原批准土地利用总体规划的机关或者其授权的机关批准。在已批准的农用地转用范围内，具体建设项目用地可以由市、县人民政府批准。（3）在土地利用总体规划确定的城市和村庄、集镇建设用地规模范围外，将永久基本农田以外的农用地转为建设用地的，由国务院或者国务院授权的省、自治区、直辖市人民政府批准。

（三）土地征收及征地补偿。国家为了公共利益的需要，可以依法对土地实行征收并给予补偿。征收土地应当依法及时足额支付土地补偿费、安置补助费以及农村村民住宅、其他地上附着物和青苗等的补偿费用，并安排被征地农民的社会保障费用。征地补偿的原则是应当保障被征地农民“原有生活水平不降低、长远生计有保障”，具体计算方法是：（1）征收农用地的土地补偿费、安置补助费标准由省、自治区、直辖市通过制定公布区片综合地价确定。制定区片综合地价应当综合考虑土地原用途、土地资源条件、土地产值、土地区位、土地供求关系、人口以及经济社会发展水平等因素，并至少每三年调整或者重新公布一次。（2）地上附着物和青苗等的补偿标准，由省、自治区、直辖市制定。（3）农村村民住宅，应当按照先补偿后搬迁、居住条件有改善的原则，尊重农村村民意愿，采取重新安排宅基地建房、提供安置房或者货币补偿等方式给予公平、合理的补偿，并对因征收造成的搬迁、临时安置等费用予以补偿，保障农村村民居住的权利和合法的住房财产权益。（4）县级以上地方人民政府应当将被征地农民纳入相应的养老等社会保障体系。被征地农民的社会保障费用主要用于符合条件的被征地农民的养老保险等社会保险缴费补贴。

（四）国有土地使用权的出让和划拨。(1）取得的代价不同：经县级以上人民政府批准，以划拨方式获得国有土地使用权的，无须向国家缴纳土地使用权出让金，为无偿取得。但是如果该土地被划拨前存在拆迁、安置等情况的，以划拨方式取得土地使用权的单位应当承担补偿安置的费用。以出让方式取得国有土地使用权的，须向国家缴纳土地使用权出让金。(2）使用年限不同：以划拨方式取得国有土地使用权一般没有使用年限限制，以出让方式取得的土地使用权则有年限限制，如工业用地出让年限最高为50年，商业用地最高为40年，居住用地最高为70年。(3）经营活动的限制不同：划拨取得的土地使用权，限制自用，未经政府批准不得进行转让、出租、抵押等经营活动，出让方式取得土地使用权，可以进行转让、出租、抵押等经营活动。(4）依法收回土地使用权时补偿不同：划拨方式取得的土地使用权，市、县人民政府根据城市建设发展需要和城市规划的要求，可以无偿收回，根据实际情况对其地上建筑物、其他附着物给予适当补偿；出让方式取得的土地使用权，则根据土地使用者使用土地的实际年限和开发土地的实际情况给予相应的补偿。

目　　录

中华人民共和国土地管理法

第一章　总　　则

第二章 土地的所有权和使用权

第三章　土地利用总体规划

第四章　耕地保护

第五章 建设用地

第六章　监 督 检 查

第七章　法律责任

第八章 附 则

配套法规

实用附录

中华人民共和国土地管理法

（1986 年 6 月 25 日第六届全国人民代表大会常务委员会第十六次会议通过　根据 1988 年 12 月 29 日第七届全国人民代表大会常务委员会第五次会议《关于修改〈中华人民共和国土地管理法〉的决定》第一次修正　1998 年 8 月 29 日第九届全国人民代表大会常务委员会第四次会议修订　根据 2004 年 8 月 28 日第十届全国人民代表大会常务委员会第十一次会议《关于修改〈中华人民共和国土地管理法〉的决定》第二次修正　根据 2019 年 8 月 26 日第十三届全国人民代表大会常务委员会第十二次会议《关于修改〈中华人民共和国土地管理法〉、〈中华人民共和国城市房地产管理法〉的决定》第三次修正）

目　　录

第一章 总 则

第一条 【立法目的】[*] 为了加强土地管理，维护土地的社会主义公有制，保护、开发土地资源，合理利用土地，切实保护耕地，促进社会经济的可持续发展，根据宪法，制定本法。

注解

本条规定了土地管理法的立法宗旨和立法根据。土地管理法的立法宗旨是加强土地管理，维护社会主义公有制，保护、开发土地资源，合理利用土地，切实保护耕地，促进社会经济的可持续发展。立法根据是宪法，宪法是根本大法，规定了我国政治、经济、文化等领域的基本制度，与土地管理法相关的主要就是基本经济制度。

土地是与人类生存和发展息息相关的物质基础，包括耕地、林地、草地、河流、湖泊、城乡住宅和公共设施用地、工矿用地、交通水利设施用地、旅游用地、军事设施用地等，具有有限性、不可替代性、永久性、不可移动性等基本特征。

耕地，通常是指在较长的时期内专门用于种植各种农作物的土地。一般具有整体面积较大、人工培育时间较长、地力比较肥沃、主要用来种植各种农作物等特点。那些在短时期内临时用来种植农作物的零星土地，以及那些主要用于非种植农作物用途的其他土地，一般不包括在耕地的范畴内。

第二条 【基本土地制度】 中华人民共和国实行土地的社会主义公有制，即全民所有制和劳动群众集体所有制。

全民所有，即国家所有土地的所有权由国务院代表国家行使。

任何单位和个人不得侵占、买卖或者以其他形式非法转让土地。土地使用权可以依法转让。

---

* 条文主旨为编者所加，下同。

国家为了公共利益的需要，可以依法对土地实行征收或者征用并给予补偿。

国家依法实行国有土地有偿使用制度。但是，国家在法律规定的范围内划拨国有土地使用权的除外。

注解

依据宪法和本法，我国土地的社会主义公有制分为全民所有制和劳动群众集体所有制这两种基本形式。任何组织或者个人不得侵占、买卖或者以其他形式非法转让土地。我国公有土地所有权的主体只能是国家和有关农民集体，除国家为了公共利益的需要可以依法征收农民集体所有的土地外，公有土地的所有权是不能改变的。任何买卖或者变相买卖土地，即通过买卖改变土地所有权的行为都是非法的，都必须依法禁止。

土地使用权是指土地使用者在法律规定的范围内对所使用的土地享有占有、使用和收益的权利。我国确立了土地所有权和使用权相分离的原则，土地使用权可以依法转让。

应用

1. 土地可以买卖吗?

土地不可以买卖。《宪法》第10条第4款规定:“任何组织或者个人不得侵占、买卖或者以其他形式非法转让土地。”《土地管理法》第74条规定:“买卖或者以其他形式非法转让土地的，由县级以上人民政府自然资源主管部门没收违法所得；对违反土地利用总体规划擅自将农用地改为建设用地的，限期拆除在非法转让的土地上新建的建筑物和其他设施，恢复土地原状，对符合土地利用总体规划的，没收在非法转让的土地上新建的建筑物和其他设施；可以并处罚款；对直接负责的主管人员和其他直接责任人员，依法给予处分；构成犯罪的，依法追究刑事责任。”

2. 何谓“非法转让土地使用权”，其表现形式主要有哪些?

非法转让土地使用权，是指违反土地管理法律、法规的有关规定，将依法管理和持有的土地使用权擅自转让给他人的行为。亦即未按国家法律规定的程序办理征用或划拨手续，或者未按规定权限办理审批手续而擅自转让土地使用权的行为。现实生活中，非法转让土地使用权的行为主要表现为以下几种情形：（1）以物易地，如有的机关、企事业单位用国家的生产设备、车辆等财产为对价换取农民集体所有的土地；（2）以与乡村开办联营企业为名，非法占有农民集体所有的土地；（3）假借开办乡镇企业之名，无偿占用农村耕地；（4）以提供贷款、招工为条件，非法占用集体土地；（5）以转让地上物为名，非法转让土地使用权等。

3. 国家在什么情况下可以对土地进行征收和征用?

为了保证社会长远发展和公益事业发展的顺畅，当国有建设用地不足时，国家或政府可以对属于集体所有的土地进行征收和征用。由于征收征用是对土地的重新分配，关乎该块土地具有权利关联的众多单位和个人的利益，因此必须严格限制征收征用的适用，不得滥用。启动征收征用的原因仅限于公共利益的需要，包括为了不特定多数人的福利而兴建公共设施、公共交通以及出于对整个社会长远利益的考虑而进行其他的投入。虽然征收征用具有单方性和强制性，被征收征用的对象必须服从和配合，但是任何公权力的行使都应以不侵害相对方的合法利益为前提，因此，在进行征收征用之后，国家必须对失地人的损失予以补偿。

同时，读者需要特别注意的是，2011 年通过的《国有土地上房屋征收与补偿条例》首次对“公共利益”的含义作了明确界定。该条例第 8 条规定，因国防、外交需要和由政府组织实施的能源、交通、水利、教科文卫体、资源环保、防灾减灾、文物保护、社会福利、市政公用等公共事业需要以及保障性安居工程建设、旧城区改建需要可以实行房屋征收。为了加强规划的调控作用，根据条例的规定，确需征收房屋的各项建设活动都应当符合国民经济和社会发展规划、土地利用总体规划、城乡规划和专项规划，并要求制订规划应当广泛征求社会公众意见，经过科学论证，保障性安居工程建设和旧城区改建还应当纳入市、县级国民经济和社会发展年度计划，经市、县级人民代表大会审议通过。

4. 什么是国有土地有偿使用制度?

我国的国有土地有偿使用制度是指，国家将国有土地使用权在一定年限内出让给土地使用者，由土地使用者向国家支付土地使用权出让金的制度。在法定条件下对土地的无偿使用是有偿使用制度的补充和例外。国有土地有偿使用制度主要包括：建设单位使用国有土地，应当以出让等有偿使用方式取得，但是法律、行政法规规定可以划拨方式取得的除外；土地有偿使用可以通过土地使用权出让、租赁、授权经营、作价入股（出资）等方式实现，其中出让方式有招标、拍卖、挂牌和协议；工业、商业、旅游、娱乐和商品住宅等经营性用地，应当采取招拍挂方式出让；同一宗地有两个以上意向用地者的，应当以招拍挂方式出让。

配套

《宪法》第6、10条；《民法典》第242、243、245、249、260、325、327、347条；《城市房地产管理法》第3、9条

第三条 【土地基本国策】十分珍惜、合理利用土地和切实保护耕地是我国的基本国策。各级人民政府应当采取措施，全面规划，严格管理，保护、开发土地资源，制止非法占用土地的行为。

配套

《国务院关于深化改革严格土地管理的决定》；《省级政府耕地保护责任目标考核办法》

第四条 【土地用途管制制度】国家实行土地用途管制制度。

国家编制土地利用总体规划，规定土地用途，将土地分为农用地、建设用地和未利用地。严格限制农用地转为建设用地，控制建设用地总量，对耕地实行特殊保护。

前款所称农用地是指直接用于农业生产的土地，包括耕地、林地、草地、农田水利用地、养殖水面等；建设用地是指建造建筑物、构筑物的土地，包括城乡住宅和公共设施用地、工矿用地、交通水利设施用地、旅游用地、军事设施用地等；未利用地是指农用地和建设用地以外的土地。

使用土地的单位和个人必须严格按照土地利用总体规划确定的用途使用土地。

注解

土地用途管制，是指国家为保证土地资源的合理利用以及经济、社会和环境的协调发展，通过编制国土空间规划划定土地利用区，确定每一块土地的用途，土地使用者、土地所有者应严格地按照国家确定的土地用途利用土地的制度。其核心是依据国土空间规划对土地用途转变实行严格控制。

土地用途管制制度是由一系列具体制度和规范组成的。其中，土地按用途分类是实行用途管制的基础；国土空间规划是实行用途管制的依据；农用地转为建设用地需要预先进行审批是关键；保护农用地是国家实行土地用途管制的目的；核心是切实保护耕地，保证耕地总量动态平衡，对永久基本农田实行特殊保护，防止耕地的破坏、闲置和撂荒，开发未利用地、进行土地的整理和复垦；强化土地执法监督，严肃法律责任是实行土地用途管制的保障。

应用

5. 土地用途管制制度包括哪些内容?

（1）通过国土空间规划划定每一块土地的用途，将土地分为农用地、建设用地和未利用地三大类，并具体划分为若干小类。将土地作出分类是国家实行土地用途管制制度的需要，主要目的是限制农用地转为建设用地，特别是要对耕地实行重点保护。

（2）通过农用地转用审批，严格限制农用地转为建设用地。

（3）通过土地利用年度计划，严格控制建设用地供应总量。

（4）对耕地实行特殊保护，采取措施确保耕地总量不减少。包括占用耕地补偿制度，永久基本农田保护制度，未利用地开垦和土地整理、土地复垦，严格保护耕地等。

（5）使用土地的单位和个人必须严格按照国土空间规划确定的用途使用土地，强化国土空间规划的作用。

6. 如何判定违法用地是否符合土地利用总体规划?

判定违法用地是否符合土地利用总体规划，应当将违法用地的界址范围（或者界址坐标）与违法用地行为发生时乡（镇）土地利用总体规划纸质图件（或者数据库矢量图件）套合比对、对照，将项目名称与土地利用总体规划文本对照。

与乡（镇）土地利用总体规划纸质图件（或者数据库矢量图件）进行套合比对，违法用地位于规划城乡建设允许建设区或属于规划建设用地地类的，应当判定为符合土地利用总体规划；与乡（镇）土地利用总体规划纸质图件（或者数据库矢量图件）进行对照，违法用地位于土地利用总体规划确定的交通廊道内、独立工矿用地区域的，应当判定为符合土地利用总体规划；与土地利用总体规划文本进行对照，用地项目已列入土地利用总体规划重点建设项目清单的，应当判定为符合土地利用总体规划。

在作出处罚决定前，土地利用总体规划依法作出了重大调整，违法用地的规划土地用途发生重大变更的，可以按照从轻原则判定是否符合土地利用总体规划。

承办机构可以提请自然资源规划管理工作机构进行认定。

配套

《民法典》第244条；《土地管理法实施条例》第3条；《自然生态空间用途管制办法（试行）》

第五条　【土地管理体制】国务院自然资源主管部门统一负责全国土地的管理和监督工作。

县级以上地方人民政府自然资源主管部门的设置及其职责，由省、自治区、直辖市人民政府根据国务院有关规定确定。

注解

在1998年国务院机构改革中，原国家土地管理局与地质矿产部、国家海洋局、国家测绘局合并组建了国土资源部。2018年机构改革时，将国土资源部的职责，国家发展和改革委员会的组织编制主体功能区规划职责，住房和城乡建设部的城乡规划管理职责，水利部的水资源调查和确权登记管理职责，农业部的草原资源调查和确权登记管理职责，国家林业局的森林、湿地等资源调查和确权登记管理职责，国家海洋局的职责，国家测绘地理信息局的职责整合，组建自然资源部。自然资源部现为我国中央一级的土地行政主管部门。

应用

7. 地方自然资源管理机构的设置及其职责有哪些?

本法对地方自然资源主管部门的设置及其职责，只作了原则性规定。根据《地方各级人民代表大会和地方各级人民政府组织法》第79条的规定，地方各级人民政府根据工作需要和优化协同高效以及精干的原则，设立必要的工作部门。县级以上的地方各级人民政府设立审计机关。地方各级审计机关依照法律规定独立行使审计监督权，对本级人民政府和上一级审计机关负责。省、自治区、直辖市的人民政府的厅、局、委员会等工作部门和自治州、县、自治县、市、市辖区的人民政府的局、科等工作部门的设立、增加、减少或者合并，按照规定程序报请批准，并报本级人民代表大会常务委员会备案。

配套

《自然资源部职能配置、内设机构和人员编制规定》

第六条　【国家土地督察制度】国务院授权的机构对省、自治区、直辖市人民政府以及国务院确定的城市人民政府土地利用和土地管理情况进行督察。

注解

本条规定标志着国家土地督察制度正式成为土地管理的法律制度。土地督察制度主要包括以下内容：

1. 督察的主体：根据本条规定，土地督察的主体是经国务院授权专门对省、自治区、直辖市人民政府以及国务院确定的城市人民政府行使土地监督检查权的机构。

2. 督察的对象：根据本条规定，督察对象为省、自治区、直辖市人民政府以及国务院确定的城市人民政府。

3. 督察的内容：土地督察的内容是土地利用和土地管理情况。主要包括：（1）监督检查省级以及国务院确定的城市人民政府耕地保护责任目标的落实情况。（2）监督省级以及国务院确定的城市人民政府土地执法情况，核查土地利用和管理中的合法性和真实性，监督检查土地管理审批事项和土地管理法定职责履行情况。(3) 监督检查省级以及国务院确定的城市人民政府贯彻党中央、国务院关于土地管理重大方针政策、决策部署及法律法规执行等情况。(4) 开展土地管理的调查研究，提出加强土地管理的政策建议等。

配套

《国务院办公厅关于建立国家土地督察制度有关问题的通知》

第七条　【单位和个人的土地管理权利和义务】任何单位和个人都有遵守土地管理法律、法规的义务，并有权对违反土地管理法律、法规的行为提出检举和控告。

注解

根据《信访工作条例》第17、18条的规定，公民、法人或者其他组织可以采用信息网络、书信、电话、传真、走访等形式，向各级机关、单位反映情况，提出建议、意见或者投诉请求，有关机关、单位应当依规依法处理。

对信访人提出的检举控告类事项，纪检监察机关或者有权处理的机关、单位应当依规依纪依法接收、受理、办理和反馈。党委和政府信访部门应当按照干部管理权限向组织（人事）部门通报反映干部问题的信访情况，重大情况向党委主要负责同志和分管组织（人事）工作的负责同志报送。组织（人事）部门应当按照干部选拔任用监督的有关规定进行办理。

不得将信访人的检举、揭发材料以及有关情况透露或者转给被检举、揭发的人员或者单位。

应用

8. 国家机关及其工作人员如何严格守法?

严格按照国土空间规划确定的用途批准用地；严格按照法律规定的权限和程序批准占用、征收土地；不得侵占、挪用被征收土地单位的征地补偿费用和其他有关费用；自然资源主管部门的工作人员要认真执法，不得滥用职权、徇私舞弊。在处理土地违法案件时，必须严格按照法律、法规的规定，该给予处分的必须给予处分，该给予行政处罚的必须给予行政处罚，该移送有关机关追究刑事责任的，必须移交有关机关追究刑事责任。

9. 公民和单位如何忠实履行土地管理法律、法规规定的义务?

使用土地的单位和个人，有保护、管理和合理利用土地的义务；承包经营土地的单位和个人有保护和按照承包合同约定的用途合理利用土地的义务；不得侵占、买卖或者以其他形式非法转让土地；不得违反国土空间规划擅自将农用地改为建设用地；不得违反本法规定，占用耕地建窑、建坟或者擅自在耕地上建房、挖砂、采石、采矿、取土等，破坏种植条件；不得未经批准或者采取欺骗手段骗取批准，非法占用土地；农村村民不得未经批准或者采取欺骗手段骗取批准，非法占用土地建住宅；使用耕地的，要严格按照本法的规定履行开垦义务；因挖损、塌陷、压占等造成土地破坏的，应当履行土地复垦义务；开发土地要遵守本法和其他法律、法规规定的程序和要求等。

10. 如何行使检举权和控告权?

（1）向司法机关提起诉讼；（2）向主管单位、上级单位提出；（3）向专门的监察机关提出。

配套

《宪法》第 41 条；《信访工作条例》

第八条　【奖励】 在保护和开发土地资源、合理利用土地以及进行有关的科学研究等方面成绩显著的单位和个人，由人民政府给予奖励。

注解

（1）奖励主体

本条规定的奖励主体是人民政府，包括以人民政府的名义奖励、以人事或干部主管部门的名义奖励和以自然资源主管部门的名义奖励。

（2）奖励对象

本条规定的奖励对象是单位和个人，单位可以是企业、事业单位，各级政府的组成部门，也可以是其他非政府组织等。个人可以是中国公民，也可以是外国公民。可以是自然资源主管部门及其工作人员，也可以是有关研究机构科研人员、使用土地的单位和个人，举报土地违法案件的单位和个人等。

(3) 奖励范围

本条规定的奖励范围应当是与土地管理相关的方面，包括保护和开发土地资源、合理利用土地、进行与保护和开发土地资源、合理利用土地有关的科学研究。

(4) 奖励条件

本条规定的奖励条件是在保护和开发土地资源、合理利用土地以及进行有关的科学研究等方面作出显著成绩。

第二章 土地的所有权和使用权

第九条 【土地所有制】城市市区的土地属于国家所有。

农村和城市郊区的土地，除由法律规定属于国家所有的以外，属于农民集体所有；宅基地和自留地、自留山，属于农民集体所有。

注解

我国土地的所有权主体只有两个：一个是国家，一个是农民集体。这两个主体都可以依法占有其所有的土地，并可以使用和处分该土地，还可以享有该片土地上产生的收益。

应用

11. 土地所有权属于国家或集体所有存在争议、归属不明时，怎么办?

《确定土地所有权和使用权的若干规定》第18条规定："土地所有权有争议，不能依法证明争议土地属于农民集体所有的，属于国家所有。"

12. 对农民长期使用但未取得合法权属证明的土地应如何确定权属?

根据《最高人民法院行政审判庭关于对农民长期使用但未取得合法权属证明的土地应如何确定权属问题的答复》（1998年8月17日，〔1997〕行他字第17号）的规定，如果国家使用农民长期使用，但未取得合法权属证明的土地，应参照国家征用土地的有关规定给予适当补偿。

13. 带地入社土地的权属性质如何确定?

根据《国土资源部办公厅关于带地入社土地确权问题的复函》（2002年

12月31日，国土资厅函〔2002〕437号）的规定，按照《农村人民公社工作条例修正草案》第21条“生产队范围内的土地都归生产队所有”的规定，经过了带地入社和1962年的“四固定”，生产队范围内的土地，无论其是否原为国有，都应确定为集体所有。

配套

《宪法》第9、10条；《民法典》第249、250条；《确定土地所有权和使用权的若干规定》第18条；《土地权属争议调查处理办法》

第十条　【土地使用权】国有土地和农民集体所有的土地，可以依法确定给单位或者个人使用。使用土地的单位和个人，有保护、管理和合理利用土地的义务。

注解

本条是关于土地使用权的规定，体现了土地的所有权和使用权相分离的基本原则。虽然国家和农民集体拥有土地，但是政府机构、企事业单位、社会团体、个人等都可以在符合法律规定的情况下，办理相关手续，取得合理利用土地的权利并获取收益，这并不意味着其对土地的使用可以不受任何限制，还是应当承担保护、管理和合理利用土地的义务，根据土地的自然属性和经济属性的不同，科学使用土地，防止水土流失和盐渍化。

应用

14. 国有土地依法确定给单位或个人使用的方式有哪些?

(1) 土地划拨。即土地使用者只需按照一定程序提出申请，经法定机关批准即可取得土地使用权，无须向土地所有者交付土地使用权出让费用。(2) 土地使用权出让。即国家以土地所有者的身份将土地使用权在一定年限内让与土地使用者，并由土地使用者向国家支付土地使用权出让金的行为。土地使用权出让应当签订出让合同。

15. 国有土地依法确定给单位或个人使用后，其使用权可否进入市场流转?

根据《城镇国有土地使用权出让和转让暂行条例》的相关规定，以出让方式有偿取得的土地使用权可以依法转让、出租、抵押或继承。而根据该条例第44条的规定，除法定的特殊情况外，以土地划拨方式无偿取得的土地使用权则不得进入市场交易或流转。但是，根据该条例第45条的规定，符合下列条件的，经市、县人民政府土地管理部门和房产管理部门批准，其划拨土地使用权和地上建筑物、其他附着物所有权可以转让、出租、抵押：(1) 土地使用者为公司、企业、其他经济组织和个人；(2) 领有国有土地使用证；(3) 具有地上建筑物、其他附着物合法的产权证明；(4) 依法签订土地使用权出让合同，向当地市、县人民政府补交土地使用权出让金或者以转让、出租、抵押所获收益抵交土地使用权出让金。

通过土地划拨方式取得的国有土地使用权，必须依法转变为出让土地使用权之后，方可进入市场交易或流转。

配套

《民法典》第324条；《农村土地承包法》第2、21条；《城市房地产管理法》第2条；《城镇国有土地使用权出让和转让暂行条例》第12、44、45条

第十一条　【集体所有土地的经营和管理】农民集体所有的土地依法属于村农民集体所有的，由村集体经济组织或者村民委员会经营、管理；已经分别属于村内两个以上农村集体经济组织的农民集体所有的，由村内各该农村集体经济组织或者村民小组经营、管理；已经属于乡（镇）农民集体所有的，由乡（镇）农村集体经济组织经营、管理。

注解

考虑到过去的“三级所有，队为基础”的基本生产队模式，本条将农民集体所有土地的经营、管理分为三种情况：农民集体所有的土地依法属于村农民集体所有的，由村集体经济组织或者村民委员会经营、管理。已经分别属于村内两个以上农村集体经济组织的农民集体所有的，由村内各该农村集体经济组织或者村民小组经营、管理。已经属于乡（镇）农民集体所有的，由乡（镇）农村集体经济组织经营、管理。对于前两种情况，有集体经济组织的就由集体经济组织经营、管理，集体经济组织已经不健全的，应当由现在的村民自治组织——村民委员会或村民小组来经营、管理。对于第三种情况，则直接由乡（镇）农村集体经济组织经营、管理。

配套

《民法典》第262条；《农村土地承包法》第13条

第十二条　【土地所有权和使用权登记】土地的所有权和使用权的登记，依照有关不动产登记的法律、行政法规执行。

依法登记的土地的所有权和使用权受法律保护，任何单位和个人不得侵犯。

注解

本条所讲的土地所有权是指土地所有者在法律规定的范围内对其所有的土地享有占有、使用、收益和处分的权利。包括国有土地所有权和农民集体土地所有权。本条所讲的使用权是指土地使用权人对依法取得的土地享有占有、使用、收益和依法处分的权利。包括对国有土地和农民集体土地的使用权。

《民法典》第349条规定，设立建设用地使用权的，应当向登记机构申请建设用地使用权登记。建设用地使用权自登记时设立。登记机构应当向建设用地使用权人发放权属证书。第355条规定，建设用地使用权转让、互换、出资或者赠与的，应当向登记机构申请变更登记。第360条规定，建设用地使用权消灭的，出让人应当及时办理注销登记。登记机构应当收回权属证书。同时，还对不动产登记应提供的必要资料、登记的效力、不动产登记簿效力及其管理机构、不动产登记簿与不动产权属证书的关系、不动产更正登记和异议登记等作出了规定。

《农村土地承包法》对土地承包经营权和土地经营权登记作出了规定，第24条规定，国家对耕地、林地和草地等实行统一登记，登记机构应当向承包方颁发土地承包经营权证或者林权证等证书，并登记造册，确认土地承包经营权。第35条规定，土地承包经营权互换、转让的，当事人可以向登记机构申请登记。未经登记，不得对抗善意第三人。第41条规定，土地经营权流转期限为五年以上的，当事人可以向登记机构申请土地经营权登记。未经登记，不得对抗善意第三人。上述规定的所有权和使用权经过登记的，受法律保护，未经登记的不受法律保护。

应用

16. 如何申请集体土地所有权登记?

集体土地所有权登记，依照下列规定提出申请：(1) 土地属于村农民集体所有的，由村集体经济组织代为申请，没有集体经济组织的，由村民委员会代为申请；(2) 土地分别属于村内两个以上农民集体所有的，由村内各集体经济组织代为申请，没有集体经济组织的，由村民小组代为申请；(3) 土地属于乡（镇）农民集体所有的，由乡（镇）集体经济组织代为申请。申请集体土地所有权首次登记的，应当提交下列材料：(1) 土地权属来源材料；(2) 权籍调查表、宗地图以及宗地界址点坐标；(3) 其他必要材料。

17. 如何申请国有建设用地使用权登记?

依法取得国有建设用地使用权，可以单独申请国有建设用地使用权登记。依法利用国有建设用地建造房屋的，可以申请国有建设用地使用权及房屋所有权登记。申请国有建设用地使用权首次登记，应当提交下列材料：(1) 土地权属来源材料；(2) 权籍调查表、宗地图以及宗地界址点坐标；(3) 土地出让价款、土地租金、相关税费等缴纳凭证；(4) 其他必要材料。上述规定的土地权属来源材料，根据权利取得方式的不同，包括国有建设用地划拨决定书、国有建设用地使用权出让合同、国有建设用地使用权租赁合同以及国有建设用地使用权作价出资（入股）、授权经营批准文件。申请在地上或者地下单独设立国有建设用地使用权登记的，按照上述规定办理。申请国有建设用地使用权及房屋所有权首次登记的，应当提交下列材料：(1) 不动产权属证书或者土地权属来源材料；(2) 建设工程符合规划的材料；(3) 房屋已经竣工的材料；(4) 房地产调查或者测绘报告；(5) 相关税费缴纳凭证；(6) 其他必要材料。

18. 依法登记的土地所有权和使用权受到侵害时如何救济?

(1) 行政救济途径。当土地所有权人和使用权人的权利受侵害时，可以请求行政机关给予保护，或作出处理。(2) 司法救济途径。当土地所有权人和使用权人的权利受侵害时，受害人可以通过以下途径寻求司法救济：①通过确权之诉来解决。即自己的权利与他人发生归属争议时，请求法院确认权利的存在与归属。②通过给付之诉来解决。即当义务人不履行自己的义务时，权利人可请求法院责令义务人履行自己的义务。③通过变更之诉来解决。即权利人要求变动已经存在的权利时，请求法院依法予以变更。

配套

《民法典》第349、355、360条；《不动产登记暂行条例》；《不动产登记暂行条例实施细则》

第十三条　【土地承包经营】农民集体所有和国家所有依法由农民集体使用的耕地、林地、草地，以及其他依法用于农业的土地，采取农村集体经济组织内部的家庭承包方式承包，不宜采取家庭承包方式的荒山、荒沟、荒丘、荒滩等，可以采取招标、拍卖、公开协商等方式承包，从事种植业、林业、畜牧业、渔业生产。家庭承包的耕地的承包期为三十年，草地的承包期为三十年至五十年，林地的承包期为三十年至七十年；耕地承包期届满后再延长三十年，草地、林地承包期届满后依法相应延长。

国家所有依法用于农业的土地可以由单位或者个人承包经营，从事种植业、林业、畜牧业、渔业生产。

发包方和承包方应当依法订立承包合同，约定双方的权利和义务。承包经营土地的单位和个人，有保护和按照承包合同约定的用途合理利用土地的义务。

注解

本条分别对农村土地的家庭承包及承包的期限，"四荒地"等其他农村土地的承包，国有农用地的承包经营，以及订立承包合同并履行保护和合理利用土地义务作出了规定。为与农村土地承包法的内容相衔接，本条第1款一是明确土地承包经营权的客体：农民集体所有的土地和国家所有依法由农民集体使用的耕地、林地、草地，以及其他依法用于农业的土地。二是明确土地承包经营权的主体：对一般农用地而言，以家庭承包方式设立的土地承包经营权，其主体必须是本集体经济组织成员所组成的农户，具有特定的身份性；"四荒地"（荒山、荒沟、荒丘和荒滩）土地承包人则无身份限制，除了本集体经济组织成员，其他集体经济组织成员以及城镇居民或组织也可作为承包人，在同等条件下，本集体经济组织成员享有优先承包权。三是明确土地承包经营的方式为以采取农村集体经济组织内部的家庭承包方式承包为主，不宜采取家庭承包方式的“四荒地”等，可以采取招标、拍卖、公开协商等方式承包。四是明确土地承包经营合同的期限。

应用

19. 承包合同包括哪些内容?

发包方和承包方应当依法订立承包合同。承包合同是明确发包方、承包方的权利义务关系并具有法律效力的文书，是承包方依法承包国家和集体所有土地的合法依据，是约定当事人双方权利义务的重要凭证。本条规定的承包合同，包括农村土地家庭承包合同、其他方式承包的土地承包合同和国有农用地承包经营合同三种。承包合同一般包括以下条款：发包方、承包方的名称，发包方负责人和承包方代表的姓名、住所；承包土地的名称、坐落、面积、质量等级；承包期限和起止日期；承包土地的用途；发包方和承包方的权利和义务；违约责任等。承包合同自成立之日起生效。承包经营土地的单位和个人，有保护和按照承包合同约定的用途合理利用土地的义务。

配套

《民法典》第261条；《农村土地承包法》第14-18、21条；《农村土地经营权流转管理办法》

第十四条　【土地所有权和使用权争议解决】土地所有权和使用权争议，由当事人协商解决；协商不成的，由人民政府处理。

单位之间的争议，由县级以上人民政府处理；个人之间、个人与单位之间的争议，由乡级人民政府或者县级以上人民政府处理。

当事人对有关人民政府的处理决定不服的，可以自接到处理决定通知之日起三十日内，向人民法院起诉。

在土地所有权和使用权争议解决前，任何一方不得改变土地利用现状。

注解

土地权属的争议既有可能是关于土地的所有权，也有可能是关于土地的使用权而发生的争议。在发生权属争议时，争议双方应当先行协商，将纠纷尽快以最低成本解决；若协商不成，再交由人民政府处理。

应用

20. 哪些案件不能作为土地权属争议案件受理？

根据《土地权属争议调查处理办法》第14条的规定，不作为土地权属争议案件受理的案件主要包括：土地侵权案件；行政区域边界争议案件；土地违法案件；农村土地承包经营权争议案件；等等。

21. 当事人协商解决土地权属争议时应注意哪些问题？

当事人采取协商方式解决土地权属争议时，必须把握以下几点：（1）协商必须是当事人自愿进行，而不得强迫进行；（2）不得损害第三方（包括国家）的合法利益，否则当事人之间达成的协议无效或部分无效；（3）要避免久拖不决，协商不成的，应及时申请人民政府处理。

22. 何谓人民政府的"处理"，其性质是什么？

所谓人民政府的"处理"，是指有关人民政府按照其职责和管辖范围，对土地所有权和使用权争议作出的行政裁决。解决土地权属争议属于国家行政管理职责的范围，人民政府对土地权属争议进行处理，属于国家行政机关运用国家行政权力解决实际纠纷的活动，是一种具体行政行为。

23. 当事人对人民政府的处理不服的，应该怎么办？

当事人对人民政府的处理不服的，可以在接到处理决定书之日起60天内，依照《行政复议法》申请行政复议，也可以在接到处理决定书之日起60天内，向人民法院起诉。根据《行政诉讼法》第45条的规定，公民、法人或者其他组织不服复议决定的，可以在收到复议决定书之日起15日内向人民法院提起诉讼。复议机关逾期不作决定的，申请人可以在复议期满之日起15日内向人民法院提起诉讼。法律另有规定的除外。

24. 土地登记发证后提出的争议能否按权属争议处理？

根据《关于土地登记发证后提出的争议能否按权属争议处理问题的复函》（2007年3月29日，国土资厅函〔2007〕60号）的规定，土地权属争议是指土地登记前，土地权利利害关系人因土地所有权和使用权的归属而发生的争议。土地登记发证后已经明确了土地的所有权和使用权，故土地登记发证后提出的争议不属于土地权属争议。土地所有权、使用权依法登记后第三人对其结果提出异议的，利害关系人可根据《土地登记规则》的规定向原登记机关申请更正登记，也可向原登记机关的上级主管机关提出行政复议或直接向法院提起行政诉讼。

配套

《农村土地承包法》第4章；《土地权属争议调查处理办法》第14条；《自然资源行政复议规定》；《行政复议法》第2、9条；《行政诉讼法》第2、45、46条

第三章　土地利用总体规划

第十五条　【土地利用总体规划的编制依据和规划期限】各级人民政府应当依据国民经济和社会发展规划、国土整治和资源环境保护的要求、土地供给能力以及各项建设对土地的需求，组织编制土地利用总体规划。

土地利用总体规划的规划期限由国务院规定。

注解

土地利用总体规划是在一定区域内，根据国家社会经济可持续发展的要求和当地自然、经济、社会条件，对土地的开发、利用、治理、保护在空间上、时间上所作的总体安排和布局。土地利用总体规划是国土空间规划体系的重要组成内容，是实施土地用途管制、保护土地资源，统筹各类土地利用活动的重要依据。

根据《土地管理法实施条例》第2条的规定：国家建立国土空间规划体系。土地开发、保护、建设活动应当坚持规划先行。经依法批准的国土空间规划是各类开发、保护、建设活动的基本依据。已经编制国土空间规划的，不再编制土地利用总体规划和城乡规划。在编制国土空间规划前，经依法批准的土地利用总体规划和城乡规划继续执行。

第十六条　【土地利用总体规划的编制要求】下级土地利用总体规划应当依据上一级土地利用总体规划编制。

地方各级人民政府编制的土地利用总体规划中的建设用地总量不得超过上一级土地利用总体规划确定的控制指标，耕地保有量不得低于上一级土地利用总体规划确定的控制指标。

省、自治区、直辖市人民政府编制的土地利用总体规划，应当确保本行政区域内耕地总量不减少。

注 解

中共中央、国务院 2019 年下发了《关于建立国土空间规划体系并监督实施的若干意见》，该意见要求，将主体功能区规划、土地利用规划、城乡规划等空间规划融合为统一的国土空间规划，实现“多规合一”。国土空间规划要全面落实党中央、国务院重大决策部署，体现国家意志和国家发展规划的战略性，自上而下编制各级国土空间规划，对空间发展作出战略性系统性安排。上级国土空间规划是下级国土空间规划的编制依据，下级国土空间规划要对上级国土空间规划的要求进行细化落实。

配 套

《中共中央、国务院关于建立国土空间规划体系并监督实施的若干意见》

第十七条　【土地利用总体规划的编制原则】土地利用总体规划按照下列原则编制：

（一）落实国土空间开发保护要求，严格土地用途管制；

（二）严格保护永久基本农田，严格控制非农业建设占用农用地；

（三）提高土地节约集约利用水平；

（四）统筹安排城乡生产、生活、生态用地，满足乡村产业和基础设施用地合理需求，促进城乡融合发展；

（五）保护和改善生态环境，保障土地的可持续利用；

（六）占用耕地与开发复垦耕地数量平衡、质量相当。

注解

从1992年开始，我国就实行了对基本农田的特殊保护制度，根据土地利用总体规划将一些耕地划为基本农田，经实践证明这是保护耕地的有效方法。为此，本法在第四章中专门规定了永久基本农田保护制度。本次修改将"基本农田"改为"永久基本农田"，并完善了一系列措施，体现了对基本农田永久保护的价值理念，是贯彻落实党中央、国务院对永久基本农田保护重要决策部署的重大举措。

要保护耕地，就要严格控制非农业建设占用农用地规模。在国土空间规划编制中，要依据上级国土空间规划的建设用地控制指标，认真审核当地城市和村庄的人口规模和人均用地标准。

应用

25. 国土空间规划与占用耕地补偿制度的关系如何?

为保护耕地不减少，国家实行占用耕地补偿制度。而占用耕地补偿制度的实现方式之一就是需要通过编制国土空间规划的形式来进行。即通过规划规定可开垦的未利用地区域，并规划开垦的计划制度，使得占用耕地的建设者有计划地去开发复垦所占耕地。如果没有规划，则有可能使得占用耕地补偿制度落空。因此，本条将占用耕地与开发复垦耕地相平衡作为编制国土空间规划的一项原则。本次修改将占补平衡制度进一步细化，不仅要强调数量平衡，防止占多补少，还要强调开垦土地的质量，防止占优补劣、占水田补旱地。

第十八条　【国土空间规划】国家建立国土空间规划体系。编制国土空间规划应当坚持生态优先，绿色、可持续发展，科学有序统筹安排生态、农业、城镇等功能空间，优化国土空间结构和布局，提升国土空间开发、保护的质量和效率。

经依法批准的国土空间规划是各类开发、保护、建设活动的基本依据。已经编制国土空间规划的，不再编制土地利用总体规划和城乡规划。

注解

国土空间规划是对一定区域国土空间开发保护在空间和时间上作出的安

排，包括总体规划、详细规划和相关专项规划。国家、省、市、县编制国土空间总体规划，各地结合实际编制乡镇国土空间规划。相关专项规划是指在特定区域（流域）、特定领域，为体现特定功能，对空间开发保护利用作出的专门安排，是涉及空间利用的专项规划。国土空间总体规划是详细规划的依据、相关专项规划的基础；相关专项规划要相互协同，并与详细规划做好衔接。

建立国土空间规划体系是党中央、国务院作出的重大决策部署。中央明确要求，要建立国土空间规划体系并监督实施，将主体功能区规划、土地利用总体规划、城乡规划等空间规划融合为统一的国土空间规划，实现“多规合一”，强化国土空间规划对各专项规划的指导约束作用。

国土空间规划应当细化落实国家发展规划提出的国土空间开发保护要求，统筹布局农业、生态、城镇等功能空间，划定落实永久基本农田、生态保护红线和城镇开发边界。国土空间规划应当包括国土空间开发保护格局和规划用地布局、结构、用途管制要求等内容，明确耕地保有量、建设用地规模、禁止开垦的范围等要求，统筹基础设施和公共设施用地布局，综合利用地上地下空间，合理确定并严格控制新增建设用地规模，提高土地节约集约利用水平，保障土地的可持续利用。

土地开发、保护、建设活动应当坚持规划先行。经依法批准的国土空间规划是各类开发、保护、建设活动的基本依据。已经编制国土空间规划的，不再编制土地利用总体规划和城乡规划。在编制国土空间规划前，经依法批准的土地利用总体规划和城乡规划继续执行。

应用

26. 国土空间规划与其他空间类规划的关系如何?

本条第 2 款规定，经依法批准的国土空间规划是各类开发、保护、建设活动的基本依据。已经编制国土空间规划的，不再编制土地利用总体规划和城乡规划。同时，本法在附则第 86 条明确规定，在根据本法第 18 条的规定编制国土空间规划前，经依法批准的土地利用总体规划和城乡规划继续执行。这样就使党中央确定的全面实行国土空间规划制度的改革方向同目前仍在实行的土地利用总体规划和城乡规划制度在法律上有一个衔接。今后，还要专门制定国土空间规划方面的法律。2019 年 5 月，自然资源部印发《关于全面开展国土空间规划工作的通知》（自然资发〔2019〕87号），要求全面启动国土空间规划编制后，各地不再新编和报批主体功能区规划、土地利用总体规划、城镇体系规划、城市（镇）总体规划、海洋功能区划等。已批准的规划期至2020年后的省级国土规划、城镇体系规划、主体功能区规划、城市（镇）总体规划以及原省级空间规划试点和市县“多规合一”试点等，要按照新的规划编制要求，将既有规划成果融入新编制的同级国土空间规划中。

27. 如何发挥详细规划的法定作用?

详细规划是实施国土空间用途管制和核发建设用地规划许可证、建设工程规划许可证、乡村建设规划许可证等城乡建设项目规划许可以及实施城乡开发建设、整治更新、保护修复活动的法定依据，是优化城乡空间结构、完善功能配置、激发发展活力的实施性政策工具。详细规划包括城镇开发边界内详细规划、城镇开发边界外村庄规划及风景名胜区详细规划等类型。各地在“三区三线”划定后，应全面开展详细规划的编制（新编或修编，下同），并结合实际依法在既有规划类型未覆盖地区探索其他类型详细规划。

28. 如何推动城镇开发边界?

（1）城镇开发边界内存量空间要推动内涵式、集约型、绿色化发展。围绕建设“人民城市”要求，按照《社区生活圈规划技术指南》，以常住人口为基础，因地制宜优化功能布局，逐步形成多中心、组团式、网络化的空间结构，提高城市服务功能的均衡性、可达性和便利性。要补齐就近就业和教育、健康、养老等公共服务设施短板，完善慢行系统和社区公共休闲空间布局，提升生态、安全和数字化等新型基础设施配置水平。要融合低效用地盘活等土地政策，统筹地上地下，鼓励开发利用地下空间、土地混合开发和空间复合利用，有序引导单一功能产业园区向产城融合的产业社区转变，提升存量土地节约集约利用水平和空间整体价值。要强化对历史文化资源、地域景观资源的保护和合理利用，在详细规划中合理确定各规划单元范围内存量空间保留、改造、拆除范围，防止“大拆大建”。

（2）城镇开发边界内增量空间要强化单元统筹，防止粗放扩张。要根据人口和城乡高质量发展的实际需要，以规划单元统筹增量空间功能布局、整体优化空间结构，促进产城融合、城乡融合和区域一体协调发展，避免增量空间无序、低效。要严格控制增量空间的开发，确需占用耕地的，应按照

"以补定占"原则同步编制补充耕地规划方案，明确补充耕地位置和规模。总体规划确定的战略留白用地，一般不编制详细规划，但要加强开发保护的管控。

配 套

《土地管理法实施条例》第2章；《中共中央、国务院关于建立国土空间规划体系并监督实施的若干意见》；《自然资源部关于全面开展国土空间规划工作的通知》

第十九条 【县、乡级土地利用总体规划的编制要求】 县级土地利用总体规划应当划分土地利用区，明确土地用途。

乡（镇）土地利用总体规划应当划分土地利用区，根据土地使用条件，确定每一块土地的用途，并予以公告。

应 用

29. 什么是土地利用区?

土地利用区，是指在国土空间规划中，依据土地的适宜性和利用现状，依据当地社会经济可持续发展的要求和上级国土空间规划下达的规划指标和布局要求，划分出的土地主要规划用途相对一致的区域，以达到对土地的合理利用。划分土地利用区是对县、乡（镇）国土空间规划的基本要求。

第二十条 【土地利用总体规划的审批】 土地利用总体规划实行分级审批。

省、自治区、直辖市的土地利用总体规划，报国务院批准。

省、自治区人民政府所在地的市、人口在一百万以上的城市以及国务院指定的城市的土地利用总体规划，经省、自治区人民政府审查同意后，报国务院批准。

本条第二款、第三款规定以外的土地利用总体规划，逐级上报省、自治区、直辖市人民政府批准；其中，乡（镇）土地利用总体规划可以由省级人民政府授权的设区的市、自治州人民政府批准。

土地利用总体规划一经批准，必须严格执行。

注解

本条第1款明确规定，土地利用总体规划（国土空间规划）实行分级审批。这是土地利用总体规划（国土空间规划）实行审批制的原则性规定。我国的土地利用总体规划（国土空间规划）由国家、省、市、县和乡（镇）五级组成。土地利用总体规划（国土空间规划）的审批实行分级审批制，按照下级规划服从上级规划的原则，依法自上而下逐级审查报批。分级审批属于政府行政行为。根据本条第2款、第3款的规定，分级审批原则上是二级审批，个别情况下是三级审批。原则上二级审批，是指一般情况下土地利用总体规划（国土空间规划）由国务院和省级人民政府二级审批。国务院批准省级人民政府编制和部分大城市人民政府编制的土地利用总体规划（国土空间规划）；省级人民政府批准国务院所批准的土地利用总体规划（国土空间规划）以外的人民政府制定的土地利用总体规划（国土空间规划）。个别情况下的三级审批，是指由省级人民政府授权地级市审批乡镇土地利用总体规划（国土空间规划）时存在三级审批。本法之所以规定土地利用总体规划（国土空间规划）实行二级审批，是为了确保土地利用总体规划（国土空间规划）的严肃性，以达到保护、开发土地资源，合理利用土地，切实保护耕地，促进社会经济的可持续发展的立法目的。

配套

《中共中央、国务院关于建立国土空间规划体系并监督实施的若干意见》

第二十一条　【建设用地的要求】 城市建设用地规模应当符合国家规定的标准，充分利用现有建设用地，不占或者尽量少占农用地。

城市总体规划、村庄和集镇规划，应当与土地利用总体规划相衔接，城市总体规划、村庄和集镇规划中建设用地规模不得超过土地利用总体规划确定的城市和村庄、集镇建设用地规模。

在城市规划区内、村庄和集镇规划区内，城市和村庄、集镇建设用地应当符合城市规划、村庄和集镇规划。

注解

土地利用总体规划与城镇总体规划各自的任务不同。从土地利用的角度看，城市总体规划、村庄和集镇规划应当服从土地利用总体规划对建设用地规模的安排。城市总体规划、村庄和集镇规划应当与土地利用总体规划相衔接。新的国土空间规划编制实施后，不再编制土地利用总体规划和城乡规划，将彻底解决过去规划之间的不协调问题。

配套

《国务院关于促进节约集约用地的通知》

第二十二条　【相关规划与土地利用总体规划的衔接】江河、湖泊综合治理和开发利用规划，应当与土地利用总体规划相衔接。在江河、湖泊、水库的管理和保护范围以及蓄洪滞洪区内，土地利用应当符合江河、湖泊综合治理和开发利用规划，符合河道、湖泊行洪、蓄洪和输水的要求。

配套

《水法》第14、15条；《防洪法》第9-11条

第二十三条　【土地利用年度计划】各级人民政府应当加强土地利用计划管理，实行建设用地总量控制。

土地利用年度计划，根据国民经济和社会发展计划、国家产业政策、土地利用总体规划以及建设用地和土地利用的实际状况编制。土地利用年度计划应当对本法第六十三条规定的集体经营性建设用地作出合理安排。土地利用年度计划的编制审批程序与土地利用总体规划的编制审批程序相同，一经审批下达，必须严格执行。

注解

土地利用年度计划，是根据国土空间规划、国民经济和社会发展计划、国家产业政策和土地利用的实际状况编制的年度内各项用地数量的具体安排。土地利用年度计划是实施国土空间规划的重要措施，是农用地转用审批、建设项目立项审查和用地审批、土地整治审批的依据。土地利用年度计

划应当包括下列内容：（1）农用地转用计划指标；（2）耕地保有量计划指标；（3）土地开发整理计划指标。

另外，集体经营性建设用地入市后，应当与国有建设用地统筹安排，并纳入土地利用年度计划管理，保障集体经营性建设用地入市工作平稳有序进行。

第二十四条　【土地利用年度计划执行情况报告】省、自治区、直辖市人民政府应当将土地利用年度计划的执行情况列为国民经济和社会发展计划执行情况的内容，向同级人民代表大会报告。

注解

根据《宪法》有关规定，地方各级人民代表大会具有审查和批准本行政区域内的国民经济和社会发展计划的职权。国民经济和社会发展计划，是指中央或者地方对一定时期内国民经济的主要活动、科学技术、教育事业和社会发展所作的安排和提出的要求，它是指导经济和社会发展的纲领性文件。为加强人大对土地利用情况的监督，本条规定省级政府应当将土地利用年度计划的执行情况列为国民经济和社会发展计划执行情况的内容，向同级人民代表大会报告。本条只规定了省级政府应当将土地利用年度计划的执行情况列入国民经济和社会发展计划执行情况的内容，主要考虑到本法规定的耕地总量动态平衡是以省级为单位的，主要责任在省一级。

第二十五条　【土地利用总体规划的修改】经批准的土地利用总体规划的修改，须经原批准机关批准；未经批准，不得改变土地利用总体规划确定的土地用途。

经国务院批准的大型能源、交通、水利等基础设施建设用地，需要改变土地利用总体规划的，根据国务院的批准文件修改土地利用总体规划。

经省、自治区、直辖市人民政府批准的能源、交通、水利等基础设施建设用地，需要改变土地利用总体规划的，属于省级人民政府土地利用总体规划批准权限内的，根据省级人民政府的批准文件修改土地利用总体规划。

注解

土地利用总体规划（国土空间规划）是依据法定程序进行审批的，一经批准即具有法律效力，必须执行。如果情况发生变化确实需要修改，则必须依照法定程序经过原批准机关批准。依照本条第 2 款、第 3 款规定修改土地利用总体规划（国土空间规划）的，由原编制机关根据国务院或者省、自治区、直辖市人民政府的批准文件修改。修改后的土地利用总体规划（国土空间规划）应当报原批准机关批准。上一级土地利用总体规划（国土空间规划）修改后，涉及修改下一级土地利用总体规划（国土空间规划）的，由上一级人民政府通知下一级人民政府作出相应修改，并报原批准机关备案。

第二十六条　【土地调查】国家建立土地调查制度。

县级以上人民政府自然资源主管部门会同同级有关部门进行土地调查。土地所有者或者使用者应当配合调查，并提供有关资料。

注解

土地调查是县级以上人民政府自然资源主管部门会同同级有关部门，根据需要在一定时间和范围内，为查清土地的数量、质量、分布、利用和权属状况而采取的一项技术的、行政的和法律的措施。土地调查的目的，是全面查清土地资源和利用状况，掌握真实准确的土地基础数据，为科学规划、合理利用、有效保护土地资源，实施最严格的耕地保护制度，加强和改善宏观调控提供依据，促进经济社会全面协调可持续发展。

全国土地调查成果，报国务院批准后向社会公布。地方土地调查成果，经本级人民政府审核，报上一级人民政府批准后向社会公布。全国土地调查成果公布后，县级以上地方人民政府方可自上而下逐级依次公布本行政区域的土地调查成果。土地调查成果是编制国土空间规划以及自然资源管理、保护和利用的重要依据。土地调查技术规程由国务院自然资源主管部门会同有关部门制定。

应用

30. 土地调查包括哪些内容?

土地调查包括下列内容：（1）土地权属以及变化情况，包括土地的所有权和使用权状况；（2）土地利用现状以及变化情况，包括地类、位置、面积、分布等状况；（3）土地条件，包括土地的自然条件、社会经济条件等状况。进行土地利用现状及变化情况调查时，应当重点调查基本农田现状及变化情况，包括基本农田的数量、分布和保护状况。

配套

《土地管理法实施条例》第 4 条；《土地调查条例》；《土地调查条例实施办法》

第二十七条　【土地分等定级】县级以上人民政府自然资源主管部门会同同级有关部门根据土地调查成果、规划土地用途和国家制定的统一标准，评定土地等级。

注解

评定土地等级又称为土地的分等定级，是根据土地的自然属性和经济属性及其在社会经济活动中的地位、作用，进行调查、测算后确定土地质量和价值的评估活动。科学评定、划分土地等级为制定有关规划、计划和有偿使用土地提供了依据。国务院自然资源主管部门会同有关部门制定土地等级评定标准。县级以上人民政府自然资源主管部门应当会同有关部门根据土地等级评定标准，对土地等级进行评定。地方土地等级评定结果经本级人民政府审核，报上一级人民政府自然资源主管部门批准后向社会公布。根据国民经济和社会发展状况，土地等级每 5 年重新评定一次。

应用

31. 评定的土地等级结果是不是一成不变的?

评定的土地等级并不是一成不变的，应当根据国民经济和社会发展状况，对土地等级每 5 年重新评定 1 次。

配套

《土地管理法实施条例》第 5 条

第二十八条　【土地统计】国家建立土地统计制度。

县级以上人民政府统计机构和自然资源主管部门依法进行土地

统计调查，定期发布土地统计资料。土地所有者或者使用者应当提供有关资料，不得拒报、迟报，不得提供不真实、不完整的资料。

统计机构和自然资源主管部门共同发布的土地面积统计资料是各级人民政府编制土地利用总体规划的依据。

注解

我国现行的土地统计制度是国家统计制度的重要组成部分。土地统计是指利用数字、图表和其他资料对土地的数量、质量、分布、利用状况和权属状况进行调查、汇总、分析，并定期发布的制度。土地统计的对象是土地，国家的土地统计对象是全国的土地，省、地（市）、县级的统计对象为自己管辖范围内的土地。

应用

32. 土地统计的任务是什么?

统计工作是自然资源主管部门统一行使全民所有自然资源所有者职责、统一行使所有国土空间用途管制和生态保护修复职责的重要基础性工作。土地统计的任务是全面了解全国土地资源状况，掌握土地资源调查评价、开发利用及管理情况；系统收集、整理、分析土地数据信息，保证统计资料的现势性，为有关部门制定规划、政策和进行宏观调控提供依据；为社会公众提供信息服务。特别是在编制国土空间规划时，没有它，国土空间规划很难编制。

配套

《统计法》第 7、23、24、41 条

第二十九条　【土地利用动态监测】国家建立全国土地管理信息系统，对土地利用状况进行动态监测。

注解

县级以上人民政府自然资源主管部门应当加强信息化建设，建立统一的国土空间基础信息平台，实行土地管理全流程信息化管理，对土地利用状况进行动态监测，与发展改革、住房和城乡建设等有关部门建立土地管理信息共享机制，依法公开土地管理信息。

配套

《土地管理法实施条例》第6、7条

第四章 耕地保护

第三十条 【占用耕地补偿制度】国家保护耕地，严格控制耕地转为非耕地。

国家实行占用耕地补偿制度。非农业建设经批准占用耕地的，按照“占多少，垦多少”的原则，由占用耕地的单位负责开垦与所占用耕地的数量和质量相当的耕地；没有条件开垦或者开垦的耕地不符合要求的，应当按照省、自治区、直辖市的规定缴纳耕地开垦费，专款用于开垦新的耕地。

省、自治区、直辖市人民政府应当制定开垦耕地计划，监督占用耕地的单位按照计划开垦耕地或者按照计划组织开垦耕地，并进行验收。

注解

本条规定了我国对耕地实行保护的制度、占用耕地补偿制度，以及占补平衡原则。国家为了遏制耕地每年大量减少的趋势，维持耕地总量的动态平衡，不仅实行严格的土地用途管制制度，还采取了占用耕地补偿制度作为救济措施。市、县人民政府、农村集体经济组织和建设单位，在国土空间规划确定的城市和村庄、集镇建设用地范围内，经依法批准占用耕地，以及在国土空间规划确定的城市和村庄、集镇建设用地范围外的能源、交通、水利、矿山、军事设施等建设项目经依法批准占用耕地的，无论基于营利或非营利的原因，都要履行补偿义务，开垦与其占用耕地的数量和质量相当的新的耕地。

省、自治区、直辖市人民政府应当组织自然资源主管部门、农业农村主管部门对开垦的耕地进行验收，确保开垦的耕地落实到地块。划入永久基本农田的还应当纳入国家永久基本农田数据库严格管理。占用耕地补充情况应当按照国家有关规定向社会公布。

应用

33. 补充耕地的具体责任人如何确定?

补充耕地的责任人是占用耕地的单位，具体有以下三种情形：(1) 城市建设用地范围内，由政府统一征收后再进行出让的，补充耕地的责任人是地方人民政府。(2) 城市建设用地范围外，单独选址进行建设的，补充耕地的责任人是建设单位，市、县人民政府应当做好监管。(3) 村庄、集镇建设占用耕地的，补充耕地责任人是农村集体经济组织，市、县人民政府应当做好监管。

34. 占用耕地的单位应当如何进行补偿?

补偿的方法有两个：(1) 按照"占多少，垦多少"的原则，由占用耕地的单位负责开垦与所占用耕地的数量和质量相当的耕地。其具体要求有：其一，耕地数量不能减少，新开垦的耕地要与其所占用的耕地数量相当。其二，对于没有荒地后备资源的地方，也可以采取改造中低产田，使之成为质量较好的耕地的办法达到补足数量的目的。如可以用大于其所占耕地面积的中低产田的面积来补足（以产量折算的方法)。其三，新开垦的耕地要与其所占用的耕地质量相当。(2) 没有条件开垦或者开垦的耕地不符合要求的，应当按照省、自治区、直辖市的规定缴纳耕地开垦费，专款用于开垦新的耕地。

配套

《土地管理法实施条例》第 8 条；《中共中央、国务院关于加强耕地保护和改进占补平衡的意见》

第三十一条　【耕地耕作层土壤的保护】县级以上地方人民政府可以要求占用耕地的单位将所占用耕地耕作层的土壤用于新开垦耕地、劣质地或者其他耕地的土壤改良。

注解

耕地耕作层是指经农业生产生活活动的长期影响和改造，土壤不断熟化，耕性得到改善，肥力得到提高而形成的适用于农作物生长，厚度为 30-50 厘米的表土层。对有条件再利用的耕作层，要注重收集、运输和保护，用于新开垦的耕地或荒地的土壤改良，保证耕地再开垦的质量。

县级以上地方人民政府应当采取措施，预防和治理耕地土壤流失、污染，有计划地改造中低产田，建设高标准农田，提高耕地质量，保护黑土地等优质耕地，并依法对建设所占用耕地耕作层的土壤利用作出合理安排。非农业建设依法占用永久基本农田的，建设单位应当按照省、自治区、直辖市的规定，将所占用耕地耕作层的土壤用于新开垦耕地、劣质地或者其他耕地的土壤改良。县级以上地方人民政府应当加强对农业结构调整的引导和管理，防止破坏耕地耕作层；设施农业用地不再使用的，应当及时组织恢复种植条件。

配套

《土地管理法实施条例》第 11 条

第三十二条　【省级政府耕地保护责任】省、自治区、直辖市人民政府应当严格执行土地利用总体规划和土地利用年度计划，采取措施，确保本行政区域内耕地总量不减少、质量不降低。耕地总量减少的，由国务院责令在规定期限内组织开垦与所减少耕地的数量与质量相当的耕地；耕地质量降低的，由国务院责令在规定期限内组织整治。新开垦和整治的耕地由国务院自然资源主管部门会同农业农村主管部门验收。

个别省、直辖市确因土地后备资源匮乏，新增建设用地后，新开垦耕地的数量不足以补偿所占用耕地的数量的，必须报经国务院批准减免本行政区域内开垦耕地的数量，易地开垦数量和质量相当的耕地。

注解

本次修改，强化省级人民政府耕地保护责任，明确提出耕地总量不减少、质量不降低。本条是对原法第 33 条的修改，与原法相比，这次修改重点突出了耕地质量的保护与提升，明确各省级人民政府的耕地保护责任，不仅仅是以前的保耕地数量，更重要的是要保护和提升耕地质量。耕地保护从重“数量”到“数量”与“质量”并重的转变，不仅仅是管理方式上的转变，更重要的是，这种转变标志着我国耕地保护新时代的开始。

应用

35. 如何保证耕地动态平衡（总量不减少、质量不降低）目标的实现?

对于省级人民政府没有切实履行耕地保护责任的，国务院将及时采取措施，对于耕地数量减少的，国务院将责令其在规定期限内组织开垦与减少耕地数量与质量相当的耕地；对于耕地质量降低的，国务院将责令其在规定期限内组织整治。这是保证耕地动态平衡（总量不减少、质量不降低）目标实现的一个行政措施。

根据宪法规定，我国各级行政机关实行行政首长负责制；国务院是国家的最高行政机关，统一领导全国地方各级国家行政机关的工作；全国地方各级国家行政机关，都在国务院的统一领导下，依照法律规定的权限，管理本行政区域内的各项行政工作。因此，如果有哪一个省级行政区域，未经批准不完成保证耕地动态平衡的任务，该省级政府的行政首长就应当承担相应的行政责任。同时，对于新开垦和整治的耕地，自然资源部将会同农业农村部进行验收。

配套

《土地管理法实施条例》第13条；《中共中央、国务院关于加强耕地保护和改进占补平衡的意见》

第三十三条　【永久基本农田保护制度】国家实行永久基本农田保护制度。下列耕地应当根据土地利用总体规划划为永久基本农田，实行严格保护：

（一）经国务院农业农村主管部门或者县级以上地方人民政府批准确定的粮、棉、油、糖等重要农产品生产基地内的耕地；

（二）有良好的水利与水土保持设施的耕地，正在实施改造计划以及可以改造的中、低产田和已建成的高标准农田；

（三）蔬菜生产基地；

（四）农业科研、教学试验田；

（五）国务院规定应当划为永久基本农田的其他耕地。

各省、自治区、直辖市划定的永久基本农田一般应当占本行政区域内耕地的百分之八十以上，具体比例由国务院根据各省、自治区、直辖市耕地实际情况规定。

注解

永久基本农田，是指根据一定时期人口和社会经济发展对农产品的需求以及对建设用地的预测，依据国土空间规划确定的不得擅自占用或改变用途并实行特殊保护的耕地。永久基本农田的划定主要是为了对耕地实行特殊保护。对于那些影响国民经济及农业发展的重点耕地，必须划入永久基本农田，实行严格保护。

应用

36. “永久基本农田”是永远不能占用的基本农田吗?

不是。我国人多地少，耕地后备资源贫乏，如何保护我国宝贵的耕地资源，并合理利用，成为我国迫在眉睫的大事。实行永久基本农田保护制度，对永久基本农田实行特殊保护，是经实践证明保护耕地的有效方法。本次修改将“基本农田”改为“永久基本农田”，既不是在原有基本农田中挑选一定比例的优质基本农田，也不是永远不能占用的基本农田。加上“永久”二字，进一步体现了党中央、国务院对耕地特别是基本农田的高度重视，体现的是严格保护的态度。同时，也说明基本农田保护需要进一步完善相关措施，确保其质量不降低、数量不减少。

37. 为什么农业科研、教学试验田需要作为永久基本农田加以保护?

农业科研、教学试验田，对农作物产量的提高、新品种的推广等都有着特殊的贡献。我国粮食亩产的增加，主要是靠农业科技的进步以及新品种的引用来实现的。农业科研、教学试验田是农业生产的高新技术生产基地，对农业的发展、提高农产品产量和质量意义重大。此外，农业科研、教学试验田对耕地的土壤、气候、水利等都有特殊的需求，占用之后要重新建设难度大、时间长，因此必须划为永久基本农田予以特殊保护。《农业技术推广法》第30条规定，各级人民政府应当采取措施，保障农业技术推广机构获得必需的试验基地和生产资料，进行农业技术的试验、示范。地方各级人民政府应当保障农业技术推广机构有开展农业技术推广工作必要的条件。地方各级人民政府应当保障农业技术推广机构的试验基地、生产资料和其他财产不受侵占。因此，对于农业科研、教学试验田作为永久基本农田加以保护，是一项很重要的工作。

38. 如何认定是否占用永久基本农田?

判定违法用地是否占用永久基本农田或者原基本农田，应当根据违法行为发生的时间，将违法用地的界址范围（或者界址坐标）与国家永久基本农田数据库或者乡（镇）土地利用总体规划纸质图件（或者数据库矢量图件）进行套合比对，对照所标示的永久基本农田保护地块范围进行判定。

违法行为发生在永久基本农田划定（2017年6月）之前的，违法用地位于土地利用总体规划图上标示的原基本农田保护地块范围的，应当判定为占用原基本农田。但已列入土地利用总体规划确定的交通廊道或者已列入土地利用总体规划重点建设项目清单的民生、环保等特殊项目，在未超出规划多划原基本农田面积额度的前提下，占用规划多划的原基本农田时，按照占用一般耕地进行判定，不视为占用原基本农田。

违法行为发生在永久基本农田划定（2017年6月）之后的，应将违法用地界址范围（或者界址坐标）与国家永久基本农田数据库进行套合比对，经套合显示所涉地块为永久基本农田的，应当认定为占用永久基本农田。

承办机构可以提请自然资源规划管理和耕地保护工作机构进行认定。

配 套

《基本农田保护条例》第2、8-11条；《中共中央、国务院关于加强耕地保护和改进占补平衡的意见》

第三十四条　【永久基本农田划定】永久基本农田划定以乡（镇）为单位进行，由县级人民政府自然资源主管部门会同同级农业农村主管部门组织实施。永久基本农田应当落实到地块，纳入国家永久基本农田数据库严格管理。

乡（镇）人民政府应当将永久基本农田的位置、范围向社会公告，并设立保护标志。

配 套

《基本农田保护条例》第11-13条；《基本农田与土地整理标识使用和有关标志牌设立规定》

第三十五条　【永久基本农田的保护措施】永久基本农田经依法划定后，任何单位和个人不得擅自占用或者改变其用途。国家能源、交通、水利、军事设施等重点建设项目选址确实难以避让永久基本农田，涉及农用地转用或者土地征收的，必须经国务院批准。

禁止通过擅自调整县级土地利用总体规划、乡（镇）土地利用总体规划等方式规避永久基本农田农用地转用或者土地征收的审批。

注解

永久基本农田一经划定，任何单位和个人不得擅自占用或者擅自改变用途。按有关要求，重大建设项目选址确实难以避让永久基本农田的，农用地转用和土地征收必须报国务院审批。这意味着，除了国家重点建设项目，如交通、能源、水利、军事设施等项目经批准可以占用永久基本农田外，其他项目一律不得占用永久基本农田。占用永久基本农田，审批的层级为国务院，其他任何部门都无权批准。

配套

《基本农田保护条例》第 14-16 条；《中共中央、国务院关于加强耕地保护和改进占补平衡的意见》

第三十六条　【耕地质量保护】各级人民政府应当采取措施，引导因地制宜轮作休耕，改良土壤，提高地力，维护排灌工程设施，防止土地荒漠化、盐渍化、水土流失和土壤污染。

应用

39. 什么是轮作休耕制度?

轮作休耕包含轮作和休耕两个意思，轮作是在同一块田地上，有顺序地在季节间或年间轮换种植不同的作物或以复种方式进行种植的方式，如一年一熟的“大豆—小麦—玉米”三年轮作。休耕就是在一段时间不耕种，使耕地得到休养和恢复。实行轮作休耕制度，有利于耕地休养生息和农业可持续发展。

配套

《土壤污染防治法》；《探索实行耕地轮作休耕制度试点方案》；《中共中央办公厅、国务院办公厅关于创新体制机制推进农业绿色发展的意见》

第三十七条　【非农业建设用地原则及禁止破坏耕地】 非农业建设必须节约使用土地，可以利用荒地的，不得占用耕地；可以利用劣地的，不得占用好地。

禁止占用耕地建窑、建坟或者擅自在耕地上建房、挖砂、采石、采矿、取土等。

禁止占用永久基本农田发展林果业和挖塘养鱼。

注解

国家对耕地实行特殊保护，严守耕地保护红线，严格控制耕地转为林地、草地、园地等其他农用地，并建立耕地保护补偿制度，具体办法和耕地保护补偿实施步骤由国务院自然资源主管部门会同有关部门规定。非农业建设必须节约使用土地，可以利用荒地的，不得占用耕地；可以利用劣地的，不得占用好地。禁止占用耕地建窑、建坟或者擅自在耕地上建房、挖砂、采石、采矿、取土等。禁止占用永久基本农田发展林果业和挖塘养鱼。耕地应当优先用于粮食和棉、油、糖、蔬菜等农产品生产。按照国家有关规定需要将耕地转为林地、草地、园地等其他农用地的，应当优先使用难以长期稳定利用的耕地。

应用

40. 法律上是否一律禁止在耕地上建房、挖砂、采石、采矿、取土等行为?

根据本条第 2 款的规定，禁止在耕地上从事的活动，包括建房、挖砂、采石、采矿、取土等，这些行为不仅占用了耕地，还破坏了土壤，毁坏了耕作层，有可能造成水土流失、土地沙化，甚至土壤污染。但是，如果经过批准，并可以开垦耕地或者改善耕地质量的挖砂、采石、采矿、取土等，是允许开展的，但要以耕地保护和生态保护为前提。违反上述禁止性规定的，依照本法第 75 条的规定，追究其法律责任。

配套

《土地管理法实施条例》第 12、51 条

第三十八条　【非农业建设闲置耕地的处理】 禁止任何单位和个人闲置、荒芜耕地。已经办理审批手续的非农业建设占用耕地，一年内不用而又可以耕种并收获的，应当由原耕种该幅耕地的集体或者个人恢复耕种，也可以由用地单位组织耕种；一年以上未动工建设的，应当按照省、自治区、直辖市的规定缴纳闲置费；连续二年未使用的，经原批准机关批准，由县级以上人民政府无偿收回用地单位的土地使用权；该幅土地原为农民集体所有的，应当交由原农村集体经济组织恢复耕种。

在城市规划区范围内，以出让方式取得土地使用权进行房地产开发的闲置土地，依照《中华人民共和国城市房地产管理法》的有关规定办理。

注解

闲置土地，是指国有建设用地使用权人超过国有建设用地使用权有偿使用合同或者划拨决定书约定、规定的动工开发日期满一年未动工开发的国有建设用地。已动工开发但开发建设用地面积占应动工开发建设用地总面积不足三分之一或者已投资额占总投资额不足百分之二十五，中止开发建设满一年的国有建设用地，也可以认定为闲置土地。

配套

《农村土地承包法》第42、64条；《城市房地产管理法》第26条；《闲置土地处置办法》

第三十九条　【未利用地的开发】 国家鼓励单位和个人按照土地利用总体规划，在保护和改善生态环境、防止水土流失和土地荒漠化的前提下，开发未利用的土地；适宜开发为农用地的，应当优先开发成农用地。

国家依法保护开发者的合法权益。

注解

未利用的土地，是指农用地和建设用地以外的土地，也就是尚未有人类的劳动加以利用和改造的土地。开发未利用的土地，就是将可以开发的未利用土地经过人类劳动的投入，使其变为可供利用的土地，补充农用地和建设用地。土地开发的对象是具有一定开发潜力和开发价值的未利用土地。未利用的土地，不能随意开发，国家要对开发活动进行管理和限制。开发未利用的土地是投入大、效益比较低的活动，但这是对全社会乃至全人类都有巨大贡献的事业，为了调动各方面开发未利用土地的积极性，本条首先明确，国家鼓励单位和个人开发未利用的土地。

应用

41. 开发未利用土地应遵循哪些要求?

（1）必须符合国土空间规划，在国土空间规划允许开发的区域内开发。国土空间规划是我国土地开发利用的基本依据，任何土地利用活动，包括开发未利用的土地，都必须依据国土空间规划的要求进行。（2）必须有利于保护和改善生态环境，在防止水土流失和土地荒漠化的前提下进行。土地是生态环境系统中最主要的环境要素之一，对土地的不适当利用，必然会对生态环境造成破坏。对未利用土地的开发，必须注意对生态环境的影响，如果开发后会造成对生态环境的破坏，导致水土流失和土地荒漠化的，就不应开发。水土保持法对开发土地中水土流失的预防和治理问题作了具体规定。（3）开发未利用的土地，适宜开发为农用地的，应当优先开发成农用地。农用地包括耕地、林地、草地、农田水利地、养殖水面等。这些农用地是我国目前迫切需要而后备资源又相对不足的。因此，农用地优先是未利用土地开发的一个重要原则。

第四十条　【未利用地开垦的要求】开垦未利用的土地，必须经过科学论证和评估，在土地利用总体规划划定的可开垦的区域内，经依法批准后进行。禁止毁坏森林、草原开垦耕地，禁止围湖造田和侵占江河滩地。

根据土地利用总体规划，对破坏生态环境开垦、围垦的土地，有计划有步骤地退耕还林、还牧、还湖。

注解

开发土地，是指人类通过劳力、技术和资金的投入，将土地由自然资源改造为经济资源；是对未利用的或者难以利用的土地进行改造，也可以是对利用不合理不充分的土地进行改造，以达到充分利用、有效发挥土地资源的优势与潜力的目的；开发后的土地可以是农用地，也可以是工业、交通、城镇建设用地。开垦土地，是指以垦殖为目的开发，即开垦荒地为耕地用于农作物的种植。开垦土地是开发土地的一种具体行为。

应用

42. 开垦未利用的土地有什么条件?

开垦未利用的土地，必须具备以下三个条件：（1）必须经过科学论证和评估；（2）必须在国土空间规划划定的可开垦的区域内进行；（3）必须经依法批准。对耕地的开垦、拓展不得毁坏森林、草原，禁止围湖造田和侵占江河滩地。

43. 禁止开垦的情形有哪些?

本条第1款明确规定，禁止毁坏森林、草原开垦耕地，禁止围湖造田和侵占江河滩地。这是对森林法、草原法、水法、防洪法有关规定内容的重申。（1）禁止毁坏森林、草原开垦耕地。森林作为土地上的天然植被，具有涵养水源、保持水土、调节气候、防止污染和减少自然灾害的作用。我国森林覆盖率本身就比较低，因此毁坏森林开垦耕地的行为必须禁止。草原也是土地的一个重要部分，是畜牧业的基本生产资料，是整个自然生态环境的重要组成部分，因此毁坏草原开垦耕地的行为同样也应禁止。实践证明，毁坏森林、草原开垦耕地，不仅不能解决粮食问题，反而造成了生态破坏。（2）禁止围湖造田和侵占江河滩地。所谓围湖造田，是指用堤坝等把湖滩地围起来种植或者开垦；所谓江河滩地，是指江河、湖泊水深时淹没、水浅时露出的地方。盲目围湖造田或者侵占江河滩地，降低了天然水域的调蓄和宣泄能力，人为地增加洪涝灾害，因此必须予以禁止。

配套

《退耕还林条例》；《水土保持法》第14条；《防洪法》第22-23条；《土地管理法实施条例》第22条

第四十一条　【国有荒山、荒地、荒滩的开发】开发未确定使用权的国有荒山、荒地、荒滩从事种植业、林业、畜牧业、渔业生产的，经县级以上人民政府依法批准，可以确定给开发单位或者个人长期使用。

注解

所谓未确定使用权，是指国有荒山、荒地、荒滩没有确定给具体的单位或者个人使用；所谓荒山，是指树木郁闭度小于10%，表层为土质，生长杂草的宜林山地；所谓荒地，是指尚未开垦种植或曾开垦而长期废弃的土地；所谓荒滩，是指河滩、海滩等浅滩。国有荒山、荒地、荒滩是国家重要的土地后备资源，对其进行开发从事种植业、林业、畜牧业、渔业生产，是增加农用地面积，促进后备资源开发的重要途径。

应用

44. 一次性开发未确定土地使用权的国有荒山、荒地、荒滩的批准权限是如何划分的?

《土地管理法实施条例》第9条第2款规定，按照国土空间规划，开发未确定土地使用权的国有荒山、荒地、荒滩从事种植业、林业、畜牧业、渔业生产的，应当向土地所在地的县级以上地方人民政府自然资源主管部门提出申请，按照省、自治区、直辖市规定的权限，由县级以上地方人民政府批准。

配套

《土地管理法实施条例》第9条；《国务院办公厅关于进一步做好治理开发农村“四荒”资源工作的通知》

第四十二条　【土地整理】国家鼓励土地整理。县、乡（镇）人民政府应当组织农村集体经济组织，按照土地利用总体规划，对田、水、路、林、村综合整治，提高耕地质量，增加有效耕地面积，改善农业生产条件和生态环境。

地方各级人民政府应当采取措施，改造中、低产田，整治闲散地和废弃地。

注解

土地整理，是指在一定的区域内，按照国土空间规划的要求，通过采取各种措施，对田、水、路、林、村综合整治，提高耕地质量，增加有效耕地面积，改善农业生态条件和生态环境的行为。县级人民政府应当按照国土空间规划关于统筹布局农业、生态、城镇等功能空间的要求，制定土地整理方案，促进耕地保护和土地节约集约利用。县、乡（镇）人民政府应当组织农村集体经济组织，实施土地整理方案，对闲散地和废弃地有计划地整治、改造。土地整理新增耕地，可以用作建设所占用耕地的补充。鼓励社会主体依法参与土地整理。

应用

45. 土地整理应该由哪级政府负责组织实施?

根据本条第 1 款的规定，土地整理应当由县、乡（镇）人民政府组织。土地整理往往涉及几个村或几个村民组，几十个承包经营权人，没有统一的组织很难实施。实施土地整理前要确认土地的权属，确认整理后的权属划分、变更，并配合有关部门进行验收。县、乡（镇）人民政府应当协调解决好土地整理中的产权关系、利益分配等问题，保证土地整理有效实现。同时，也应当对整理土地的调整作出安排，不得借土地整理侵害农民的合法权益。

46. 土地整理的费用由谁承担?

土地整理所需费用，按照谁受益谁负担的原则，由农村集体经济组织和土地使用者共同承担。

配套

《土地管理法实施条例》第 10 条

第四十三条　【土地复垦】 因挖损、塌陷、压占等造成土地破坏，用地单位和个人应当按照国家有关规定负责复垦；没有条件复垦或者复垦不符合要求的，应当缴纳土地复垦费，专项用于土地复垦。复垦的土地应当优先用于农业。

注解

土地复垦，是指对生产建设活动和自然灾害损毁的土地，采取整治措施，使其达到可供利用状态的活动。生产建设活动损毁的土地，按照“谁损毁，谁复垦”的原则，由生产建设单位或者个人负责复垦。由于历史原因无法确定土地复垦义务人的生产建设活动损毁的土地，以及自然灾害损毁的土地，由县级以上人民政府负责组织复垦。

应用

47. 土地复垦的责任主体是谁?

根据《土地复垦条例》规定，对于生产建设活动损毁的土地，按照“谁损毁，谁复垦”的原则，由土地复垦义务人负责复垦，同时要求复垦义务人严格按照审查通过的土地复垦方案落实复垦费用、实施土地复垦工程、报告有关情况，该条例还对不依法履行土地复垦义务的情形作出了处罚规定。对于没有复垦义务人的历史遗留损毁土地和自然灾害损毁土地，该条例首次明确由县级以上人民政府负责组织复垦，有效解决了此类损毁土地复垦责任主体缺失的问题。

48. 土地复垦的范围具体包括哪些情况?

下列损毁土地由土地复垦义务人负责复垦：（1）露天采矿、烧制砖瓦、挖砂取土等地表挖掘所损毁的土地；（2）地下采矿等造成地表塌陷的土地；（3）堆放采矿剥离物、废石、矿渣、粉煤灰等固体废弃物压占的土地；（4）能源、交通、水利等基础设施建设和其他生产建设活动临时占用所损毁的土地。

49. 什么情况下应当缴纳土地复垦费?

根据本条规定，没有条件复垦或者复垦不符合要求的，应当缴纳土地复垦费。这里所说的“没有条件复垦”，一是指用地单位或者个人不具备复垦被破坏土地的技术、设备，无力复垦的情况；二是指由于土地被破坏的程度十分严重，复垦非常困难或者得不偿失的情况。“复垦不符合要求”，就是说复垦后的土地利用不符合国家对复垦规定的标准，国家对土地复垦有一定的技术标准，要求土地复垦后达到可供利用状况，用地单位或者个人应当按照国家有关复垦的技术规范进行复垦活动。如果是“没有条件复垦或者复垦不符合要求的”，造成土地破坏的用地单位或者个人就应当依照本条的规定，缴纳土地复垦费。

土地复垦费，是由国家统一规定收取的专项用于土地复垦的费用。土地复垦费的收取标准、收取机关、收取办法等内容，本法未作规定，但是本条对于土地复垦费的用途作了明确的规定，只能用于土地复垦，任何单位和个人不得挪用。2012 年，原国土资源部门颁布的《土地复垦条例实施办法》，对土地复垦费作出了具体规定。

配套

《土地复垦条例》；《循环经济促进法》第22、53条；《煤炭法》第25条；《防洪法》第45条；《矿产资源法》第21、32条；《国务院关于促进节约集约用地的通知》

第五章　建设用地

第四十四条　【农用地转用】 建设占用土地，涉及农用地转为建设用地的，应当办理农用地转用审批手续。

永久基本农田转为建设用地的，由国务院批准。

在土地利用总体规划确定的城市和村庄、集镇建设用地规模范围内，为实施该规划而将永久基本农田以外的农用地转为建设用地的，按土地利用年度计划分批次按照国务院规定由原批准土地利用总体规划的机关或者其授权的机关批准。在已批准的农用地转用范围内，具体建设项目用地可以由市、县人民政府批准。

在土地利用总体规划确定的城市和村庄、集镇建设用地规模范围外，将永久基本农田以外的农用地转为建设用地的，由国务院或者国务院授权的省、自治区、直辖市人民政府批准。

注解

农用地转为建设用地，简称农用地转用，是指现状的农用地按照国土空间规划和国家规定的批准权限，经过审查批准后转为建设用地的行为。

在国土空间规划确定的城市和村庄、集镇建设用地范围内，为实施该规划而将农用地转为建设用地的，由市、县人民政府组织自然资源等部门拟订农用地转用方案，分批次报有批准权的人民政府批准。农用地转用方案应当重点对建设项目安排、是否符合国土空间规划和土地利用年度计划以及补充耕地情况作出说明。农用地转用方案经批准后，由市、县人民政府组织实施。

需要注意的是，本条对在国土空间规划确定的城市和村庄、集镇建设用地规模范围内的建设用地审批采用了农用地转用审批与具体建设项目用地审批相分离的制度，即农用地转用按土地利用年度计划分批次按照国务院规定由原批准国土空间规划的机关或者其授权的机关批准，而在已批准的农用地转用范围内，具体建设项目用地可以由市、县人民政府批准。

建设项目确需占用国土空间规划确定的城市和村庄、集镇建设用地范围外的农用地，涉及占用永久基本农田的，由国务院批准；不涉及占用永久基本农田的，由国务院或者国务院授权的省、自治区、直辖市人民政府批准。具体按照下列规定办理：（1）建设项目批准、核准前或者备案前后，由自然资源主管部门对建设项目用地事项进行审查，提出建设项目用地预审意见。建设项目需要申请核发选址意见书的，应当合并办理建设项目用地预审与选址意见书，核发建设项目用地预审与选址意见书。（2）建设单位持建设项目的批准、核准或者备案文件，向市、县人民政府提出建设用地申请。市、县人民政府组织自然资源等部门拟订农用地转用方案，报有批准权的人民政府批准；依法应当由国务院批准的，由省、自治区、直辖市人民政府审核后上报。农用地转用方案应当重点对是否符合国土空间规划和土地利用年度计划以及补充耕地情况作出说明，涉及占用永久基本农田的，还应当对占用永久基本农田的必要性、合理性和补划可行性作出说明。（3）农用地转用方案经批准后，由市、县人民政府组织实施。

建设项目需要使用土地的，建设单位原则上应当一次申请，办理建设用地审批手续，确需分期建设的项目，可以根据可行性研究报告确定的方案，分期申请建设用地，分期办理建设用地审批手续。建设过程中用地范围确需调整的，应当依法办理建设用地审批手续。农用地转用涉及征收土地的，还应当依法办理征收土地手续。

应用

50. 永久基本农田如何转为建设用地？

永久基本农田转为建设用地的，由国务院批准。只要建设项目用地涉及占用永久基本农田的，整个项目的农用地转用都需要报国务院审批。

51. 由国务院批准的农地转用审批事项如何下放？

本法规定由国务院批准的农地转用审批事项可以通过授权方式下放。《国务院关于授权和委托用地审批权的决定》（国发〔2020〕4号）规定：

"将国务院可以授权的永久基本农田以外的农用地转为建设用地审批事项授权各省、自治区、直辖市人民政府批准。自本决定发布之日起，按照《中华人民共和国土地管理法》第四十四条第三款规定，对国务院批准土地利用总体规划的城市在建设用地规模范围内，按土地利用年度计划分批次将永久基本农田以外的农用地转为建设用地的，国务院授权各省、自治区、直辖市人民政府批准；按照《中华人民共和国土地管理法》第四十四条第四款规定，对在土地利用总体规划确定的城市和村庄、集镇建设用地规模范围外，将永久基本农田以外的农用地转为建设用地的，国务院授权各省、自治区、直辖市人民政府批准。"

配套

《土地管理法实施条例》第23-25条

第四十五条　【征地范围】为了公共利益的需要，有下列情形之一，确需征收农民集体所有的土地的，可以依法实施征收：

（一）军事和外交需要用地的；

（二）由政府组织实施的能源、交通、水利、通信、邮政等基础设施建设需要用地的；

（三）由政府组织实施的科技、教育、文化、卫生、体育、生态环境和资源保护、防灾减灾、文物保护、社区综合服务、社会福利、市政公用、优抚安置、英烈保护等公共事业需要用地的；

（四）由政府组织实施的扶贫搬迁、保障性安居工程建设需要用地的；

（五）在土地利用总体规划确定的城镇建设用地范围内，经省级以上人民政府批准由县级以上地方人民政府组织实施的成片开发建设需要用地的；

（六）法律规定为公共利益需要可以征收农民集体所有的土地的其他情形。

前款规定的建设活动，应当符合国民经济和社会发展规划、

土地利用总体规划、城乡规划和专项规划；第（四）项、第（五）项规定的建设活动，还应当纳入国民经济和社会发展年度计划；第（五）项规定的成片开发并应当符合国务院自然资源主管部门规定的标准。

注解

《宪法》规定，国家为了公共利益的需要，可以依照法律规定对土地实行征收或者征用并给予补偿。《民法典》第243条第1款规定，“为了公共利益的需要，依照法律规定的权限和程序可以征收集体所有的土地和组织、个人的房屋以及其他不动产”。本条第1款采用列举式与概括式相结合的表述方式，列举了六种情形，对“公共利益”的范围进行了明确。其中，第6项为兜底条款，为“法律规定为公共利益需要可以征收农民集体所有的土地的其他情形”，即只有法律才能规定公共利益的情形。这一规定对“公共利益”的范围进行了明确和严格限定，体现征地的公益性和强制性，回归征地本源。

应用

52. 保障性安居工程包括哪些？

由政府组织实施的保障性安居工程是保障居民居住权的重大民生工程，属于公共利益的范畴，根据国务院和有关部门印发的文件，保障性安居工程大致包括四类：第一类是城市和国有工矿棚户区改造，以及林区、垦区棚户区改造；第二类是廉租住房；第三类是经济适用住房、限价商品住房、公共租赁住房等；第四类是农村危房改造。政府实施上述住房保障类项目的，可以征地。

53. 如何理解“成片开发”？

政府按照法定程序组织的“成片开发”属于公共利益范畴，可以实施征地。从“成片开发”的内涵来看，主要是政府统一实施规划、统一开发，主要包括对危房较为集中、基础设施落后等地段进行统一的旧城区改建，以及对开发区、新区实施规模化开发等。将“成片开发”纳入征地范围主要考虑了以下几方面原因：一是从我国国情看，宪法规定“城市的土地属于国家所有”。长期以来，城市建设过程中征收了大量农村集体所有土地，这种做法既保障了经济社会的稳定发展，确保了城市建设需要，也为农民和社会所接受。在经济社会仍然快速发展的阶段，不宜作较大幅度调整。二是从国外实践情况看，成片开发实行统一征收，既符合国际通行做法，也可充分体现规划的公共利益属性，强化规划的科学性、合理性与可操作性。同时有利于在一定范围内，对各类市政基础设施实行统一规划、统一设计、统一建设，提高资金使用效率，降低社会运营成本。三是我国目前正处于工业化、城镇化快速推进的阶段，由政府进行成片开发有利于统筹城市建设，可以防止建设用地遍地开花、混乱无序。

成片开发由政府主导，征地规模大，涉及群众利益广，容易引发争议和纠纷，必须进行严格限制：一是批准和实施层级，必须经省级以上人民政府批准，由县级以上地方人民政府组织实施。二是区域限制，必须在国土空间规划确定的城镇建设用地范围内，体现了规划的严肃性。在编制规划时，必须为日后即将进行的成片开发预留空间。三是在该条最后一款规定成片开发建设还应当纳入国民经济和社会发展年度计划，既充分体现了人民民主决策，也大大提高了成片开发征地的预见性和透明度。

配套

《宪法》第10条；《民法典》第243条

第四十六条　【征地审批权限】征收下列土地的，由国务院批准：

（一）永久基本农田；

（二）永久基本农田以外的耕地超过三十五公顷的；

（三）其他土地超过七十公顷的。

征收前款规定以外的土地的，由省、自治区、直辖市人民政府批准。

征收农用地的，应当依照本法第四十四条的规定先行办理农用地转用审批。其中，经国务院批准农用地转用的，同时办理征地审批手续，不再另行办理征地审批；经省、自治区、直辖市人民政府在征地批准权限内批准农用地转用的，同时办理征地审批手续，不再另行办理征地审批，超过征地批准权限的，应当依照本条第一款的规定另行办理征地审批。

注解

征收土地应当经过非常严格的审批程序，实行国务院和省级政府两级审批制。

应用

54. 国务院有哪些征地审批权限?

(1) 基本农田；(2) 基本农田以外的耕地超过35公顷的；(3) 其他土地超过70公顷的。除此之外其他土地的征收，应由省、自治区、直辖市人民政府批准。

55. 征地与农用地转用审批事项如何衔接?

一是经国务院批准农用地转用的，同时办理征地审批手续，不再另行办理征地审批。这主要是指按新法第44条的规定占用永久基本农田的项目等，国务院批准农用地转用时，同时批准征收土地，不需另行报批。这样可以简化手续，提高办事效率，减轻基层政府和建设单位的负担。二是经省、自治区、直辖市人民政府在征地批准权限内批准农用地转用的，同时办理征地审批手续，不再另行办理征地审批，这主要是指农用地转用批准权和征收土地的批准权都属于省级人民政府的，由省级人民政府同时办理农用地转用和征收土地审批手续。三是超过征地批准权限的，应当依照本条第1款的规定另行办理征地审批，这主要是指按照新法第44条的规定由省级人民政府（包括国务院授权省级人民政府）批准农转用的情况，但是征地需要国务院批准的，需要先由省级人民政府办理农转用手续，再由国务院办理征地手续。

配套

《土地管理法实施条例》第23、24条；《建设用地审查报批管理办法》第5-8、11-21条

第四十七条　【土地征收程序】 国家征收土地的，依照法定程序批准后，由县级以上地方人民政府予以公告并组织实施。

县级以上地方人民政府拟申请征收土地的，应当开展拟征收土地现状调查和社会稳定风险评估，并将征收范围、土地现状、征收目的、补偿标准、安置方式和社会保障等在拟征收土地所在的乡

（镇）和村、村民小组范围内公告至少三十日，听取被征地的农村集体经济组织及其成员、村民委员会和其他利害关系人的意见。

多数被征地的农村集体经济组织成员认为征地补偿安置方案不符合法律、法规规定的，县级以上地方人民政府应当组织召开听证会，并根据法律、法规的规定和听证会情况修改方案。

拟征收土地的所有权人、使用权人应当在公告规定期限内，持不动产权属证明材料办理补偿登记。县级以上地方人民政府应当组织有关部门测算并落实有关费用，保证足额到位，与拟征收土地的所有权人、使用权人就补偿、安置等签订协议；个别确实难以达成协议的，应当在申请征收土地时如实说明。

相关前期工作完成后，县级以上地方人民政府方可申请征收土地。

注解

为了保障被征收人的知情权、参与权、表达权、监督权，征地批准前需要履行调查、评估、公告、听证、登记、协议六步程序。

应用

56. 如何进行土地征收公告？

为保障被征地群众的合法知情权，征收范围、土地现状、征收目的、补偿标准、安置方式和社会保障等事关被征收土地群众的切身利益的事项必须在拟征收土地所在的乡（镇）和村、村民小组范围内进行公告。公告的时间不得少于30日。

其中，征收范围主要是精确的界址单位，土地现状主要是依土地现状调查获取的土地利用类型、面积、分布和利用状况，征收目的主要是本法第45条中规定的具体的公益性目的，补偿标准、安置方式和社会保障主要是一些事关被征地群众日后生活保障的基本信息。上述信息在公示过程中必须听取被征地的农村集体经济组织及其成员、村民委员会和其他利害关系人的意见。“其他利害关系人”，实践中指土地承包经营权人、农业设施所有人等其他与被征地块有关的人员。

57. 如何进行补偿登记?

拟征收土地的所有权人、使用权人，如农村集体经济组织、土地的承包经营者、使用宅基地的农村村民等，应当在公告规定的期限内，持能证明其享有该土地法定权利的权属证书，如集体土地所有权证、集体土地使用权证、有偿使用合同或承包经营合同，办理征地补偿登记，获得补偿。补偿登记除对土地所有权、使用权进行登记外，还应当对被征用土地上的地上物进行清点，并依法进行登记，包括因征地而受到破坏的其他土地上的设施、青苗和其他附着物等，以便确定恢复或补偿的办法。

配 套

《土地管理法实施条例》第26-31条

第四十八条　【土地征收补偿安置】征收土地应当给予公平、合理的补偿，保障被征地农民原有生活水平不降低、长远生计有保障。

征收土地应当依法及时足额支付土地补偿费、安置补助费以及农村村民住宅、其他地上附着物和青苗等的补偿费用，并安排被征地农民的社会保障费用。

征收农用地的土地补偿费、安置补助费标准由省、自治区、直辖市通过制定公布区片综合地价确定。制定区片综合地价应当综合考虑土地原用途、土地资源条件、土地产值、土地区位、土地供求关系、人口以及经济社会发展水平等因素，并至少每三年调整或者重新公布一次。

征收农用地以外的其他土地、地上附着物和青苗等的补偿标准，由省、自治区、直辖市制定。对其中的农村村民住宅，应当按照先补偿后搬迁、居住条件有改善的原则，尊重农村村民意愿，采取重新安排宅基地建房、提供安置房或者货币补偿等方式给予公平、合理的补偿，并对因征收造成的搬迁、临时安置等费用予以补偿，保障农村村民居住的权利和合法的住房财产权益。

县级以上地方人民政府应当将被征地农民纳入相应的养老等

社会保障体系。被征地农民的社会保障费用主要用于符合条件的被征地农民的养老保险等社会保险缴费补贴。被征地农民社会保障费用的筹集、管理和使用办法，由省、自治区、直辖市制定。

注解

本条是关于土地征收补偿安置的规定，主要包括补偿原则、补偿内容、补偿标准、地上附着物和青苗补偿、农村村民居住权益和住房财产权保护、被征地农民的社会保障等内容。

与原土地管理法比较，新法第48条补偿内容明确农村村民住宅补偿，并在第4款有具体表述；土地补偿费和安置补助费由征地区片综合地价确定，这在本条第3款有具体规定；补偿内容增加社会保障费用，在本条第5款有规定。这次修法对补偿内容的调整，体现了对公平公正以及“原有生活水平不降低、长远生计有保障”补偿原则的具体落实。

应用

58. 如何理解“区片综合地价”?

土地补偿费和安置补助费由征地区片综合地价确定，这是本次修法的一个重要突破，主要目的是使征地补偿标准符合社会主义市场经济发展形势，达到合理利用和保护土地资源，维护农民合法权益和社会安定的目的。

征收农用地的土地补偿费、安置补助费标准由省、自治区、直辖市通过制定公布区片综合地价确定。制定区片综合地价应当综合考虑土地原用途、土地资源条件、土地产值、土地区位、土地供求关系、人口以及经济社会发展水平等因素，并至少每三年调整或者重新公布一次。这一规定明确了区片综合地价的制定主体、制定依据以及调整周期。

与原法施行的年产值标准相比，区片综合地价的显著优点包括：一是征地区片综合地价是按照均值性区片确定的补偿标准，在一定区域内标准一致，体现“同地同价”；二是征地区片综合地价是针对土地确定的综合补偿标准，而不包括地上附着物和青苗补偿费，这种计算方式考虑了具体地块附着物的实际情况；三是征地区片综合地价是一种预设性标准，在征地没有发生时统一制订，刚性较强。新土地管理法规定区片综合地价应当至少每三年调整或者重新公布一次。

59. 农民住房安置保障如何实现?

对于农村村民住宅，应当坚持“先补偿后搬迁，居住条件有改善”原则，这与《国有土地上房屋征收与补偿条例》中国有土地上房屋征收与补偿的原则一致，明确了搬迁必须以补偿到位为前提。对于住宅安置的标准、补偿方式方面，在充分尊重农民意愿的前提下，考虑到各地实际情况不同，预留了多种补偿方式。比如，建设用地指标比较充裕的地区，可以重新安排宅基地，土地资源紧张的地区，可以通过建设安置房进行集中安置，对于已经不需要提供住房的农民，可以通过货币化的方式进行补偿。同时，明确提出将“因征收造成的搬迁、临时安置等费用”列入补偿内容，周全考虑了农民经济利益的具体情况，体现了公平公正的原则。

60. 被征地农民的社会保障费用如何安排?

将被征地农民纳入社会保障体系，是确保“长远生计有保障”的重要措施手段。《社会保险法》第96条规定，征收农村集体所有的土地，应当足额安排被征地农民的社会保险费，按照国务院规定将被征地农民纳入相应的社会保险制度。实践中，各级政府已经逐渐将被征地农民纳入社保体系予以保障，但是各地保障方式不同，本法新增加的相关内容主要是作原则性规定，关于社保费用筹集、管理、使用的具体办法，授权各省级人民政府自行制定。

配套

《土地管理法实施条例》第32条

第四十九条　【征地补偿费用的使用】被征地的农村集体经济组织应当将征收土地的补偿费用的收支状况向本集体经济组织的成员公布，接受监督。

禁止侵占、挪用被征收土地单位的征地补偿费用和其他有关费用。

注解

征地补偿费用属于农村集体经济组织所有，应当由农村集体经济组织或村民委员会负责管理，用于被征地单位的生产发展，安置被征地后的农民。县、乡政府直接管理和使用土地补偿费是不合法的。

应用

61. 征地补偿费用由谁管理？如何发放？

安置补助费必须专款专用，不得挪作他用。需要安置的人员由农村集体经济组织安置的，安置补助费支付给农村集体经济组织，由农村集体经济组织管理和使用；由其他单位安置的，安置补助费支付给安置单位；不需要统一安置的，安置补助费发放给被安置人员个人或者征得被安置人员同意后用于支付被安置人员的保险费用。

62. 如何认定集体经济组织成员的资格？

村民具有的集体经济组织成员的资格和享有的获得征地补偿费用的权利，不是村民会议民主议定的范围和问题，村委会不得以村民会议民主表决为由剥夺其成员的正当、合法权益；村民具有的集体经济组织成员的资格和待遇是特定的，不因出具放弃保证而取消。（参见“芦某霞与新乡市开发区某村村民委员会土地补偿款纠纷上诉案”，河南省新乡市中级人民法院〔2008〕新中民一终字第545号）

配套

《土地管理法实施条例》第32条

第五十条　【支持被征地农民就业】地方各级人民政府应当支持被征地的农村集体经济组织和农民从事开发经营，兴办企业。

配套

《国务院办公厅转发劳动保障部关于做好被征地农民就业培训和社会保障工作指导意见的通知》

第五十一条　【大中型水利水电工程建设征地补偿和移民安置】大中型水利、水电工程建设征收土地的补偿费标准和移民安置办法，由国务院另行规定。

注解

大中型水利水电工程建设征地补偿和移民安置工作，既要维护移民合法权益，又要保障工程建设的顺利进行。

应用

63. 国家对大中型水利、水电征地补偿及移民安置问题是如何解决的?

国家主要采用了以下方法来解决:(1)由地方政府统一组织、制定移民安置规划并组织实施,根据工作的需要,一些地方政府还设立了专门的水利水电移民安置机构,负责水利水电工程的移民安置工作;(2)采用开发性移民,就地后靠和外迁结合的办法,主要通过开发荒地、滩涂和调剂土地,解决移民的生活和生产;(3)采取前期补偿和后期扶持相结合的办法。按照规定,大中型水利、水电工程的征地补偿标准较低,但是水利、水电工程取得效益后,将提出一部分收益建立库区发展基金,扶持被征地移民的生产和生活。同时,地方政府也对征地移民采取许多优惠政策,如减免税,给予各方面补贴等。

64. 征地补偿和移民安置资金包括哪些费用? 如何计算、批准和执行?

征地补偿和移民安置资金包括土地补偿费、安置补助费,农村居民点迁建、城(集)镇迁建、工矿企业迁建以及专项设施迁建或者复建补偿费(含有关地上附着物补偿费),移民个人财产补偿费(含地上附着物和青苗补偿费)和搬迁费,库底清理费,淹没区文物保护费和国家规定的其他费用。

大中型水利水电工程建设征收耕地的,土地补偿费和安置补助费之和为该耕地被征收前3年平均年产值的16倍。土地补偿费和安置补助费不能使需要安置的移民保持原有生活水平、需要提高标准的,由项目法人或者项目主管部门报项目审批或者核准部门批准。征收其他土地的土地补偿费和安置补助费标准,按照工程所在省、自治区、直辖市规定的标准执行。

配套

《长江三峡工程建设移民条例》;《大中型水利水电工程建设征地补偿和移民安置条例》

第五十二条　【建设项目用地审查】 建设项目可行性研究论证时,自然资源主管部门可以根据土地利用总体规划、土地利用年度计划和建设用地标准,对建设用地有关事项进行审查,并提出意见。

注解

本条确立了用地预审制度。建设项目可行性研究论证时，由自然资源主管部门对建设项目用地有关事项进行审查，提出建设项目用地预审报告；可行性研究报告报批时，必须附具自然资源主管部门出具的建设项目用地预审报告。目前，建设项目用地实行分级预审制度，审查的内容包括拟建项目的基本情况、拟选址占地情况、拟用地是否符合国土空间规划、拟用地面积是否符合土地使用标准、拟用地是否符合供地政策等。在国土空间规划确定的城镇建设用地范围内使用已批准的建设用地进行建设的项目，不涉及新增建设用地，可以不进行建设项目用地预审。

应用

65. 建设项目用地预审意见的有效期是多久?

根据《国土资源部办公厅关于建设项目用地预审意见有效期有关问题的复函》（2017 年 4 月 24 日，国土资厅函〔2017〕641 号）的规定，《国土资源部关于修改〈建设项目用地预审管理办法〉的决定》（第 68 号令，以下简称部令第 68 号）已将建设项目用地预审文件有效期由 2 年延长至 3 年，并于 2017 年 1 月 1 日起施行。对于 2015 年之后批复的建设项目用地预审文件，适用部令第 68 号规定，有效期自动延展为 3 年。今后，建设项目用地预审批复文件超出有效期的，均需重新提出建设项目用地预审的申请，不再办理延期手续。

配套

《建设用地审查报批管理办法》第 4 条；《建设项目用地预审管理办法》

第五十三条　【建设项目使用国有土地的审批】经批准的建设项目需要使用国有建设用地的，建设单位应当持法律、行政法规规定的有关文件，向有批准权的县级以上人民政府自然资源主管部门提出建设用地申请，经自然资源主管部门审查，报本级人民政府批准。

注解

国有建设用地包括三种：一是已有的国有建设用地，包括城市市区内土地、城市规划区外现有铁路、公路、机场、水利设施、军事设施、工矿企业使用的国有土地；国营农场内的建设用地等。二是经本法规定的农转用、征地程序转为国有建设用地的土地，即依法征收、转用的原属于农民集体所有的建设用地、农民集体所有的农用地、未利用地以及国有农用地。三是国有未利用地。

土地管理法实施条例对具体项目建设用地审查以及与农转用、征收程序的衔接分别进行了规定。具体建设项目地均由建设单位提出，县级以上自然资源主管部门审查，报本级人民政府批准，其中涉及农转用、征收的，由县级以上自然资源主管部门在办理过程中按法定程序上报上级政府批准。上述程序完成后，由县级以上自然资源主管部门依法与用地人签订出让合同。“招拍挂”市场化出让取得国有土地的，不采取申请审批制，不适用本条规定。

第五十四条　【国有土地的取得方式】建设单位使用国有土地，应当以出让等有偿使用方式取得；但是，下列建设用地，经县级以上人民政府依法批准，可以以划拨方式取得：

（一）国家机关用地和军事用地；

（二）城市基础设施用地和公益事业用地；

（三）国家重点扶持的能源、交通、水利等基础设施用地；

（四）法律、行政法规规定的其他用地。

注解

原则上，取得国有建设用地使用权应支付相应对价，采取有偿使用方式，有偿使用国有土地的，由市、县人民政府自然资源主管部门与土地使用者签订国有土地有偿使用合同。有偿使用的方式主要包括：(1) 国有土地使用权出让；(2) 国有土地租赁；(3) 国有土地使用权作价出资或入股。

除了有偿使用方式外，一些特殊建设用地，经县级以上人民政府依法批准，土地使用者可以通过各种方式依法无偿取得使用权，也即以划拨方式取得。划拨使用国有土地的，由市、县人民政府自然资源主管部门向土地使用者核发国有土地划拨决定书。这些特殊用地主要包括：(1) 国家机关使用的土地；(2) 军事用地；(3) 城市基础设施用地；(4) 公益事业用地；(5) 国家重点扶持的能源、交通、水利等项目用地；(6) 法律、行政法规规定的其他建设用地。《划拨用地目录》对划拨用地的具体范围和内容进行了规定。

应用

66. 什么是国有土地使用权出让?

国有土地使用权出让，即国家以土地所有者的身份将土地使用权在一定年限内让与土地使用者，并由土地使用者向国家支付土地使用权出让金的行为。土地使用者在支付全部土地使用权出让金后，应当依照规定办理登记，领取土地使用证，取得土地使用权。国有土地使用权出让应当签订出让合同。土地使用者应当按照城市规划的要求和合同规定的期限与条件开发、利用、经营土地。否则，市、县人民政府自然资源主管部门将根据违规情况对使用者分别采取限期纠正、警告、罚款、无偿收回土地使用权的处罚。土地使用者若需要改变土地使用权出让合同规定的土地用途的，应当征得出让方同意并经自然资源主管部门和城市规划部门批准，重新签订土地使用权出让合同，并相应增加或减少土地使用权出让金，办理登记土地使用权出让可以采取下列具体方式：（1）协议出让；（2）招标、拍卖、挂牌。

67. 什么是国有土地租赁?

国有土地租赁，即国家将一定时期内的土地使用权让与土地使用者使用，而土地使用者按年度向国家缴纳租金的行为。国有土地租赁，可以采用招标、拍卖或者双方协议的方式。

68. 什么是国有土地使用权作价出资或入股?

国有土地使用权作价出资或入股，是指国家以一定年限的国有土地使用权作价，作为出资或股本投入新设立的企业，该土地使用权由新设企业持有的供地方式。土地使用权作价出资（入股）形成的国家股股权，按照国有资产投资主体由有批准权的人民政府自然资源主管部门委托有资格的国有股权持股单位统一持有。

69. 土地使用权如何进行划拨和流转?

土地使用权划拨包括两种方式：一是指县级以上人民政府批准，在土地使用者缴纳补偿、安置等费用后将该幅土地交付给土地使用者使用；二是指县级以上人民政府批准，将国有土地使用权无偿交付给土地使用者使用的行为。现实中，第一种情况占多数。

划拨土地使用权转让、出租、抵押的，应签订土地使用权出让合同，向当地市、县人民政府补交土地使用权出让金或者以转让、出租、抵押所获收益抵缴土地使用权出让金。

因使用者停止使用划拨土地或市、县人民政府根据城市建设发展需要和城市规划的要求，可以无偿收回划拨土地，对其地上建筑物、其他附着物，市、县人民政府应当根据实际情况给予适当补偿。

配套

《民法典》第325、347、348条；《土地管理法实施条例》第17、18条；《建设用地审查报批管理办法》第22条；《协议出让国有土地使用权规定》；《城镇国有土地使用权出让和转让暂行条例》；《招标拍卖挂牌出让国有建设用地使用权规定》

第五十五条　【国有土地有偿使用费】以出让等有偿使用方式取得国有土地使用权的建设单位，按照国务院规定的标准和办法，缴纳土地使用权出让金等土地有偿使用费和其他费用后，方可使用土地。

自本法施行之日起，新增建设用地的土地有偿使用费，百分之三十上缴中央财政，百分之七十留给有关地方人民政府。具体使用管理办法由国务院财政部门会同有关部门制定，并报国务院批准。

注解

土地出让金是指各级政府土地管理部门将土地使用权出让给土地使用者，按规定向受让人收取土地出让的全部价款。应当先支付土地出让金等有偿使用费，后使用土地。土地出让金具体的付款方式和付款办法，应当由国有土地使用权有偿使用合同来约定。采用出让方式的，应当先支付土地出让金及其他费用，方可为其核发不动产权属证书，建设单位方可取得土地并依法使用。采用国有土地租赁方式的，应当一次性支付按国有土地租赁合同约定的需要支付的国有土地有偿使用费和其他费用。采用国有土地入股的，应当先办理国有土地股权持有的有关手续，签订合同或章程后，方可办理土地登记，并使用土地。未按合同的约定支付国有土地有偿使用费的，政府将按合同的规定不予提供土地使用权，建设单位不得使用土地。

应用

70. 什么是新增建设用地土地有偿使用费？如何使用？

新增建设用地土地有偿使用费是指国务院或省级人民政府在批准农用地转用、征收土地时，向取得出让等有偿使用方式的新增建设用地的县、市人民政府收取的平均土地纯收益。它与土地出让金既有区别又有联系。新增建设用地有偿使用费在报批阶段缴纳，土地出让金在用地阶段缴纳；前者是由县市级人民政府上交，具有预付性质，后者是由建设单位缴纳。土地出让金属于政府性基金收入，由地方政府支配。新增建设用地有偿使用费，30%上缴中央财政，70%留给有关地方人民政府。具体使用管理办法由国务院财政部门会同有关部门制定，并报国务院批准。

71. 新增建设用地土地有偿使用费的征收范围包括哪些？

根据《关于新增建设用地土地有偿使用费征收范围有关问题的复函》(2007年2月15日，国土资厅函〔2007〕96号）的规定，土地利用总体规划确定的城市（含建制镇）建设用地范围内的新增建设用地（含村庄和集镇新增建设用地)，以及在土地利用总体规划确定的城市（含建制镇）、村庄和集镇建设用地范围外单独选址、依法以出让等有偿使用方式取得的新增建设用地，均属于新增建设用地土地有偿使用费的征收范围。据此，跨城市建设、用地范围的单独选址建设项目，其在城市建设用地范围内的部分，应当按照财综〔2006〕48号文件规定征收新增建设用地土地有偿使用费；其在城市建设用地范围外的新增建设用地，依法以出让等有偿使用方式供应的，应当按照财综〔2006〕48号文件规定征收新增建设用地土地有偿使用费。

72. 出让土地用途变更后，建设用地使用权出让金应作何种调整？

土地出让金并不是完全固定的，而是一个可变量，决定其数额的因素很多，如土地用途、土地供需关系紧张程度、国家政策、不同的经济发展阶段等。根据《最高人民法院关于审理涉及国有土地使用权合同纠纷案件适用法律问题的解释》第5条规定，以相同用途的土地出让金标准确定土地用途改变后的土地出让金是比较合理的。因此，土地用途发生改变，所对应的出让金数额也会相应地发生变化，对当事人提出的因土地用途变更而要求调整土地出让金的请求，应当予以支持。

配套

《民法典》第351条；《土地管理法实施条例》第19条；《财政部、国土资源部关于调整新增建设用地土地有偿使用费征收等别的通知》；《财政部、国土资源部关于调整部分地区新增建设用地土地有偿使用费征收等别的通知》

第五十六条　【国有土地的使用要求】 建设单位使用国有土地的，应当按照土地使用权出让等有偿使用合同的约定或者土地使用权划拨批准文件的规定使用土地；确需改变该幅土地建设用途的，应当经有关人民政府自然资源主管部门同意，报原批准用地的人民政府批准。其中，在城市规划区内改变土地用途的，在报批前，应当先经有关城市规划行政主管部门同意。

注解

建设单位应当按照土地有偿使用合同或土地使用权划拨批准文件的规定使用土地，主要是指按照规定的用途使用土地，不得擅自改变。

土地用途是土地出让合同的组成部分，按照城乡规划法、城市房地产管理法等规定，出让地块的位置、使用性质、开发强度等规划条件应当作为国有土地使用权出让合同的组成部分。违反合同的约定使用土地一方面涉及违约责任，应当依照合同的约定予以处置；另一方面违反规划管制要求，按照《城镇国有土地使用权出让和转让暂行条例》等，还应当给予行政处罚。

采用划拨方式提供土地使用权的，政府在批准用地文件中对建设用地的用途及使用要求也都有明确的规定，用地单位必须按照批准的用途使用，不得擅自改变批准的用途。

应用

73. 确需改变土地用途的，如何履行审批程序？

这里的审批程序与本法第53条规定的申请审批程序是一致的，这主要考虑到土地用途是土地出让的重要内容，改变土地用途也需要按照原程序履行审查程序。需要说明的是，涉及划拨土地改变用途后，不再符合划拨条件的，法律、法规明确划拨土地改变用途应当收回土地使用权的，或者《国有土地划拨决定书》明确改变用途应当收回土地使用权的，应当由市、县人民政府收回划拨土地。可以继续使用该幅土地的，应当按国有土地有偿使用的有关规定办理有偿使用手续，签订土地有偿使用合同，补缴土地有偿使用费。

74. 在城市规划区内改变土地用途的，是否应当征得有关部门意见?

在城市规划区内改变土地用途的，在报批前，应当先经有关城市规划行政主管部门同意。根据国务院机构改革方案，城市规划纳入国土空间规划，由自然资源主管部门统一监督实施，自然资源主管部门就是城市规划行政主管部门，无需另行征求意见。

配套

《民法典》第344、350、353、354条；《城乡规划法》；《城市房地产管理法》；《城镇国有土地使用权出让和转让暂行条例》

第五十七条　【建设项目临时用地】建设项目施工和地质勘查需要临时使用国有土地或者农民集体所有的土地的，由县级以上人民政府自然资源主管部门批准。其中，在城市规划区内的临时用地，在报批前，应当先经有关城市规划行政主管部门同意。土地使用者应当根据土地权属，与有关自然资源主管部门或者农村集体经济组织、村民委员会签订临时使用土地合同，并按照合同的约定支付临时使用土地补偿费。

临时使用土地的使用者应当按照临时使用土地合同约定的用途使用土地，并不得修建永久性建筑物。

临时使用土地期限一般不超过二年。

应用

75. 临时用地包括哪些类型?

临时用地包括两类：一类是工程建设施工临时用地，包括工程建设施工中设置的临时加工车间、材料堆场、取土弃土用地、运输道路等。另一类是地质勘查过程中的临时用地，包括厂址、坝址、铁路、公路选址等需要对工程地质、水文地质情况进行勘测，探矿、采矿需要对矿藏情况进行勘查勘探临时使用的土地等。

76. 临时用地的土地用途的性质变了吗?

临时使用土地者应当按照合同约定的用途使用土地，不得建永久性的建筑物及其他设施。使用结束后，将土地的临时建设的设施全部拆除，恢复土地的原貌，并交还给原土地所有权人或使用权人。即原土地的用途属建设用地的仍为建设用地，原来为农用地的仍为农用地。

77. 临时用地的土地的权属变了吗?

原土地的所有权和使用权都无须改变。使用农民集体土地的不需要办理征用征收手续，使用国有土地的也不必办理划拨或有偿使用手续，只需签订临时使用土地合同，并对土地所有权人和原土地使用权人予以一定的补偿。

78. 临时用地的期限有多长?

临时用地的期限一般不超过 2 年。临时用地不超过 2 年的，使用的具体期限可以在临时使用土地合同中由双方约定。

配套

《土地管理法实施条例》第 20、21、52 条

第五十八条　【收回国有土地使用权】 有下列情形之一的，由有关人民政府自然资源主管部门报经原批准用地的人民政府或者有批准权的人民政府批准，可以收回国有土地使用权：

（一）为实施城市规划进行旧城区改建以及其他公共利益需要，确需使用土地的；

（二）土地出让等有偿使用合同约定的使用期限届满，土地使用者未申请续期或者申请续期未获批准的；

（三）因单位撤销、迁移等原因，停止使用原划拨的国有土地的；

（四）公路、铁路、机场、矿场等经核准报废的。

依照前款第（一）项的规定收回国有土地使用权的，对土地使用权人应当给予适当补偿。

注解

国有土地有偿出让有期限限制，申请续期或者申请续期未获批准的，就不再具有使用权人资格，国家作为所有权人有权无偿收回土地。《城市房地产管理法》与该规定进行了衔接，第 22 条第 1 款规定："土地使用权出让合同约定的使用年限届满，土地使用者需要继续使用土地的，应当至迟于届满前一年申请续期，除根据社会公共利益需要收回该幅土地的，应当予以批准。"由于使用期限届满，原使用权人不再拥有土地使用权，使用权自然回归于国家这个所有权人，因此不存在对土地使用权补偿的问题。

应用

79. 国土资源局因某建行分行需要扩大营业用房决定收回一些居民住宅楼的国有土地使用权，但未说明该决定的具体法律依据，是否符合法律规定？

国土局依照土地管理法对辖区内国有土地的使用权进行管理和调整，属于其行政职权的范围。但在决定收回居民住宅国有土地使用权时，对所依据的法律条款应当予以具体说明而没有说明，属于适用法律错误。此外，在相关证据难以表明该决定是由于"公共利益需要使用土地"或"实施城市规划进行旧城区改造需要调整使用土地"的需要时，其具体行政行为难以获得法律的支持。（参见"宣某等 18 人诉某市国土资源局收回土地使用权行政争议案"，载《最高人民法院公报》2004 年第 4 期）

配套

《民法典》第 358 条；《最高人民法院关于破产企业国有划拨土地使用权应否列入破产财产等问题的批复》；《国家土地管理局印发〈关于认定收回土地使用权行政决定法律性质的意见〉的通知》

第五十九条　【乡、村建设使用土地的要求】乡镇企业、乡（镇）村公共设施、公益事业、农村村民住宅等乡（镇）村建设，应当按照村庄和集镇规划，合理布局，综合开发，配套建设；建设用地，应当符合乡（镇）土地利用总体规划和土地利用年度计划，并依照本法第四十四条、第六十条、第六十一条、第六十二条的规定办理审批手续。

注解

乡镇企业、乡（镇）村公共设施、公益事业、农村村民住宅等乡（镇）村建设用地必须符合五项原则：一是应当符合乡（镇）国土空间规划确定的地块用途。二是符合土地利用年度计划，不能突破土地利用年度计划确定的控制指标。三是符合村庄和集镇规划，按照规划许可条件用地。四是坚持合理布局，综合开发，配套建设，节约集约利用土地，服务乡村振兴战略。五是涉及农用地的依法办理农用地转用和用地审批。

第六十条 【村集体兴办企业使用土地】农村集体经济组织使用乡（镇）土地利用总体规划确定的建设用地兴办企业或者与其他单位、个人以土地使用权入股、联营等形式共同举办企业的，应当持有关批准文件，向县级以上地方人民政府自然资源主管部门提出申请，按照省、自治区、直辖市规定的批准权限，由县级以上地方人民政府批准；其中，涉及占用农用地的，依照本法第四十四条的规定办理审批手续。

按照前款规定兴办企业的建设用地，必须严格控制。省、自治区、直辖市可以按照乡镇企业的不同行业和经营规模，分别规定用地标准。

应用

80. 使用本集体所有土地兴办企业的形式有哪些？

主要有两种：一是农村集体经济组织利用本集体所有的土地直接兴办企业；二是农村集体经济组织利用本集体所有的土地与其他单位、个人以土地使用权入股、联营等形式共同举办企业。

81. 使用本集体所有土地兴办企业如何审批？

需要使用建设用地兴办企业的农村集体经济组织应当持有关批准文件，向县级以上地方人民政府土地行政主管部门提出申请，由县级以上地方人民政府批准；批准的权限由省、自治区、直辖市规定；涉及占用农用地的，与使用国有建设用地一样，也需要办理农用地转用审批。

第六十一条　【乡村公共设施、公益事业建设用地审批】 乡（镇）村公共设施、公益事业建设，需要使用土地的，经乡（镇）人民政府审核，向县级以上地方人民政府自然资源主管部门提出申请，按照省、自治区、直辖市规定的批准权限，由县级以上地方人民政府批准；其中，涉及占用农用地的，依照本法第四十四条的规定办理审批手续。

注解

乡村公共设施、公益事业符合国土空间规划，经过批准可以使用农村集体的土地。乡（镇）村公共设施、公益事业建设需要用地，必须依法提出申请，并按规定的批准权限取得批准。乡村公共设施和公益事业主要指乡村行政办公、文化科学、医疗卫生、教育设施、生产服务和公用事业等用地。乡村公共设施、公益事业使用农民集体所有土地的批准权限由省、自治区、直辖市规定，并由县级以上地方人民政府负责审批。

第六十二条　【农村宅基地管理】 农村村民一户只能拥有一处宅基地，其宅基地的面积不得超过省、自治区、直辖市规定的标准。

人均土地少、不能保障一户拥有一处宅基地的地区，县级人民政府在充分尊重农村村民意愿的基础上，可以采取措施，按照省、自治区、直辖市规定的标准保障农村村民实现户有所居。

农村村民建住宅，应当符合乡（镇）土地利用总体规划、村庄规划，不得占用永久基本农田，并尽量使用原有的宅基地和村内空闲地。编制乡（镇）土地利用总体规划、村庄规划应当统筹并合理安排宅基地用地，改善农村村民居住环境和条件。

农村村民住宅用地，由乡（镇）人民政府审核批准；其中，涉及占用农用地的，依照本法第四十四条的规定办理审批手续。

农村村民出卖、出租、赠与住宅后，再申请宅基地的，不予批准。

国家允许进城落户的农村村民依法自愿有偿退出宅基地，鼓励农村集体经济组织及其成员盘活利用闲置宅基地和闲置住宅。

国务院农业农村主管部门负责全国农村宅基地改革和管理有关工作。

应用

82. 什么是“一户一宅”?

宅基地是农村村民用于建造住宅及其附属设施的集体建设用地，包括住房、附属用房和庭院等用地。农村村民一户只能拥有一处宅基地，面积不得超过本省、自治区、直辖市规定的标准。农村村民申请宅基地的，应当以户为单位向农村集体经济组织提出申请；没有设立农村集体经济组织的，应当向所在的村民小组或者村民委员会提出申请。宅基地申请依法经农村村民集体讨论通过并在本集体范围内公示后，报乡（镇）人民政府审核批准。涉及占用农用地的，应当依法办理农用地转用审批手续。农村村民应严格按照批准面积和建房标准建设住宅，禁止未批先建、超面积占用宅基地。经批准易地建造住宅的，应严格按照“建新拆旧”要求，将原宅基地交还村集体。对历史形成的宅基地面积超标和“一户多宅”等问题，要按照有关政策规定分类进行认定和处置。人均土地少、不能保障一户拥有一处宅基地的地区，县级人民政府在充分尊重农民意愿的基础上，可以采取措施，按照省、自治区、直辖市规定的标准保障农村村民实现户有所居。比如，在国土空间规划确定的城镇建设用地规模范围内，通过建设新型农村社区、农民公寓和新型住宅小区保障农民“一户一房”。这里“户”的组成人员中必须有集体经济组织成员。

83. 宅基地使用权如何流转?

根据本条第5款规定，宅基地使用权的流转有出卖、出租、赠与三种方式。关于“出卖”，可以在集体经济组织内部进行，但是必须符合一定的条件：一是转让人与受让人必须是同一集体经济组织内部的成员。二是受让人没有住房和宅基地，且符合宅基地使用权申请分配的条件。三是转让行为需征得本集体经济组织的同意。“赠与”的法律效果和“出卖”基本相同。但是，农村村民出卖、出租、赠与住宅后，再申请宅基地的，不予批准。另外，需要说明的一点是，因房产继承等合法原因形成的多处住宅及宅基地，原则上不作处理，农村村民可以通过出卖等方式处理，也可以维持原状，但房屋不得翻建，房屋损坏后，多余的宅基地应当退出。

84. 宅基地如何有偿使用？如何自愿有偿退出？

2015 年 1 月，中共中央办公厅和国务院办公厅联合印发了《关于农村土地征收、集体经营性建设用地入市、宅基地制度改革试点工作的意见》，要求对因历史原因形成超标准占用宅基地和一户多宅的，以及非本集体经济组织成员通过继承房屋等占有的宅基地，由农村集体经济组织主导，探索有偿使用。允许进城落户农民在本集体经济组织内部自愿有偿退出或转让宅基地。2015 年 2 月 27 日第十二届全国人民代表大会常务委员会第十三次会议通过《全国人民代表大会常务委员会关于授权国务院在北京市大兴区等三十三个试点县（市、区）行政区域暂时调整实施有关法律规定的决定》，开始进行农村土地改革试点。在改革试点过程中，各地对于自愿有偿退出宅基地、盘活利用闲置宅基地和闲置住宅的条件、方式、程序等进行了多种有益的探索。

2019 年 9 月 11 日，中农办、农业农村部印发了《关于进一步加强农村宅基地管理的通知》，提出鼓励村集体和农民盘活利用闲置宅基地和闲置住宅，通过自主经营、合作经营、委托经营等方式，依法依规发展农家乐、民宿、乡村旅游等。城镇居民、工商资本等租赁农房居住或开展经营的，要严格遵守相关规定，租赁合同的期限不得超过 20 年。合同到期后，双方可以另行约定。在尊重农民意愿并符合规划的前提下，鼓励村集体积极稳妥开展闲置宅基地整治，整治出的土地优先用于满足农民新增宅基地需求、村庄建设和乡村产业发展。闲置宅基地盘活利用产生的土地增值收益要全部用于农业农村。在征得宅基地所有权人同意的前提下，鼓励农村村民在本集体经济组织内部向符合宅基地申请条件的农户转让宅基地。各地可探索通过制定宅基地转让示范合同等方式，引导规范转让行为。转让合同生效后，应及时办理宅基地使用权变更手续。国家允许进城落户的农村村民依法自愿有偿退出宅基地。乡（镇）人民政府和农村集体经济组织、村民委员会等应当将退出的宅基地优先用于保障该农村集体经济组织成员的宅基地需求。

依法取得的宅基地和宅基地上的农村村民住宅及其附属设施受法律保护。禁止违背农村村民意愿强制流转宅基地，禁止违法收回农村村民依法取得的宅基地，禁止以退出宅基地作为农村村民进城落户的条件，禁止强迫农村村民搬迁退出宅基地。

85. 宅基地管理的主管部门变了吗?

本条第7款明确由国务院农业农村主管部门负责全国农村宅基地改革和管理有关工作，并赋予了农业农村主管部门在宅基地监督管理和行政执法等方面的相应职责，即全国农村宅基地改革和管理的主管部门由自然资源主管部门变为农业农村主管部门。

配套

《民法典》第362-365条；《城乡规划法》；《关于农村土地征收、集体经营性建设用地入市、宅基地制度改革试点工作的意见》；《全国人民代表大会常务委员会关于授权国务院在北京市大兴区等三十三个试点县（市、区）行政区域暂时调整实施有关法律规定的决定》；《国务院关于农村土地征收、集体经营性建设用地入市、宅基地制度改革试点情况的总结报告》；《关于进一步加强农村宅基地管理的通知》

第六十三条　【集体经营性建设用地入市】 土地利用总体规划、城乡规划确定为工业、商业等经营性用途，并经依法登记的集体经营性建设用地，土地所有权人可以通过出让、出租等方式交由单位或者个人使用，并应当签订书面合同，载明土地界址、面积、动工期限、使用期限、土地用途、规划条件和双方其他权利义务。

前款规定的集体经营性建设用地出让、出租等，应当经本集体经济组织成员的村民会议三分之二以上成员或者三分之二以上村民代表的同意。

通过出让等方式取得的集体经营性建设用地使用权可以转让、互换、出资、赠与或者抵押，但法律、行政法规另有规定或者土地所有权人、土地使用权人签订的书面合同另有约定的除外。

集体经营性建设用地的出租，集体建设用地使用权的出让及其最高年限、转让、互换、出资、赠与、抵押等，参照同类用途的国有建设用地执行。具体办法由国务院制定。

注解

《关于农村土地征收、集体经营性建设用地入市、宅基地制度改革试点工作的意见》提出，建立农村集体经营性建设用地入市制度。针对农村集体经营性建设用地权能不完整，不能同等入市、同权同价和交易规则亟待健全等问题，要完善农村集体经营性建设用地产权制度，赋予农村集体经营性建设用地出让、租赁、入股权能；明确农村集体经营性建设用地入市范围和途径；建立健全市场交易规则和服务监管制度。

应用

86. 集体土地所有权主体和集体经营性建设用地使用权主体有何不同?

根据本法第 10 条，集体土地所有权人分为三种情况：一是农民集体所有的土地依法属于村农民集体所有的，由村集体经济组织或者村民委员会经营、管理；二是分别属于村内两个以上农村集体经济组织的农民集体所有的，由村内各相应农村集体经济组织或者村民小组经营、管理；三是已经属于乡（镇）农民集体所有的，由乡（镇）农村集体经济组织经营、管理。考虑到入市方案制定和实施过程具有一定专业性，在集体经营性建设用地入市过程中，集体经济组织可以自己直接实施，也可以委托其他主体代为实施。

关于集体经营性建设用地使用主体，并未设置准入门槛，单位和个人均可以使用。因此，我国境内外的自然人、法人，除法律、法规另有规定外，均可依法取得集体经营性建设用地使用权，进行土地开发、利用和经营。

87. 集体经营性建设用地有什么入市条件?

集体经营性建设用地入市必须符合以下五个条件：一是符合国土空间规划。本法第 4 条规定“国家实行土地用途管制制度”，确定了土地用途管制的总体原则。在这一总体原则下，本条规定集体经营性建设用地入市地块必须符合国土空间规划。二是符合规定的用途。入市的集体经营性建设用地用途十分明确，仅限于工业和商业等经营性用途，不属于经营用途的，不得入市流转。三是权属清晰。入市的集体经营性建设用地应当属于“经依法登记的”，必须是权属清晰、没有争议的，避免在流转过程中出现产权纠纷，影响当事人权利的实现。四是经过集体依法决策。集体经营性建设用地入市必须经土地所有权人的集体决策程序，应当经本集体经济组织成员的村民会议三分之二以上成员或者三分之二以上村民代表的同意。五是签订流转合同。集体经营性建设用地入市应当签订合同。集体经营性建设用地入市后，对合同执行产生争议的，由交易双方协商处理，协商不成的，依照合同约定申请仲裁或向人民法院提起诉讼。

88. 集体经营性建设用地有什么流转方式?

国土空间规划确定为工业、商业等经营性用途，且已依法办理土地所有权登记的集体经营性建设用地，土地所有权人可以通过出让、出租等方式交由单位或者个人在一定年限内有偿使用。土地所有权人拟出让、出租集体经营性建设用地的，市、县人民政府自然资源主管部门应当依据国土空间规划提出拟出让、出租的集体经营性建设用地的规划条件，明确土地界址、面积、用途和开发建设强度等。市、县人民政府自然资源主管部门应当会同有关部门提出产业准入和生态环境保护要求。土地所有权人应当依据规划条件、产业准入和生态环境保护要求等，编制集体经营性建设用地出让、出租等方案，并依照本法第63条的规定，由本集体经济组织形成书面意见，在出让、出租前不少于10个工作日报市、县人民政府。市、县人民政府认为该方案不符合规划条件或者产业准入和生态环境保护要求等的，应当在收到方案后5个工作日内提出修改意见。土地所有权人应当按照市、县人民政府的意见进行修改。集体经营性建设用地出让、出租等方案应当载明宗地的土地界址、面积、用途、规划条件、产业准入和生态环境保护要求、使用期限、交易方式、入市价格、集体收益分配安排等内容。

土地所有权人应当依据集体经营性建设用地出让、出租等方案，以招标、拍卖、挂牌或者协议等方式确定土地使用者，双方应当签订书面合同，载明土地界址、面积、用途、规划条件、使用期限、交易价款支付、交地时间和开工竣工期限、产业准入和生态环境保护要求，约定提前收回的条件、补偿方式、土地使用权届满续期和地上建筑物、构筑物等附着物处理方式，以及违约责任和解决争议的方法等，并报市、县人民政府自然资源主管部门备案。未依法将规划条件、产业准入和生态环境保护要求纳入合同的，合同无效；造成损失的，依法承担民事责任。合同示范文本由国务院自然资源主管部门制定。

集体经营性建设用地使用者应当按照约定及时支付集体经营性建设用地价款，并依法缴纳相关税费，对集体经营性建设用地使用权以及依法利用集体经营性建设用地建造的建筑物、构筑物及其附属设施的所有权，依法申请办理不动产登记。

通过出让等方式取得的集体经营性建设用地使用权依法转让、互换、出资、赠与或者抵押的，双方应当签订书面合同，并书面通知土地所有权人。集体经营性建设用地的出租，集体建设用地使用权的出让及其最高年限、转让、互换、出资、赠与、抵押等，参照同类用途的国有建设用地执行，法律、行政法规另有规定的除外。

配套

《城乡规划法》；《村民委员会组织法》；《城镇国有土地使用权出让和转让暂行条例》；《关于农村土地征收、集体经营性建设用地入市、宅基地制度改革试点工作的意见》；《全国人民代表大会常务委员会关于授权国务院在北京市大兴区等三十三个试点县（市、区）行政区域暂时调整实施有关法律规定的决定》；《国务院关于农村土地征收、集体经营性建设用地入市、宅基地制度改革试点情况的总结报告》；《关于完善建设用地使用权转让、出租、抵押二级市场的指导意见》

第六十四条　【集体建设用地的使用要求】集体建设用地的使用者应当严格按照土地利用总体规划、城乡规划确定的用途使用土地。

第六十五条　【不符合土地利用总体规划的建筑物的处理】在土地利用总体规划制定前已建的不符合土地利用总体规划确定的用途的建筑物、构筑物，不得重建、扩建。

注解

土地利用必须符合国土空间规划。根据“法不溯及既往”的原则，合法用地行为在先、规划制定在后的，不因为规划确定的新用途管制要求而责令既有土地用途立即改变。但是，重建、扩建行为，必须按照新用途执行。违反本条规定，对建筑物、构筑物进行重建、扩建的，由县级以上人民政府自然资源主管部门责令限期拆除；逾期不拆除的，由作出行政决定的机关依法申请人民法院强制执行。

配套

《土地管理法实施条例》第53条

第六十六条　【集体建设用地使用权的收回】有下列情形之一的，农村集体经济组织报经原批准用地的人民政府批准，可以收回土地使用权：

（一）为乡（镇）村公共设施和公益事业建设，需要使用土地的；

（二）不按照批准的用途使用土地的；

（三）因撤销、迁移等原因而停止使用土地的。

依照前款第（一）项规定收回农民集体所有的土地的，对土地使用权人应当给予适当补偿。

收回集体经营性建设用地使用权，依照双方签订的书面合同办理，法律、行政法规另有规定的除外。

注解

本条所规定的土地使用权不包括承包经营权。承包经营权的收回将按承包合同和国家有关规定办理。为了防止土地所有权人滥用权利，损害使用者的合法权益，收回集体土地使用权也应当在严格的程序下进行，即必须经原批准用地的人民政府批准，并由原登记机关注销土地登记。

应用

89. 如何理解第3款关于“收回集体经营性建设用地使用权”的规定?

本条第3款是关于收回集体经营性建设用地使用权的规定。对本款规定可以从以下三个方面进行理解：其一，集体经营性建设用地使用权是物权的一种，受到法律严格保护，不得随意变更、收回，农村集体经济组织原则上不得按照本条第1款的规定收回。其二，建设用地使用权转让是基于民事合同的物权变动行为，其收回的条件应当是合同的重要内容。实践中，国有建设用地使用权出让合同都对收回条件作了规定。集体经营性建设用地使用权的出让合同也应当就收回条件作出规定。根据合同法的规定，双方当事人约定的收回条件，不得与法律法规相悖，也不得违反公序良俗，否则该部分无效。其三，本款在体现合同意思自治的基础上，作出了“法律、行政法规另有规定的除外”的保留性规定，主要是，除发生双方合同约定的土地收回条件外，法律、行政法规强制性规定的条件发生时，所有权人也可以依此收回土地。

第六章　监督检查

第六十七条　【监督检查职责】县级以上人民政府自然资源主管部门对违反土地管理法律、法规的行为进行监督检查。

县级以上人民政府农业农村主管部门对违反农村宅基地管理法律、法规的行为进行监督检查的，适用本法关于自然资源主管部门监督检查的规定。

土地管理监督检查人员应当熟悉土地管理法律、法规，忠于职守、秉公执法。

注解

根据本条第 2 款的规定，县级以上人民政府农业农村主管部门对违反农村宅基地管理法律、法规的行为进行监督检查的，适用本法关于自然资源主管部门监督检查的规定。这是本次较为实质性的修改，是根据本届政府机构改革方案确定的农业农村主管部门负责全国农村宅基地改革和管理有关工作而新增加的规定。根据本条规定，县级以上人民政府农业农村主管部门是本法规定的对违反农村宅基地管理法律、法规的行为进行监督检查的主体；监督检查的内容是对违反农村宅基地管理法律、法规的行为进行监督检查。乡镇人民政府、基层农经站无权对违反农村宅基地管理法律、法规的行为行使监督检查权，发现有违反农村宅基地管理法律、法规的行为时，应当及时向县级人民政府农业农村主管部门报告，由县级以上人民政府农业农村主管部门核实并查处。

本条规定的“适用本法关于自然资源主管部门监督检查的规定”，是指本法关于自然资源主管部门监督检查的规定，同样适用于农业农村主管部门，但限定在对违反农村宅基地管理法律、法规的行为的监督检查。如农业农村主管部门在履行监督检查职责时，有权采取的措施适用本法对自然资源主管部门的规定；本法对土地管理监督检查人员应当具备的条件的规定同样适用宅基地监督检查人员；农业农村主管部门在履行监督检查职责时，同样应当出示监督检查证件等。

应用

90. 自然资源主管部门履行职权时应该遵循哪些原则?

县级以上人民政府自然资源主管部门实施本条规定的职权，必须遵循下列原则:

（1）监督检查的主体要合法。根据本条规定，县级以上人民政府自然资源主管部门是土地管理监督检查的主体，包括自然资源部和省（自治区、直辖市），设区的市、自治州，不设区的市、县级人民政府自然资源主管部门。非县级以上人民政府自然资源主管部门，如乡（镇）人民政府及基层土地管理所，都不是土地管理监督检查主体，不得行使本法赋予县级以上人民政府自然资源主管部门的监督检查权。乡（镇）人民政府及基层土地管理所，发现违反土地管理法律、法规的行为时，应当及时向县级以上人民政府自然资源主管部门报告，由县级以上人民政府自然资源主管部门依法核实并查处。

（2）监督检查的对象要合法。根据本条规定，监督检查的对象必须是县级以上人民政府自然资源主管部门在履行监督管理职责过程中发现的，或者被检举、控告有违反土地管理法律、法规行为的公民、法人和其他组织，各级政府及其有关部门、公务人员和自然资源主管部门自身的违法行为也包括在内。

（3）监督检查的内容要合法。根据本条规定，监督检查的内容必须是土地管理法律、法规规定，要求当事人遵守或者执行的规定，当事人采取作为或者不作为方式违反这些规范的行为。例如，关于土地登记管理规范，土地调查规范，土地评定等级规范，国土空间规划和年度计划编制、审批、执行规范，土地用途管制规范，农用地转用和征收审批规范，征收补偿安置规范，耕地保护规范，土地使用权出让、转让规范，等等。

（4）监督检查的程序要合法。如土地管理监督检查人员履行监督检查职责时，应当出示统一制发的土地管理监督检查证件，并且不得少于2人。不依法出示土地管理监督检查证件的，被检查单位和个人有权拒绝接受检查。

（5）监督检查采取的措施要合法，即只能采取土地管理法律、法规允许采取的措施，不得采取土地管理法律、法规未允许采取的措施。采取的措施超出土地管理法律、法规的范围，给当事人造成损失的，要依法赔偿；构成犯罪的，要依法追究刑事责任。

由于土地违法情况复杂，经常牵涉一些地方政府、政府部门的违法行为，查处难度较大。为保障土地管理法律、法规的有效实施，县级以上人民政府自然资源主管部门在依法行使监督检查职权的同时，一是要注意调动一切社会监督力量，及时发现和检举违反土地管理法律、法规的行为；二是要加强与公安、司法、监察等机关的联系和配合，加大查处和打击违反土地管理法律、法规行为的力度；三是要主动向有关人民政府和人大机关报告监督检查情况，争取得到有关人民政府和人大的支持，使土地管理法律、法规落到实处。

配套

《土地管理法实施条例》第5章；《自然资源执法监督规定》；《自然资源行政处罚办法》

第六十八条　【监督检查措施】 县级以上人民政府自然资源主管部门履行监督检查职责时，有权采取下列措施：

（一）要求被检查的单位或者个人提供有关土地权利的文件和资料，进行查阅或者予以复制；

（二）要求被检查的单位或者个人就有关土地权利的问题作出说明；

（三）进入被检查单位或者个人非法占用的土地现场进行勘测；

（四）责令非法占用土地的单位或者个人停止违反土地管理法律、法规的行为。

注解

县级以上人民政府自然资源主管部门行使询问权时，应当按照法定程序进行。询问时，土地管理监督检查人员一般不得少于二人；询问证人应当个别进行，并告知被询问对象作虚假陈述应承担的法律后果。询问应当制作笔录，并经被询问人核对无误。询问人与被询问人都应当在询问笔录上签名或者盖章。被询问人拒绝签名、盖章的，应当在询问笔录上注明。

应用

91. 还可以采取哪些监督检查措施?

根据《土地管理法实施条例》第48条，自然资源主管部门、农业农村主管部门按照职责分工进行监督检查时，可以采取下列措施：(1) 询问违法案件涉及的单位或者个人；(2) 进入被检查单位或者个人涉嫌土地违法的现场进行拍照、摄像；(3) 责令当事人停止正在进行的土地违法行为；(4) 对涉嫌土地违法的单位或者个人，在调查期间暂停办理与该违法案件相关的土地审批、登记等手续；(5) 对可能被转移、销毁、隐匿或者篡改的文件、资料予以封存，责令涉嫌土地违法的单位或者个人在调查期间不得变卖、转移与案件有关的财物；(6)《土地管理法》第68条规定的其他监督检查措施。

配套

《土地管理法实施条例》第48条

第六十九条　【出示监督检查证件】土地管理监督检查人员履行职责，需要进入现场进行勘测、要求有关单位或者个人提供文件、资料和作出说明的，应当出示土地管理监督检查证件。

注解

土地管理监督检查人员是县级以上人民政府自然资源主管部门依法任命的，代表国家对违反土地管理法律、法规的行为进行监督检查的行政执法人员；土地管理监督检查人员依法履行职责属于执行公务，受法律保护。土地管理监督检查人员依法履行职责时，与管理相对人的关系，是管理者与被管理者之间的行政管理关系，而不是平等的民事主体之间的关系。因此，出于对管理相对人合法权益的保护，土地管理监督检查人员履行职责，需要进入现场进行勘测、要求有关单位或者个人提供文件、资料和作出说明的，应当出示国土资源执法证件。不出示国土资源执法证件的，被检查单位或者个人有权拒绝接受检查，有权拒绝进行勘测、提供有关文件、资料和作出说明。

应用

92. 如何取得行政执法证件?

根据《土地管理法实施条例》第47条的规定，土地管理监督检查人员应当经过培训，经考核合格，取得行政执法证件后，方可从事土地管理监督检查工作。

第七十条　【有关单位和个人对土地监督检查的配合义务】有关单位和个人对县级以上人民政府自然资源主管部门就土地违法行为进行的监督检查应当支持与配合，并提供工作方便，不得拒绝与阻碍土地管理监督检查人员依法执行职务。

注解

本条规定的有关单位和个人，包括各级人民政府、政府部门、司法机关、社会团体、企事业单位和任何人。只要有违反土地管理法律、法规的行为，就必须依法接受县级以上人民政府自然资源主管部门的监督检查，不得拒绝与阻碍土地管理监督检查人员依法执行职务。

应用

93. 被检查单位和个人有哪些义务?

土地监督检查人员依法履行监督检查职责，需要查阅或者复制有关文件或资料时，被检查单位或者个人必须提供；需要了解土地占用情况时，被检查单位或者个人必须就有关情况作出说明；需要进行现场勘测时，被检查单位或者个人必须为土地管理监督检查人员进入非法占用的土地现场进行勘测提供工作方便；当自然资源主管部门责令停止违反土地管理法律、法规的行为时，被检查单位或者个人必须服从自然资源主管部门的决定，停止违反土地管理法律、法规的行为。对于土地管理监督检查人员的以上要求，被检查单位或者个人不得以任何借口予以拒绝或者阻碍。拒绝或者阻碍土地管理监督检查人员依法执行职务，构成犯罪的，依法追究刑事责任；尚不构成犯罪的，由公安机关依法给予处罚。

配套

《土地管理法实施条例》第45条

第七十一条　【国家工作人员违法行为的处理】县级以上人民政府自然资源主管部门在监督检查工作中发现国家工作人员的违法行为，依法应当给予处分的，应当依法予以处理；自己无权处理的，应当依法移送监察机关或者有关机关处理。

注解

县级以上人民政府自然资源主管部门在监督检查工作中发现的国家工作人员的违法行为，依法应当给予处分的情况有两种：

1. 直接违反土地管理法律、法规的行为。根据本法第 74 条、第 75 条、第 78 条、第 80 条、第 81 条、第 85 条的规定，有下列违法行为之一尚不构成犯罪的，对其直接负责的主管人员和其他直接责任人员，应当给予处分：(1) 买卖或者以其他形式非法转让土地的；(2) 未经批准或者采取欺骗手段骗取批准，非法占用土地的；(3) 超过批准的数量占用土地的；(4) 无权批准征收、使用土地的单位或者个人非法批准占用土地的；(5) 超越批准权限非法批准占用土地的；(6) 不按照国土空间规划确定的用途批准用地的；(7) 违反法律规定的程序批准占用、征收土地的；(8) 侵占、挪用被征收土地单位的征地补偿费用和其他有关费用的；(9) 自然资源主管部门及其工作人员玩忽职守、滥用职权、徇私舞弊的。

2. 以土地问题为起因引发的违反其他法律、法规的行为。如利用职权在审批土地或者办理土地权属登记等工作中索贿、受贿，尚不构成犯罪的等。这些违法行为虽未直接违反土地管理法律、法规，但是违反了公务员法等法律、法规的规定。

配套

《违反土地管理规定行为处分办法》；《公务员法》；《监察法》

第七十二条　【土地违法行为责任追究】县级以上人民政府自然资源主管部门在监督检查工作中发现土地违法行为构成犯罪的，应当将案件移送有关机关，依法追究刑事责任；尚不构成犯罪的，应当依法给予行政处罚。

注解

县级以上人民政府自然资源主管部门就土地违法行为进行监督检查时，发现违法行为构成犯罪的，应当依法将该案件移送司法机关处理，不得以罚代刑。尚不构成犯罪的，依法给予行政处罚。主要的行政处罚包括：(1) 罚款；(2) 没收违法所得；(3) 没收在非法转让或者占用的土地上新建的建筑物和其他设施；(4) 责令限期改正或者治理；(5) 责令缴纳复垦费；(6) 责令退还或者交还非法占用的土地；(7) 责令限期拆除在非法占用的土地上新建的建筑物和其他设施等。

应用

94. 哪些土地违法案件依法应当移送司法机关处理?

县级以上人民政府自然资源主管部门在监督检查中发现土地违法行为构成犯罪的，应当移送司法机关，依法追究刑事责任。土地违法行为是否构成犯罪取决于：一是行为人是否具有权利能力和行为能力；二是行为人在主观上是否有犯罪的故意；三是行为人是否实施了违反土地管理法律、法规的行为；四是行为人的违法行为是否侵犯了国家的土地管理制度，并且在情节和对社会造成的危害后果上达到了刑法规定的定罪标准。根据本法第74条、第75条、第77条、第79条、第80条、第84条的规定，有下列违法行为之一，构成犯罪的，应当将案件移送司法机关，依法追究刑事责任：(1) 买卖或者以其他形式非法转让土地的；(2) 非法占用耕地建窑、建坟或者擅自在耕地上建房、挖砂、采石、采矿、取土等，破坏种植条件的；(3) 因开发土地造成土地荒漠化、盐渍化的；(4) 未经批准或者采取欺骗手段骗取批准，非法占用土地的；(5) 超过批准的数量占用土地的；(6) 无权批准征收、使用土地的单位或者个人非法批准占用土地的；(7) 超越批准权限非法批准占用土地的；(8) 不按照国土空间规划确定的用途批准用地的；(9) 违反法律规定的程序批准占用、征收土地的；(10) 侵占、挪用被征收土地单位的征地补偿费用和其他有关费用的；(11) 自然资源主管部门的工作人员玩忽职守、滥用职权、徇私舞弊的。

配套

《行政执法机关移送涉嫌犯罪案件的规定》

第七十三条　【不履行法定职责的处理】依照本法规定应当给予行政处罚，而有关自然资源主管部门不给予行政处罚的，上级人民政府自然资源主管部门有权责令有关自然资源主管部门作出行政处罚决定或者直接给予行政处罚，并给予有关自然资源主管部门的负责人处分。

应用

95. 对于哪些违法行为，县级以上人民政府自然资源主管部门应依法给予行政处罚?

有下列土地违法行为之一，尚不构成犯罪的，由县级以上人民政府自然资源主管部门，依法给予行政处罚：(1) 买卖或者以其他形式非法转让土地的；(2) 非法占用耕地建窑、建坟或者擅自在耕地上建房、挖砂、采石、采矿、取土等，破坏种植条件的；(3) 因开发土地造成土地荒漠化、盐渍化的；(4) 违反本法规定，拒不履行土地复垦义务的；(5) 未经批准或者采取欺骗手段骗取批准，非法占用土地的；(6) 超过批准的数量或者规定的标准占用土地的；(7) 无权批准征收、使用土地的单位或者个人非法批准占用土地的；(8) 超越批准权限非法批准占用土地的；(9) 不按照国土空间规划确定的用途批准用地的；(10) 违反法律规定的程序批准占用、征收土地的；(11) 依法被收回国有土地使用权当事人拒不交出土地的；(12) 临时使用土地期满拒不归还的；(13) 不按批准的用途使用国有土地的；(14) 擅自将农民集体所有的土地的使用权出让、转让或者出租用于非农业建设的；(15) 不依法办理土地变更登记的。

配套

《土地管理法实施条例》第 49 条；《违反土地管理规定行为处分办法》

第七章　法律责任

第七十四条　【非法转让土地的法律责任】买卖或者以其他形式非法转让土地的，由县级以上人民政府自然资源主管部门没收违法所得；对违反土地利用总体规划擅自将农用地改为建设用地的，限期拆除在非法转让的土地上新建的建筑物和其他设施，恢复土地原状，对符合土地利用总体规划的，没收在非法转让的土地上新建的建筑物和其他设施；可以并处罚款；对直接负责的主管人员和其他直接责任人员，依法给予处分；构成犯罪的，依法追究刑事责任。

注解

本条规定的买卖或者以其他形式非法转让土地的违法行为，依据其非法转让的土地权利内容的不同，概括起来，主要表现为以下三种情况：

1. 买卖、非法转让国有土地、农民集体所有土地所有权的行为。根据本法第二章关于土地的所有权和使用权的规定，我国的土地所有权依法由国家或农民集体所有。因此，任何单位或者个人，只能依法取得土地的使用权，而不得对其使用的土地进行买卖或者以其他形式转让土地所有权。

2. 非法转让国有土地使用权的行为。城市房地产管理法对国有土地使用权的转让作出了具体的规定。转让土地使用权，是指土地使用者将土地使用权再转移的行为，包括出售、交换和赠与等。以出让方式取得的土地使用权不得转让的情况包括：(1) 未按照出让合同的约定支付全部土地使用权出让金，并取得土地使用权证书的；(2) 司法机关和行政机关依法裁定、决定查封或者以其他形式限制房地产权利的；(3) 依法收回土地使用权的；(4) 共有房地产，未经其他共有人书面同意的；(5) 未按照土地使用权出让合同规定的期限和条件投资开发、利用土地的；(6) 土地权属有争议的；(7) 未依法登记，领取权属证书的；(8) 有关法律、行政法规规定的禁止转让的其他情形。以划拨方式取得的土地使用权不得转让的情况包括：(1) 转让房地产时，未按照国务院的规定报有批准权的人民政府批准的；(2) 有批准权的人民政府根据国务院的规定，决定可以不办理土地使用权出让手续，但转让方未按照国务院规定将转让房地产所获得的收益中的土地收益上缴国家或者作其他处理的。

3. 非法转让农民集体所有土地使用权的行为，系指违反本法第 63 条的规定，转让农民集体所有土地的使用权用于非农业建设的行为。

依照本条规定处以罚款的，罚款额为违法所得的 10%以上 50%以下。

配套

《刑法》第228条；《土地管理法实施条例》第54、58条；《违反土地管理规定行为处分办法》；《最高人民法院关于审理破坏土地资源刑事案件具体应用法律若干问题的解释》

第七十五条　【破坏耕地的法律责任】违反本法规定，占用耕地建窑、建坟或者擅自在耕地上建房、挖砂、采石、采矿、取土等，破坏种植条件的，或者因开发土地造成土地荒漠化、盐渍化的，由县级以上人民政府自然资源主管部门、农业农村主管部门等按照职责责令限期改正或者治理，可以并处罚款；构成犯罪的，依法追究刑事责任。

应用

96. 破坏耕地种植条件的行为有哪些?

破坏耕地种植条件的行为主要分两种情况：一是违法占用耕地的行为，主要包括违法占用耕地建窑、建坟等；二是违法破坏耕地的行为，主要包括擅自在耕地上建房、挖砂、采石、采矿、取土等。前一种情形是完全禁止的，即只要实施了在耕地上建窑、建坟的行为，就构成了违法行为。后一种情形是以"擅自"为前提，即在耕地上建房、挖砂、采石、采矿、取土等行为，如果符合有关法律规定的条件，经过法定程序来实施，则不构成违法行为。违反本法规定，破坏耕地种植条件，或者因开发土地造成土地荒漠化、盐渍化的，由县级以上人民政府自然资源主管部门、农业农村主管部门等按照职责责令限期改正或者治理，可以并处耕地开垦费的5倍以上10倍以下罚款，破坏黑土地等优质耕地的，从重处罚。构成犯罪的，依法根据《刑法》第342条追究刑事责任。

配套

《刑法》第342条；《土地管理法实施条例》第55条；《最高人民法院关于审理破坏土地资源刑事案件具体应用法律若干问题的解释》第3条

第七十六条　【不履行复垦义务的法律责任】违反本法规定，拒不履行土地复垦义务的，由县级以上人民政府自然资源主

管部门责令限期改正；逾期不改正的，责令缴纳复垦费，专项用于土地复垦，可以处以罚款。

注 解

因生产建设活动损毁的土地，按照“谁损毁，谁复垦”的原则进行复垦工作。土地复垦义务人应当按照土地复垦标准和国务院自然资源主管部门的规定编制土地复垦方案，在办理建设用地申请或者采矿权申请手续时，就应随有关报批材料报送土地复垦方案。未编制土地复垦方案或者土地复垦方案不符合要求的，有批准权的人民政府不得批准建设用地。

土地复垦义务人应当按照土地复垦方案开展土地复垦工作。矿山企业还应当对土地损毁情况进行动态监测和评价。生产建设周期长、需要分阶段实施复垦的，土地复垦义务人应当对土地复垦工作与生产建设活动统一规划、统筹实施，根据生产建设进度确定各阶段土地复垦的目标任务、工程规划设计、费用安排、工程实施进度和完成期限等。

土地复垦义务人应当将土地复垦费用列入生产成本或者建设项目总投资。当其不复垦或者复垦验收中经整改仍不合格的，应当缴纳土地复垦费，由有关自然资源主管部门代为组织复垦，如对由其他单位或者个人使用的国有土地或者农民集体所有的土地造成毁损的，除负责复垦外，还应当向遭受损失的单位或者个人支付损失补偿费。此外，不依法履行复垦义务人在申请新的建设用地、申请新的采矿许可证或者申请采矿许可证延续、变更、注销时，将不被批准。

应 用

97. 对于土地复垦中的违法行为，如何承担法律责任?

对于土地复垦中出现的违法行为，《土地复垦条例》进一步明确了各相关人员的法律责任：一是针对监管部门及其工作人员在复垦工作中可能出现的各种徇私舞弊、滥用职权、玩忽职守的行为，包括违法许可，截留、挤占、挪用土地复垦费，在验收中弄虚作假，不依法履行监管职责或者不依法查处违法行为，谋取不正当利益等，规定了依法处分、追究刑事责任等相应的法律责任；二是针对土地复垦义务人在复垦活动中可能出现的各种违法行为，包括未按照规定补充编制土地复垦方案、安排土地复垦费用、进行表土剥离、报告有关情况、缴纳土地复垦费，将重金属污染物或者其他有毒有害物质用作回填或者充填材料，拒绝、阻碍监督检查或者弄虚作假等，规定了责令限期改正、责令停止违法行为、限期治理、罚款、吊销采矿许可证等相应的法律责任。

配套

《土地管理法实施条例》第56条；《土地复垦条例》第36-43条

第七十七条　【非法占用土地的法律责任】未经批准或者采取欺骗手段骗取批准，非法占用土地的，由县级以上人民政府自然资源主管部门责令退还非法占用的土地，对违反土地利用总体规划擅自将农用地改为建设用地的，限期拆除在非法占用的土地上新建的建筑物和其他设施，恢复土地原状，对符合土地利用总体规划的，没收在非法占用的土地上新建的建筑物和其他设施，可以并处罚款；对非法占用土地单位的直接负责的主管人员和其他直接责任人员，依法给予处分；构成犯罪的，依法追究刑事责任。

超过批准的数量占用土地，多占的土地以非法占用土地论处。

注解

未经合法批准占用土地的，如若非法占用后的土地仍符合国土空间规划，则应没收在非法占用的土地上新建的建筑物和其他设施；若非法占用并擅自将农用地改为建设用地，违反国土空间规划的，应限期拆除在非法占用的土地上新建的建筑物和其他设施，恢复土地原状。

应用

98. 未经批准或者采取欺骗手段骗取批准而非法占用土地的违法行为有哪些？

未经批准或者采取欺骗手段骗取批准，非法占用土地的违法行为主要包括两个方面：一是未经审批或者采取欺骗手段骗取用地审批而占用土地的。

主要包括：(1) 建设单位或者个人未经用地审批或者采取欺骗手段骗取批准而占用土地的；(2) 举办乡镇企业未经批准使用农民集体所有的土地的；(3) 乡（镇）、村公共设施和公益事业建设未经批准或者采取欺骗手段骗取批准，占用农民集体所有的土地进行建设的；(4) 建设项目施工和地质勘查未经批准或者采取欺骗手段骗取批准，临时使用国有土地或者农民集体所有的土地的；(5) 其他未经用地审批占用土地的行为。二是占用土地涉及农用地改为建设用地，未取得农用地转用审批或者采取欺骗手段骗取农用地转用审批的行为。此外，根据本条第 2 款规定，属于超过批准的数量占用土地的，多占的土地以非法占用土地论处。

99. 如何认定违法用地占用地类?

判定违法用地占用地类，应当将违法用地的界址范围或者勘测定界坐标数据套合到违法用地行为发生时最新或者上一年度土地利用现状图或者土地利用现状数据库及国家永久基本农田数据库上，对照标示的现状地类进行判定。违法用地发生时，该用地已经批准转为建设用地的，应当按照建设用地判定。

承办机构可以提请自然资源调查监测管理工作机构进行认定。

配 套

《刑法》第 342 条；《土地管理法实施条例》第 57、58 条；《违反土地管理规定行为处分办法》

第七十八条 【非法占用土地建住宅的法律责任】 农村村民未经批准或者采取欺骗手段骗取批准，非法占用土地建住宅的，由县级以上人民政府农业农村主管部门责令退还非法占用的土地，限期拆除在非法占用的土地上新建的房屋。

超过省、自治区、直辖市规定的标准，多占的土地以非法占用土地论处。

注 解

本条的违法主体仅限于农村村民，处罚的是违反农村宅基地管理方面规定的违法行为。对于非农村村民非法占用土地建住宅的，适用本法第 77 条非法占用土地的法律责任。

应用

100. 农村村民非法占用土地建住宅的行为包括哪些情形?

农村村民非法占用土地建住宅的行为，主要包括以下几种情形：一是农村村民占用土地建住宅，未经乡（镇）人民政府审核批准，或者骗取批准的。二是农村村民占用土地建住宅，面积超过省、自治区、直辖市规定的标准的。三是农村村民占用基本农田建住宅的。四是农村村民出卖、出租、赠与住宅后，再占用土地建住宅的。五是农村村民占用土地建住宅，涉及农用地转用，未按照本法第44条办理农用地转用审批手续的。

第七十九条　【非法批准征收、使用土地的法律责任】无权批准征收、使用土地的单位或者个人非法批准占用土地的，超越批准权限非法批准占用土地的，不按照土地利用总体规划确定的用途批准用地的，或者违反法律规定的程序批准占用、征收土地的，其批准文件无效，对非法批准征收、使用土地的直接负责的主管人员和其他直接责任人员，依法给予处分；构成犯罪的，依法追究刑事责任。非法批准、使用的土地应当收回，有关当事人拒不归还的，以非法占用土地论处。

非法批准征收、使用土地，对当事人造成损失的，依法应当承担赔偿责任。

应用

101. 非法批准征收、使用土地的行为主要包括哪些情况?

（1）无批准权而非法批准占用土地的行为。根据本法第44条的规定，建设占用土地，涉及农用地转为建设用地的，应当办理农用地转用审批手续。具体来讲，永久基本农田转为建设用地的，由国务院批准；在国土空间规划确定的城市和村庄、集镇建设用地规模范围内，为实施该规划而将永久基本农田以外的农用地转为建设用地的，按土地利用年度计划分批次按照国务院规定由原批准国土空间规划的机关或者其授权的机关批准。在已批准的农用地转用范围内，具体建设项目用地可以由市、县人民政府批准；在国土空间规划确定的城市和村庄、集镇建设用地规模范围外，将永久基本农田以外的农用地转为建设用地的，由国务院或者国务院授权的省、自治区、直辖市人民政府批准。违反上述规定，由其他有关各级政府批准用地的，即本条规定的无权批准而非法批准占用土地的行为。根据本法第46条的规定，征收永久基本农田的，由国务院批准。地方各级人民政府批准征收永久基本农田的，即本条规定的无权批准而非法批准征收土地的行为。根据本法第57条的规定，临时用地应当由县级以上人民政府自然资源主管部门批准。因此，没有该批准权的乡镇人民政府批准临时用地的，也是本条规定的无权批准而非法批准占用土地的行为。此外，本法未授予有关土地征收、使用审批权限的各级人民政府的其他部门或者单位，无权批准占用土地，如果批地，也属于无权批准而非法批地的行为。

（2）超越批准权限非法批地的行为。这是指下级地方人民政府越权批准应当依法由上一级人民政府或者国务院审批的占用土地的行为。例如，根据本法第46条的规定，省、自治区、直辖市人民政府批准征收永久基本农田以外的其他耕地超过35公顷的，或者征收其他土地超过70公顷的，即为越权批准。

（3）依照本法规定，拥有有关土地批准权的各级人民政府不按照国土空间规划确定的土地用途批准用地的行为。例如，根据本法第44条的规定，市、县级人民政府批准的具体建设项目用地违反国土空间规划要求的用途的，即本条规定的不按照国土空间规划确定的土地用途批准用地的行为。

（4）违反法律规定的程序批准占用、征收土地的行为。例如，违反本法第46条的规定，未依法先行办理农用地转用审批手续而批准征收农用地的；违反本法第57条的规定，在城市规划区内的临时用地，未经有关城市规划行政主管部门同意而批准的。

配套

《土地管理法》第44、46、57条；《刑法》第410条；《违反土地管理规定行为处分办法》；《最高人民法院关于审理破坏土地资源刑事案件具体应用法律若干问题的解释》第4、5条；《全国人民代表大会常务委员会关于〈中华人民共和国刑法〉第二百二十八条、第三百四十二条、第四百一十条的解释》

第八十条　【非法侵占、挪用征地补偿费的法律责任】侵占、挪用被征收土地单位的征地补偿费用和其他有关费用，构成犯罪的，依法追究刑事责任；尚不构成犯罪的，依法给予处分。

应用

102. 何为侵占、挪用?

所谓侵占，是指侵吞、盗窃、骗取或者以其他非法手段将公共财物占为己有的行为。所谓挪用，是指将公共财物挪作他用的行为。本条所规定的侵占、挪用的对象为被征收土地单位的征地补偿费用和其他有关费用。征地补偿费用包括征收农用地的土地补偿费、安置补助费以及征收农用地以外的其他土地、地上附着物和青苗等的补偿费。其他有关费用是指与征收集体土地有关的其他费用，例如征收农村村民住宅，对征收造成的搬迁、临时安置等给予的补偿费用。侵占、挪用征地补偿费可能构成贪污罪、挪用公款罪、侵占罪以及挪用公司、企业或者其他单位资金罪。

配套

《刑法》第271、272、382、384条；《土地管理法实施条例》第64条；《违反土地管理规定行为处分办法》

第八十一条　【拒不交还土地、不按照批准用途使用土地的法律责任】依法收回国有土地使用权当事人拒不交出土地的，临时使用土地期满拒不归还的，或者不按照批准的用途使用国有土地的，由县级以上人民政府自然资源主管部门责令交还土地，处以罚款。

注用

103. 什么情况下应该交还土地?

在下列三种情况下，当事人应当交还土地：（1）依法收回国有土地使用权的，如因为公共利益的需要、旧城区改造或土地被闲置等原因；（2）临时使用土地期满；（3）不按照批准的用途使用国有土地的。若在上述情况发生时，当事人拒不交还土地，则应当受到相应的行政处罚，由县级以上人民政府自然资源主管部门责令交出土地，并处以罚款，罚款额为非法占用土地每平方米100元以上500元以下；拒不交出土地的，申请人民法院强制执行。

配套

《土地管理法实施条例》第59条

第八十二条　【擅自将集体土地用于非农业建设和集体经营性建设用地违法入市的法律责任】擅自将农民集体所有的土地通过出让、转让使用权或者出租等方式用于非农业建设，或者违反本法规定，将集体经营性建设用地通过出让、出租等方式交由单位或者个人使用的，由县级以上人民政府自然资源主管部门责令限期改正，没收违法所得，并处罚款。

注解

擅自将农民集体所有的土地通过出让、转让使用权或者出租等方式用于非农业建设，是指没有法律依据或者未经法律规定的程序，通过出让、转让或者出租等方式将集体土地用于非农业建设。本法相关条款，如第60条、第61条、第62条等对农民集体所有土地使用权的出让、转让或者出租作出了规定。违反这些规定，未办理相关手续即将集体土地交给他人用于非农业建设的，对转让方给予本条规定的处罚。

应用

104. 集体经营性建设用地违法入市的行为包括哪些?

集体经营性建设用地违法入市的行为主要有以下几种：(1) 不符合国土空间规划、城乡规划规定的土地用途。(2) 未经依法登记。(3) 入市主体不符合法律规定。(4) 未签订书面合同明确权利义务。(5) 未经村集体民主决策。(6) 不符合土地利用年度计划。

105. 集体经营性建设用地违法入市应当承担哪些法律责任?

(1) 责令限期改正。对于上述违法行为，应当由县级以上人民政府自然资源主管部门责令限期改正，将违法行为恢复到合法状态，给其他主体造成损失的，应由有过错的一方依法承担民事责任。(2) 没收违法所得和罚款。

根据本条的规定，没收违法所得和罚款的处罚必须同时适用。罚款额为非法所得的5%以上20%以下。

配套

《宪法》第10条；《土地管理法实施条例》第60条

第八十三条　【责令限期拆除的执行】依照本法规定，责令限期拆除在非法占用的土地上新建的建筑物和其他设施的，建设单位或者个人必须立即停止施工，自行拆除；对继续施工的，作出处罚决定的机关有权制止。建设单位或者个人对责令限期拆除的行政处罚决定不服的，可以在接到责令限期拆除决定之日起十五日内，向人民法院起诉；期满不起诉又不自行拆除的，由作出处罚决定的机关依法申请人民法院强制执行，费用由违法者承担。

注解

当事人在接到责令限期拆除的处罚决定后，应当立即停止施工，自行拆除建筑物和其他设施。如果当事人不服该行政处罚决定，在停止施工的同时，可以向作出处罚决定的机关说明情况，要求其撤销处罚决定，也可以依法向上一级行政机关申请行政复议，或者在规定的期限内向人民法院提起行政诉讼。

应用

106. 提起行政诉讼有无时限要求？

被处罚的建设单位或者个人对责令限期拆除的行政处罚决定不服的，可以在接到处罚决定之日起15日内，向人民法院提起行政诉讼。本条规定的提起行政诉讼的期间为接到责令限期拆除决定之日起15日内，是特殊的提起行政诉讼的期间，而不是行政诉讼法规定的从当事人知道行政机关作出具体行政行为之日起的6个月。超过上述期限提起行政诉讼的，人民法院可以不予受理。

107. 当事人拒不执行时，如何处理？

本法未赋予行政机关强制执行的权力，如果当事人拒不执行其行政处罚决定，作出行政处罚的机关可以向人民法院提出申请，由人民法院强制执行。根据本条的规定，强制执行的费用由违法者承担。

配 套

《土地管理法》第74、77、78条；《行政诉讼法》第97条

第八十四条　【自然资源主管部门、农业农村主管部门工作人员违法的法律责任】自然资源主管部门、农业农村主管部门的工作人员玩忽职守、滥用职权、徇私舞弊，构成犯罪的，依法追究刑事责任；尚不构成犯罪的，依法给予处分。

应 用

108. 本条所称的“玩忽职守”“滥用职权”“徇私舞弊”是什么意思？

所谓玩忽职守，是指自然资源主管部门、农业农村主管部门的工作人员不履行、不正确履行或者放弃履行职责的行为。所谓滥用职权，是指自然资源主管部门、农业农村主管部门的工作人员违反法律规定的权限和程序，滥用职权或者超越职权的行为。所谓徇私舞弊，是指自然资源主管部门、农业农村主管部门的工作人员为徇个人私利或者亲友私情而玩忽职守、滥用职权的行为。对于自然资源主管部门、农业农村主管部门工作人员的上述违法行为，任何单位和个人都有权检举和控告，有关部门应当严肃查处，并依法追究其法律责任。

配 套

《刑法》第397、402、410条；《土地管理法实施条例》第65条；《违反土地管理规定行为处分办法》；《最高人民法院关于审理破坏土地资源刑事案件具体应用法律若干问题的解释》第6、7条；《监察部、人力资源和社会保障部、国土资源部关于适用〈违反土地管理规定行为处分办法〉第三条有关问题的通知》；《监察法》；《公职人员政务处分暂行规定》

第八章　附　　则

第八十五条　【外商投资企业使用土地的法律适用】外商投资企业使用土地的，适用本法；法律另有规定的，从其规定。

第八十六条　【过渡期间有关规划的适用】在根据本法第十

八条的规定编制国土空间规划前，经依法批准的土地利用总体规划和城乡规划继续执行。

注解

本法第18条对国土空间规划编制要求作出规定，明确了国土空间规划的法律地位，并规定已经编制国土空间规划的，不再编制土地利用总体规划和城乡规划。这一规定为下一步开展国土空间规划编制和实施提供了法律保障。在国土空间规划编制和实施前，土地利用总体规划和城乡规划应当继续执行，依然是土地管理的重要依据，有关行政审批、监督检查等工作应当严格按照土地利用总体规划和城乡规划的要求进行。各地方和有关部门在土地管理工作中，要切实做好土地利用总体规划和城乡规划与国土空间规划在过渡期间的衔接，防止出现执法空白。

配套

《中共中央、国务院关于建立国土空间规划体系并监督实施的若干意见》

第八十七条　【施行时间】本法自1999年1月1日起施行。

配 套 法 规

中华人民共和国
土地管理法实施条例

（1998 年 12 月 27 日中华人民共和国国务院令第 256 号发布　根据 2011 年 1 月 8 日《国务院关于废止和修改部分行政法规的决定》第一次修订　根据 2014 年 7 月 29 日《国务院关于修改部分行政法规的决定》第二次修订　2021 年 7 月 2 日中华人民共和国国务院令第 743 号第三次修订）

第一章　总　　则

第一条　根据《中华人民共和国土地管理法》（以下简称《土地管理法》），制定本条例。

第二章　国土空间规划

第二条　国家建立国土空间规划体系。

土地开发、保护、建设活动应当坚持规划先行。经依法批准的国土空间规划是各类开发、保护、建设活动的基本依据。

已经编制国土空间规划的，不再编制土地利用总体规划和城乡规划。在编制国土空间规划前，经依法批准的土地利用总体规划和城乡规划继续执行。

第三条　国土空间规划应当细化落实国家发展规划提出的国土空间开发保护要求，统筹布局农业、生态、城镇等功能空间，划定落实永久基本农田、生态保护红线和城镇开发边界。

国土空间规划应当包括国土空间开发保护格局和规划用地布局、结构、用途管制要求等内容，明确耕地保有量、建设用地规模、禁止开垦的范围等要求，统筹基础设施和公共设施用地布局，综合利用地上地下空间，合理确定并严格控制新增建设用地规模，提高土地节约集约利用水平，保障土地的可持续利用。

第四条 土地调查应当包括下列内容：

（一）土地权属以及变化情况；

（二）土地利用现状以及变化情况；

（三）土地条件。

全国土地调查成果，报国务院批准后向社会公布。地方土地调查成果，经本级人民政府审核，报上一级人民政府批准后向社会公布。全国土地调查成果公布后，县级以上地方人民政府方可自上而下逐级依次公布本行政区域的土地调查成果。

土地调查成果是编制国土空间规划以及自然资源管理、保护和利用的重要依据。

土地调查技术规程由国务院自然资源主管部门会同有关部门制定。

第五条 国务院自然资源主管部门会同有关部门制定土地等级评定标准。

县级以上人民政府自然资源主管部门应当会同有关部门根据土地等级评定标准，对土地等级进行评定。地方土地等级评定结果经本级人民政府审核，报上一级人民政府自然资源主管部门批准后向社会公布。

根据国民经济和社会发展状况，土地等级每五年重新评定一次。

第六条 县级以上人民政府自然资源主管部门应当加强信息化建设，建立统一的国土空间基础信息平台，实行土地管理全流程信息化管理，对土地利用状况进行动态监测，与发展改革、住房和城乡建设等有关部门建立土地管理信息共享机制，依法公开土地管理信息。

第七条　县级以上人民政府自然资源主管部门应当加强地籍管理，建立健全地籍数据库。

第三章　耕 地 保 护

第八条　国家实行占用耕地补偿制度。在国土空间规划确定的城市和村庄、集镇建设用地范围内经依法批准占用耕地，以及在国土空间规划确定的城市和村庄、集镇建设用地范围外的能源、交通、水利、矿山、军事设施等建设项目经依法批准占用耕地的，分别由县级人民政府、农村集体经济组织和建设单位负责开垦与所占用耕地的数量和质量相当的耕地；没有条件开垦或者开垦的耕地不符合要求的，应当按照省、自治区、直辖市的规定缴纳耕地开垦费，专款用于开垦新的耕地。

省、自治区、直辖市人民政府应当组织自然资源主管部门、农业农村主管部门对开垦的耕地进行验收，确保开垦的耕地落实到地块。划入永久基本农田的还应当纳入国家永久基本农田数据库严格管理。占用耕地补充情况应当按照国家有关规定向社会公布。

个别省、直辖市需要易地开垦耕地的，依照《土地管理法》第三十二条的规定执行。

第九条　禁止任何单位和个人在国土空间规划确定的禁止开垦的范围内从事土地开发活动。

按照国土空间规划，开发未确定土地使用权的国有荒山、荒地、荒滩从事种植业、林业、畜牧业、渔业生产的，应当向土地所在地的县级以上地方人民政府自然资源主管部门提出申请，按照省、自治区、直辖市规定的权限，由县级以上地方人民政府批准。

第十条　县级人民政府应当按照国土空间规划关于统筹布局农业、生态、城镇等功能空间的要求，制定土地整理方案，促进耕地保护和土地节约集约利用。

县、乡（镇）人民政府应当组织农村集体经济组织，实施土地整理方案，对闲散地和废弃地有计划地整治、改造。土地整理新增耕地，可以用作建设所占用耕地的补充。

鼓励社会主体依法参与土地整理。

第十一条 县级以上地方人民政府应当采取措施，预防和治理耕地土壤流失、污染，有计划地改造中低产田，建设高标准农田，提高耕地质量，保护黑土地等优质耕地，并依法对建设所占用耕地耕作层的土壤利用作出合理安排。

非农业建设依法占用永久基本农田的，建设单位应当按照省、自治区、直辖市的规定，将所占用耕地耕作层的土壤用于新开垦耕地、劣质地或者其他耕地的土壤改良。

县级以上地方人民政府应当加强对农业结构调整的引导和管理，防止破坏耕地耕作层；设施农业用地不再使用的，应当及时组织恢复种植条件。

第十二条 国家对耕地实行特殊保护，严守耕地保护红线，严格控制耕地转为林地、草地、园地等其他农用地，并建立耕地保护补偿制度，具体办法和耕地保护补偿实施步骤由国务院自然资源主管部门会同有关部门规定。

非农业建设必须节约使用土地，可以利用荒地的，不得占用耕地；可以利用劣地的，不得占用好地。禁止占用耕地建窑、建坟或者擅自在耕地上建房、挖砂、采石、采矿、取土等。禁止占用永久基本农田发展林果业和挖塘养鱼。

耕地应当优先用于粮食和棉、油、糖、蔬菜等农产品生产。按照国家有关规定需要将耕地转为林地、草地、园地等其他农用地的，应当优先使用难以长期稳定利用的耕地。

第十三条 省、自治区、直辖市人民政府对本行政区域耕地保护负总责，其主要负责人是本行政区域耕地保护的第一责任人。

省、自治区、直辖市人民政府应当将国务院确定的耕地保有量和永久基本农田保护任务分解下达，落实到具体地块。

国务院对省、自治区、直辖市人民政府耕地保护责任目标落实情况进行考核。

第四章　建设用地

第一节　一般规定

第十四条　建设项目需要使用土地的，应当符合国土空间规划、土地利用年度计划和用途管制以及节约资源、保护生态环境的要求，并严格执行建设用地标准，优先使用存量建设用地，提高建设用地使用效率。

从事土地开发利用活动，应当采取有效措施，防止、减少土壤污染，并确保建设用地符合土壤环境质量要求。

第十五条　各级人民政府应当依据国民经济和社会发展规划及年度计划、国土空间规划、国家产业政策以及城乡建设、土地利用的实际状况等，加强土地利用计划管理，实行建设用地总量控制，推动城乡存量建设用地开发利用，引导城镇低效用地再开发，落实建设用地标准控制制度，开展节约集约用地评价，推广应用节地技术和节地模式。

第十六条　县级以上地方人民政府自然资源主管部门应当将本级人民政府确定的年度建设用地供应总量、结构、时序、地块、用途等在政府网站上向社会公布，供社会公众查阅。

第十七条　建设单位使用国有土地，应当以有偿使用方式取得；但是，法律、行政法规规定可以以划拨方式取得的除外。

国有土地有偿使用的方式包括：

（一）国有土地使用权出让；

（二）国有土地租赁；

（三）国有土地使用权作价出资或者入股。

第十八条　国有土地使用权出让、国有土地租赁等应当依照国家有关规定通过公开的交易平台进行交易，并纳入统一的公共资源交易平台体系。除依法可以采取协议方式外，应当采取招标、拍卖、挂牌等竞争性方式确定土地使用者。

第十九条 《土地管理法》第五十五条规定的新增建设用地的土地有偿使用费，是指国家在新增建设用地中应取得的平均土地纯收益。

第二十条 建设项目施工、地质勘查需要临时使用土地的，应当尽量不占或者少占耕地。

临时用地由县级以上人民政府自然资源主管部门批准，期限一般不超过二年；建设周期较长的能源、交通、水利等基础设施建设使用的临时用地，期限不超过四年；法律、行政法规另有规定的除外。

土地使用者应当自临时用地期满之日起一年内完成土地复垦，使其达到可供利用状态，其中占用耕地的应当恢复种植条件。

第二十一条 抢险救灾、疫情防控等急需使用土地的，可以先行使用土地。其中，属于临时用地的，用后应当恢复原状并交还原土地使用者使用，不再办理用地审批手续；属于永久性建设用地的，建设单位应当在不晚于应急处置工作结束六个月内申请补办建设用地审批手续。

第二十二条 具有重要生态功能的未利用地应当依法划入生态保护红线，实施严格保护。

建设项目占用国土空间规划确定的未利用地的，按照省、自治区、直辖市的规定办理。

第二节 农用地转用

第二十三条 在国土空间规划确定的城市和村庄、集镇建设用地范围内，为实施该规划而将农用地转为建设用地的，由市、县人民政府组织自然资源等部门拟订农用地转用方案，分批次报有批准权的人民政府批准。

农用地转用方案应当重点对建设项目安排、是否符合国土空间规划和土地利用年度计划以及补充耕地情况作出说明。

农用地转用方案经批准后，由市、县人民政府组织实施。

第二十四条 建设项目确需占用国土空间规划确定的城市和村庄、集镇建设用地范围外的农用地，涉及占用永久基本农田的，由国务院批准；不涉及占用永久基本农田的，由国务院或者国务院授权的省、自治区、直辖市人民政府批准。具体按照下列规定办理：

（一）建设项目批准、核准前或者备案前后，由自然资源主管部门对建设项目用地事项进行审查，提出建设项目用地预审意见。建设项目需要申请核发选址意见书的，应当合并办理建设项目用地预审与选址意见书，核发建设项目用地预审与选址意见书。

（二）建设单位持建设项目的批准、核准或者备案文件，向市、县人民政府提出建设用地申请。市、县人民政府组织自然资源等部门拟订农用地转用方案，报有批准权的人民政府批准；依法应当由国务院批准的，由省、自治区、直辖市人民政府审核后上报。农用地转用方案应当重点对是否符合国土空间规划和土地利用年度计划以及补充耕地情况作出说明，涉及占用永久基本农田的，还应当对占用永久基本农田的必要性、合理性和补划可行性作出说明。

（三）农用地转用方案经批准后，由市、县人民政府组织实施。

第二十五条 建设项目需要使用土地的，建设单位原则上应当一次申请，办理建设用地审批手续，确需分期建设的项目，可以根据可行性研究报告确定的方案，分期申请建设用地，分期办理建设用地审批手续。建设过程中用地范围确需调整的，应当依法办理建设用地审批手续。

农用地转用涉及征收土地的，还应当依法办理征收土地手续。

第三节 土 地 征 收

第二十六条 需要征收土地，县级以上地方人民政府认为符合《土地管理法》第四十五条规定的，应当发布征收土地预公告，并开展拟征收土地现状调查和社会稳定风险评估。

征收土地预公告应当包括征收范围、征收目的、开展土地现状调查的安排等内容。征收土地预公告应当采用有利于社会公众知晓的方式，在拟征收土地所在的乡（镇）和村、村民小组范围内发布，预公告时间不少于十个工作日。自征收土地预公告发布之日起，任何单位和个人不得在拟征收范围内抢栽抢建；违反规定抢栽抢建的，对抢栽抢建部分不予补偿。

土地现状调查应当查明土地的位置、权属、地类、面积，以及农村村民住宅、其他地上附着物和青苗等的权属、种类、数量等情况。

社会稳定风险评估应当对征收土地的社会稳定风险状况进行综合研判，确定风险点，提出风险防范措施和处置预案。社会稳定风险评估应当有被征地的农村集体经济组织及其成员、村民委员会和其他利害关系人参加，评估结果是申请征收土地的重要依据。

第二十七条　县级以上地方人民政府应当依据社会稳定风险评估结果，结合土地现状调查情况，组织自然资源、财政、农业农村、人力资源和社会保障等有关部门拟定征地补偿安置方案。

征地补偿安置方案应当包括征收范围、土地现状、征收目的、补偿方式和标准、安置对象、安置方式、社会保障等内容。

第二十八条　征地补偿安置方案拟定后，县级以上地方人民政府应当在拟征收土地所在的乡（镇）和村、村民小组范围内公告，公告时间不少于三十日。

征地补偿安置公告应当同时载明办理补偿登记的方式和期限、异议反馈渠道等内容。

多数被征地的农村集体经济组织成员认为拟定的征地补偿安置方案不符合法律、法规规定的，县级以上地方人民政府应当组织听证。

第二十九条　县级以上地方人民政府根据法律、法规规定和听证会等情况确定征地补偿安置方案后，应当组织有关部门与拟征收土地的所有权人、使用权人签订征地补偿安置协议。征地补偿安置协议示范文本由省、自治区、直辖市人民政府制定。

对个别确实难以达成征地补偿安置协议的，县级以上地方人民政府应当在申请征收土地时如实说明。

第三十条　县级以上地方人民政府完成本条例规定的征地前期工作后，方可提出征收土地申请，依照《土地管理法》第四十六条的规定报有批准权的人民政府批准。

有批准权的人民政府应当对征收土地的必要性、合理性、是否符合《土地管理法》第四十五条规定的为了公共利益确需征收土地的情形以及是否符合法定程序进行审查。

第三十一条 征收土地申请经依法批准后，县级以上地方人民政府应当自收到批准文件之日起十五个工作日内在拟征收土地所在的乡（镇）和村、村民小组范围内发布征收土地公告，公布征收范围、征收时间等具体工作安排，对个别未达成征地补偿安置协议的应当作出征地补偿安置决定，并依法组织实施。

第三十二条 省、自治区、直辖市应当制定公布区片综合地价，确定征收农用地的土地补偿费、安置补助费标准，并制定土地补偿费、安置补助费分配办法。

地上附着物和青苗等的补偿费用，归其所有权人所有。

社会保障费用主要用于符合条件的被征地农民的养老保险等社会保险缴费补贴，按照省、自治区、直辖市的规定单独列支。

申请征收土地的县级以上地方人民政府应当及时落实土地补偿费、安置补助费、农村村民住宅以及其他地上附着物和青苗等的补偿费用、社会保障费用等，并保证足额到位，专款专用。有关费用未足额到位的，不得批准征收土地。

第四节 宅基地管理

第三十三条 农村居民点布局和建设用地规模应当遵循节约集约、因地制宜的原则合理规划。县级以上地方人民政府应当按照国家规定安排建设用地指标，合理保障本行政区域农村村民宅基地需求。

乡（镇）、县、市国土空间规划和村庄规划应当统筹考虑农村村民生产、生活需求，突出节约集约用地导向，科学划定宅基地范围。

第三十四条 农村村民申请宅基地的，应当以户为单位向农村集体经济组织提出申请；没有设立农村集体经济组织的，应当向所在的村民小组或者村民委员会提出申请。宅基地申请依法经农村村民集体讨论通过并在本集体范围内公示后，报乡（镇）人民政府审核批准。

涉及占用农用地的，应当依法办理农用地转用审批手续。

第三十五条 国家允许进城落户的农村村民依法自愿有偿退出宅基地。乡（镇）人民政府和农村集体经济组织、村民委员会等应当将退出的宅基地优先用于保障该农村集体经济组织成员的宅基地需求。

第三十六条 依法取得的宅基地和宅基地上的农村村民住宅及其附属设施受法律保护。

禁止违背农村村民意愿强制流转宅基地，禁止违法收回农村村民依法取得的宅基地，禁止以退出宅基地作为农村村民进城落户的条件，禁止强迫农村村民搬迁退出宅基地。

第五节 集体经营性建设用地管理

第三十七条 国土空间规划应当统筹并合理安排集体经营性建设用地布局和用途，依法控制集体经营性建设用地规模，促进集体经营性建设用地的节约集约利用。

鼓励乡村重点产业和项目使用集体经营性建设用地。

第三十八条 国土空间规划确定为工业、商业等经营性用途，且已依法办理土地所有权登记的集体经营性建设用地，土地所有权人可以通过出让、出租等方式交由单位或者个人在一定年限内有偿使用。

第三十九条 土地所有权人拟出让、出租集体经营性建设用地的，市、县人民政府自然资源主管部门应当依据国土空间规划提出拟出让、出租的集体经营性建设用地的规划条件，明确土地界址、面积、用途和开发建设强度等。

市、县人民政府自然资源主管部门应当会同有关部门提出产业准入和生态环境保护要求。

第四十条 土地所有权人应当依据规划条件、产业准入和生态环境保护要求等，编制集体经营性建设用地出让、出租等方案，并依照《土地管理法》第六十三条的规定，由本集体经济组织形成书面意见，在出让、出租前不少于十个工作日报市、县人民政府。市、县人民政府认为该方案不符合规划条件或者产业准入和生态环境保护要求等的，应当在收到方案后五个工作日内提出修改意见。土地所有权人应当按照市、县人民政府的意见进行修改。

集体经营性建设用地出让、出租等方案应当载明宗地的土地界址、面积、用途、规划条件、产业准入和生态环境保护要求、使用期限、交易方式、入市价格、集体收益分配安排等内容。

第四十一条 土地所有权人应当依据集体经营性建设用地出让、出租等方案，以招标、拍卖、挂牌或者协议等方式确定土地使用者，双方应当签订书面合同，载明土地界址、面积、用途、规划条件、使用期限、交易价款支付、交地时间和开工竣工期限、产业准入和生态环境保护要求，约定提前收回的条件、补偿方式、土地使用权届满续期和地上建筑物、构筑物等附着物处理方式，以及违约责任和解决争议的方法等，并报市、县人民政府自然资源主管部门备案。未依法将规划条件、产业准入和生态环境保护要求纳入合同的，合同无效；造成损失的，依法承担民事责任。合同示范文本由国务院自然资源主管部门制定。

第四十二条 集体经营性建设用地使用者应当按照约定及时支付集体经营性建设用地价款，并依法缴纳相关税费，对集体经营性建设用地使用权以及依法利用集体经营性建设用地建造的建筑物、构筑物及其附属设施的所有权，依法申请办理不动产登记。

第四十三条 通过出让等方式取得的集体经营性建设用地使用权依法转让、互换、出资、赠与或者抵押的，双方应当签订书面合同，并书面通知土地所有权人。

集体经营性建设用地的出租，集体建设用地使用权的出让及其最高年限、转让、互换、出资、赠与、抵押等，参照同类用途的国有建设用地执行，法律、行政法规另有规定的除外。

第五章 监督检查

第四十四条 国家自然资源督察机构根据授权对省、自治区、直辖市人民政府以及国务院确定的城市人民政府下列土地利用和土地管理情况进行督察：

（一）耕地保护情况；

（二）土地节约集约利用情况；

（三）国土空间规划编制和实施情况；

（四）国家有关土地管理重大决策落实情况；

（五）土地管理法律、行政法规执行情况；

（六）其他土地利用和土地管理情况。

第四十五条 国家自然资源督察机构进行督察时，有权向有关单位和个人了解督察事项有关情况，有关单位和个人应当支持、协助督察机构工作，如实反映情况，并提供有关材料。

第四十六条 被督察的地方人民政府违反土地管理法律、行政法规，或者落实国家有关土地管理重大决策不力的，国家自然资源督察机构可以向被督察的地方人民政府下达督察意见书，地方人民政府应当认真组织整改，并及时报告整改情况；国家自然资源督察机构可以约谈被督察的地方人民政府有关负责人，并可以依法向监察机关、任免机关等有关机关提出追究相关责任人责任的建议。

第四十七条 土地管理监督检查人员应当经过培训，经考核合格，取得行政执法证件后，方可从事土地管理监督检查工作。

第四十八条 自然资源主管部门、农业农村主管部门按照职责分工进行监督检查时，可以采取下列措施：

（一）询问违法案件涉及的单位或者个人；

（二）进入被检查单位或者个人涉嫌土地违法的现场进行拍照、摄像；

（三）责令当事人停止正在进行的土地违法行为；

（四）对涉嫌土地违法的单位或者个人，在调查期间暂停办理与该违法案件相关的土地审批、登记等手续；

（五）对可能被转移、销毁、隐匿或者篡改的文件、资料予以封存，责令涉嫌土地违法的单位或者个人在调查期间不得变卖、转移与案件有关的财物；

（六）《土地管理法》第六十八条规定的其他监督检查措施。

第四十九条 依照《土地管理法》第七十三条的规定给予处分的，应当按照管理权限由责令作出行政处罚决定或者直接给予行政处罚的上级人民政府自然资源主管部门或者其他任免机关、单位作出。

第五十条 县级以上人民政府自然资源主管部门应当会同有关部门建立信用监管、动态巡查等机制，加强对建设用地供应交易和供后开发利用的监管，对建设用地市场重大失信行为依法实施惩戒，并依法公开相关信息。

第六章 法律责任

第五十一条 违反《土地管理法》第三十七条的规定，非法占用永久基本农田发展林果业或者挖塘养鱼的，由县级以上人民政府自然资源主管部门责令限期改正；逾期不改正的，按占用面积处耕地开垦费2倍以上5倍以下的罚款；破坏种植条件的，依照《土地管理法》第七十五条的规定处罚。

第五十二条 违反《土地管理法》第五十七条的规定，在临时使用的土地上修建永久性建筑物的，由县级以上人民政府自然资源主管部门责令限期拆除，按占用面积处土地复垦费5倍以上10倍以下的罚款；逾期不拆除的，由作出行政决定的机关依法申请人民法院强制执行。

第五十三条 违反《土地管理法》第六十五条的规定，对建筑物、构筑物进行重建、扩建的，由县级以上人民政府自然资源主管部门责令限期拆除；逾期不拆除的，由作出行政决定的机关依法申请人民法院强制执行。

第五十四条 依照《土地管理法》第七十四条的规定处以罚款的，罚款额为违法所得的10%以上50%以下。

第五十五条 依照《土地管理法》第七十五条的规定处以罚款

的，罚款额为耕地开垦费的5倍以上10倍以下；破坏黑土地等优质耕地的，从重处罚。

第五十六条 依照《土地管理法》第七十六条的规定处以罚款的，罚款额为土地复垦费的2倍以上5倍以下。

违反本条例规定，临时用地期满之日起一年内未完成复垦或者未恢复种植条件的，由县级以上人民政府自然资源主管部门责令限期改正，依照《土地管理法》第七十六条的规定处罚，并由县级以上人民政府自然资源主管部门会同农业农村主管部门代为完成复垦或者恢复种植条件。

第五十七条 依照《土地管理法》第七十七条的规定处以罚款的，罚款额为非法占用土地每平方米100元以上1000元以下。

违反本条例规定，在国土空间规划确定的禁止开垦的范围内从事土地开发活动的，由县级以上人民政府自然资源主管部门责令限期改正，并依照《土地管理法》第七十七条的规定处罚。

第五十八条 依照《土地管理法》第七十四条、第七十七条的规定，县级以上人民政府自然资源主管部门没收在非法转让或者非法占用的土地上新建的建筑物和其他设施的，应当于九十日内交由本级人民政府或者其指定的部门依法管理和处置。

第五十九条 依照《土地管理法》第八十一条的规定处以罚款的，罚款额为非法占用土地每平方米100元以上500元以下。

第六十条 依照《土地管理法》第八十二条的规定处以罚款的，罚款额为违法所得的10%以上30%以下。

第六十一条 阻碍自然资源主管部门、农业农村主管部门的工作人员依法执行职务，构成违反治安管理行为的，依法给予治安管理处罚。

第六十二条 违反土地管理法律、法规规定，阻挠国家建设征收土地的，由县级以上地方人民政府责令交出土地；拒不交出土地的，依法申请人民法院强制执行。

第六十三条 违反本条例规定，侵犯农村村民依法取得的宅基地权益的，责令限期改正，对有关责任单位通报批评、给予警告；

造成损失的，依法承担赔偿责任；对直接负责的主管人员和其他直接责任人员，依法给予处分。

第六十四条 贪污、侵占、挪用、私分、截留、拖欠征地补偿安置费用和其他有关费用的，责令改正，追回有关款项，限期退还违法所得，对有关责任单位通报批评、给予警告；造成损失的，依法承担赔偿责任；对直接负责的主管人员和其他直接责任人员，依法给予处分。

第六十五条 各级人民政府及自然资源主管部门、农业农村主管部门工作人员玩忽职守、滥用职权、徇私舞弊的，依法给予处分。

第六十六条 违反本条例规定，构成犯罪的，依法追究刑事责任。

第七章 附　　则

第六十七条 本条例自2021年9月1日起施行。

中华人民共和国民法典（节录）

（2020年5月28日第十三届全国人民代表大会第三次会议通过　2020年5月28日中华人民共和国主席令第45号公布　自2021年1月1日起施行）

……

第二章 物权的设立、变更、转让和消灭

第一节 不动产登记

第二百零九条 **【不动产物权的登记生效原则及其例外】**不动

产物权的设立、变更、转让和消灭，经依法登记，发生效力；未经登记，不发生效力，但是法律另有规定的除外。

依法属于国家所有的自然资源，所有权可以不登记。

注解

不动产物权登记，最基本的效力表现为，除法律另有规定外，不动产物权的设立、变更、转让和消灭，经依法登记，发生效力；未经登记，不发生效力。例如，当事人订立了合法有效的买卖房屋合同后，只有依法办理了房屋所有权转让登记后，才发生房屋所有权变动的法律后果；不经登记，法律不认为发生了房屋所有权的变动。

这里的“法律另有规定的除外”，主要包括三方面的内容：一是本条第2款所规定的，依法属于国家所有的自然资源，所有权可以不登记。二是本章第三节规定的物权设立、变更、转让或者消灭的一些特殊情况，主要是非依法律行为而发生的物权变动的情形：第一，因人民法院、仲裁机构的法律文书，人民政府的征收决定等，导致物权设立、变更、转让或者消灭的，自法律文书或者征收决定等生效时发生效力；第二，因继承取得物权的，自继承开始时发生效力；第三，因合法建造、拆除房屋等事实行为设立和消灭物权的，自事实行为成就时发生效力。三是，考虑到现行法律的规定以及我国的实际情况尤其是农村的实际情况，本法并没有对不动产物权的设立、变更、转让和消灭，一概规定必须经依法登记才发生效力。例如，在土地承包经营权一章中规定，“土地承包经营权自土地承包经营权合同生效时设立”。同时还规定，“土地承包经营权互换、转让，当事人可以向登记机构申请登记；未经登记，不得对抗善意第三人”。这里规定的是“未经登记，不得对抗善意第三人”，而不是“不发生效力”。地役权一章规定，“地役权自地役权合同生效时设立。当事人要求登记的，可以向登记机构申请地役权登记；未经登记，不得对抗善意第三人”。在宅基地使用权一章，也没有规定宅基地使用权必须登记才发生效力，只是规定“已经登记的宅基地使用权转让或者消灭的，应当及时办理变更登记或者注销登记”。也就是说，宅基地使用权不以登记为生效要件。

配套

《土地管理法》第12条；《城市房地产管理法》第36、60-62条

第二百一十条　【不动产登记机构和不动产统一登记】不动产登记，由不动产所在地的登记机构办理。

国家对不动产实行统一登记制度。统一登记的范围、登记机构和登记办法，由法律、行政法规规定。

……

第二百一十四条　【不动产物权变动的生效时间】不动产物权的设立、变更、转让和消灭，依照法律规定应当登记的，自记载于不动产登记簿时发生效力。

注解

不动产登记簿是法律规定的不动产物权登记机构管理的不动产物权登记档案。

第二百一十五条　【合同效力和物权效力区分】当事人之间订立有关设立、变更、转让和消灭不动产物权的合同，除法律另有规定或者当事人另有约定外，自合同成立时生效；未办理物权登记的，不影响合同效力。

……

第二百二十三条　【不动产登记收费标准的确定】不动产登记费按件收取，不得按照不动产的面积、体积或者价款的比例收取。

……

第三节　其他规定

第二百二十九条　【法律文书、征收决定导致物权变动效力发生时间】因人民法院、仲裁机构的法律文书或者人民政府的征收决定等，导致物权设立、变更、转让或者消灭的，自法律文书或者征收决定等生效时发生效力。

注解

因国家司法裁判权的行使、仲裁裁决而导致物权的设立、变更、转让或者消灭。基于国家司法裁判权的行使、仲裁裁决而产生的生效法律文书，即人民法院的判决书、调解书以及仲裁委员会的裁决书、调解书等法律文书的生效时间，就是当事人的物权设立、变动的时间。导致物权变动的人民法院判决或者仲裁委员会的裁决等法律文书，指直接为当事人创设或者变动物权的判决书、裁决书、调解书等。例如离婚诉讼中确定当事人一方享有某项不动产的判决、分割不动产的判决、使原所有人恢复所有权的判决即属于本条所规定的设权、确权等判决。

因国家行政管理权的行使而导致物权的设立、变更、转让或者消灭。因国家行政管理权的行使而导致物权变动的情况，主要指因人民政府的征收决定等而产生的物权变动。

第二百三十条　【因继承取得物权的生效时间】因继承取得物权的，自继承开始时发生效力。

第二百三十一条　【因事实行为设立或者消灭物权的生效时间】因合法建造、拆除房屋等事实行为设立或者消灭物权的，自事实行为成就时发生效力。

第二百三十二条　【非依民事法律行为享有的不动产物权变动】处分依照本节规定享有的不动产物权，依照法律规定需要办理登记的，未经登记，不发生物权效力。

第三章　物权的保护

第二百三十三条　【物权保护争讼程序】物权受到侵害的，权利人可以通过和解、调解、仲裁、诉讼等途径解决。

第二百三十四条　【物权确认请求权】因物权的归属、内容发生争议的，利害关系人可以请求确认权利。

……

第二百四十二条　【国家专有】法律规定专属于国家所有的不动产和动产，任何组织或者个人不能取得所有权。

第二百四十三条　【征收】为了公共利益的需要，依照法律规定的权限和程序可以征收集体所有的土地和组织、个人的房屋以及其他不动产。

征收集体所有的土地，应当依法及时足额支付土地补偿费、安置补助费以及农村村民住宅、其他地上附着物和青苗等的补偿费用，并安排被征地农民的社会保障费用，保障被征地农民的生活，维护被征地农民的合法权益。

征收组织、个人的房屋以及其他不动产，应当依法给予征收补偿，维护被征收人的合法权益；征收个人住宅的，还应当保障被征收人的居住条件。

任何组织或者个人不得贪污、挪用、私分、截留、拖欠征收补偿费等费用。

注解

征收是国家以行政权取得集体、组织和个人的财产所有权的行为。征收的主体是国家，通常是政府部门以行政命令的方式从集体、组织和个人处取得土地、房屋等财产，集体、组织和个人必须服从。征收导致所有权的丧失，当然对所有权人造成损害。因此，征收虽然是被许可的行为，但通常都附有严格的法定条件的限制。

配套

《土地管理法》第2、45-49、51、80条

第二百四十四条　【保护耕地与禁止违法征地】国家对耕地实行特殊保护，严格限制农用地转为建设用地，控制建设用地总量。不得违反法律规定的权限和程序征收集体所有的土地。

第二百四十五条　【征用】因抢险救灾、疫情防控等紧急需要，依照法律规定的权限和程序可以征用组织、个人的不动产或者动产。被征用的不动产或者动产使用后，应当返还被征用人。组织、个人的不动产或者动产被征用或者征用后毁损、灭失的，应当给予补偿。

注解

征用是国家强制使用组织、个人的财产。强制使用就是不必得到所有权人的同意，在国家有紧急需要时即直接使用。国家以行政权命令征用财产，被征用的组织、个人必须服从，这一点与征收相同。但征收是剥夺所有权，

征用只是在紧急状态下强制使用组织、个人的财产，紧急状态结束后被征用的财产要返还给被征用的组织、个人，因此征用与征收有所不同。

第五章　国家所有权和集体所有权、私人所有权

……

第二百六十条　【集体财产范围】集体所有的不动产和动产包括：

（一）法律规定属于集体所有的土地和森林、山岭、草原、荒地、滩涂；

（二）集体所有的建筑物、生产设施、农田水利设施；

（三）集体所有的教育、科学、文化、卫生、体育等设施；

（四）集体所有的其他不动产和动产。

第二百六十一条　【农民集体所有财产归属及重大事项集体决定】农民集体所有的不动产和动产，属于本集体成员集体所有。

下列事项应当依照法定程序经本集体成员决定：

（一）土地承包方案以及将土地发包给本集体以外的组织或者个人承包；

（二）个别土地承包经营权人之间承包地的调整；

（三）土地补偿费等费用的使用、分配办法；

（四）集体出资的企业的所有权变动等事项；

（五）法律规定的其他事项。

第二百六十二条　【行使集体所有权的主体】对于集体所有的土地和森林、山岭、草原、荒地、滩涂等，依照下列规定行使所有权：

（一）属于村农民集体所有的，由村集体经济组织或者村民委员会依法代表集体行使所有权；

（二）分别属于村内两个以上农民集体所有的，由村内各该集体经济组织或者村民小组依法代表集体行使所有权；

（三）属于乡镇农民集体所有的，由乡镇集体经济组织代表集体行使所有权。

第二百六十三条　【城镇集体财产权利】城镇集体所有的不动产和动产，依照法律、行政法规的规定由本集体享有占有、使用、收益和处分的权利。

第二百六十四条　【集体财产状况的公布】农村集体经济组织或者村民委员会、村民小组应当依照法律、行政法规以及章程、村规民约向本集体成员公布集体财产的状况。集体成员有权查阅、复制相关资料。

第二百六十五条　【集体财产的保护】集体所有的财产受法律保护，禁止任何组织或者个人侵占、哄抢、私分、破坏。

农村集体经济组织、村民委员会或者其负责人作出的决定侵害集体成员合法权益的，受侵害的集体成员可以请求人民法院予以撤销。

……

第三分编　用益物权

第十章　一般规定

第三百二十三条　【用益物权的定义】用益物权人对他人所有的不动产或者动产，依法享有占有、使用和收益的权利。

第三百二十四条　【国家和集体所有的自然资源的使用规则】国家所有或者国家所有由集体使用以及法律规定属于集体所有的自然资源，组织、个人依法可以占有、使用和收益。

第三百二十五条　【自然资源有偿使用制度】国家实行自然资源有偿使用制度，但是法律另有规定的除外。

第三百二十六条　【用益物权的行使规范】用益物权人行使权利，应当遵守法律有关保护和合理开发利用资源、保护生态环境的规定。所有权人不得干涉用益物权人行使权利。

第三百二十七条　【被征收、征用时用益物权人的补偿请求权】因不动产或者动产被征收、征用致使用益物权消灭或者影响用益物权行使的，用益物权人有权依据本法第二百四十三条、第二百四十五条的规定获得相应补偿。

……

第十一章　土地承包经营权

第三百三十条　【农村土地承包经营】农村集体经济组织实行家庭承包经营为基础、统分结合的双层经营体制。

农民集体所有和国家所有由农民集体使用的耕地、林地、草地以及其他用于农业的土地，依法实行土地承包经营制度。

注解

农村土地承包采取农村集体经济组织内部的家庭承包方式，不宜采取家庭承包方式的荒山、荒沟、荒丘、荒滩等农村土地，可以采取招标、拍卖、公开协商等方式承包。（参见《农村土地承包法》第3条）

农民集体所有的土地依法属于村农民集体所有的，由村集体经济组织或者村民委员会发包；已经分别属于村内两个以上农村集体经济组织的农民集体所有的，由村内各该农村集体经济组织或者村民小组发包。村集体经济组织或者村民委员会发包的，不得改变村内各集体经济组织农民集体所有的土地的所有权。国家所有依法由农民集体使用的农村土地，由使用该土地的农村集体经济组织、村民委员会或者村民小组发包。（参见《农村土地承包法》第13条）

土地承包应当遵循以下原则：（一）按照规定统一组织承包时，本集体经济组织成员依法平等地行使承包土地的权利，也可以自愿放弃承包土地的权利；（二）民主协商，公平合理；（三）承包方案应当按照农村土地承包法第十三条的规定，依法经本集体经济组织成员的村民会议三分之二以上成员或者三分之二以上村民代表的同意；（四）承包程序合法。（参见《农村土地承包法》第19条）

第三百三十一条　【土地承包经营权内容】土地承包经营权人依法对其承包经营的耕地、林地、草地等享有占有、使用和收益的权利，有权从事种植业、林业、畜牧业等农业生产。

第三百三十二条　【土地的承包期限】耕地的承包期为三十年。草地的承包期为三十年至五十年。林地的承包期为三十年至七十年。

前款规定的承包期限届满，由土地承包经营权人依照农村土地承包的法律规定继续承包。

第三百三十三条　【土地承包经营权的设立与登记】土地承包经营权自土地承包经营权合同生效时设立。

登记机构应当向土地承包经营权人发放土地承包经营权证、林权证等证书，并登记造册，确认土地承包经营权。

注解

土地承包经营合同生效后，发包方不得因承办人或者负责人的变动而变更或者解除，也不得因集体经济组织的分立或者合并而变更或者解除。

配套

《农村土地承包法》第23-25条

第三百三十四条　【土地承包经营权的互换、转让】土地承包经营权人依照法律规定，有权将土地承包经营权互换、转让。未经依法批准，不得将承包地用于非农建设。

第三百三十五条　【土地承包经营权流转的登记对抗主义】土地承包经营权互换、转让的，当事人可以向登记机构申请登记；未经登记，不得对抗善意第三人。

第三百三十六条　【承包地的调整】承包期内发包人不得调整承包地。

因自然灾害严重毁损承包地等特殊情形，需要适当调整承包的耕地和草地的，应当依照农村土地承包的法律规定办理。

注解

承包期内，发包方不得调整承包地。承包期内，因自然灾害严重毁损承包地等特殊情形对个别农户之间承包的耕地和草地需要适当调整的，必须经本集体经济组织成员的村民会议三分之二以上成员或者三分之二以上村民代表的同意，并报乡（镇）人民政府和县级人民政府农业农村、林业和草原等主管部门批准。承包合同中约定不得调整的，按照其约定。

下列土地应当用于调整承包土地或者承包给新增人口：（一）集体经济组织依法预留的机动地；（二）通过依法开垦等方式增加的；（三）发包方依法收回和承包方依法、自愿交回的。（参见《农村土地承包法》第28、29条）

第三百三十七条　【承包地的收回】承包期内发包人不得收回承包地。法律另有规定的，依照其规定。

注解

承包期内，发包方不得收回承包地。国家保护进城农户的土地承包经营权。不得以退出土地承包经营权作为农户进城落户的条件。承包期内，承包农户进城落户的，引导支持其按照自愿有偿原则依法在本集体经济组织内转让土地承包经营权或者将承包地交回发包方，也可以鼓励其流转土地经营权。承包期内，承包方交回承包地或者发包方依法收回承包地时，承包方对其在承包地上投入而提高土地生产能力的，有权获得相应的补偿。（参见《农村土地承包法》第27条）

第三百三十八条　【征收承包地的补偿规则】承包地被征收的，土地承包经营权人有权依据本法第二百四十三条的规定获得相应补偿。

第三百三十九条　【土地经营权的流转】土地承包经营权人可以自主决定依法采取出租、入股或者其他方式向他人流转土地经营权。

第三百四十条　【土地经营权人的基本权利】土地经营权人有权在合同约定的期限内占有农村土地，自主开展农业生产经营并取得收益。

第三百四十一条　【土地经营权的设立与登记】流转期限为五年以上的土地经营权，自流转合同生效时设立。当事人可以向登记机构申请土地经营权登记；未经登记，不得对抗善意第三人。

第三百四十二条　【以其他方式承包取得的土地经营权流转】

通过招标、拍卖、公开协商等方式承包农村土地，经依法登记取得权属证书的，可以依法采取出租、入股、抵押或者其他方式流转土地经营权。

第三百四十三条　【国有农用地承包经营的法律适用】国家所有的农用地实行承包经营的，参照适用本编的有关规定。

第十二章　建设用地使用权

第三百四十四条　【建设用地使用权的概念】建设用地使用权人依法对国家所有的土地享有占有、使用和收益的权利，有权利用该土地建造建筑物、构筑物及其附属设施。

……

第三百四十七条　【建设用地使用权的出让方式】设立建设用地使用权，可以采取出让或者划拨等方式。

工业、商业、旅游、娱乐和商品住宅等经营性用地以及同一土地有两个以上意向用地者的，应当采取招标、拍卖等公开竞价的方式出让。

严格限制以划拨方式设立建设用地使用权。

第三百四十八条　【建设用地使用权出让合同】通过招标、拍卖、协议等出让方式设立建设用地使用权的，当事人应当采用书面形式订立建设用地使用权出让合同。

建设用地使用权出让合同一般包括下列条款：

（一）当事人的名称和住所；

（二）土地界址、面积等；

（三）建筑物、构筑物及其附属设施占用的空间；

（四）土地用途、规划条件；

（五）建设用地使用权期限；

（六）出让金等费用及其支付方式；

（七）解决争议的方法。

第三百四十九条　【建设用地使用权的登记】设立建设用地使用权的，应当向登记机构申请建设用地使用权登记。建设用地使用权自登记时设立。登记机构应当向建设用地使用权人发放权属证书。

第三百五十条　【土地用途限定规则】建设用地使用权人应当合理利用土地，不得改变土地用途；需要改变土地用途的，应当依法经有关行政主管部门批准。

第三百五十一条　【建设用地使用权人支付出让金等费用的义务】建设用地使用权人应当依照法律规定以及合同约定支付出让金等费用。

……

第三百五十八条　【建设用地使用权的提前收回及其补偿】建设用地使用权期限届满前，因公共利益需要提前收回该土地的，应当依据本法第二百四十三条的规定对该土地上的房屋以及其他不动产给予补偿，并退还相应的出让金。

……

第十三章　宅基地使用权

第三百六十二条　【宅基地使用权内容】宅基地使用权人依法对集体所有的土地享有占有和使用的权利，有权依法利用该土地建造住宅及其附属设施。

第三百六十三条　【宅基地使用权的法律适用】宅基地使用权的取得、行使和转让，适用土地管理的法律和国家有关规定。

……

中华人民共和国城乡规划法（节录）

（2007 年 10 月 28 日第十届全国人民代表大会常务委员会第三十次会议通过　根据 2015 年 4 月 24 日第十二届全国人民代表大会常务委员会第十四次会议《关于修改〈中华人民共和国港口法〉等七部法律的决定》第一次修正　根据 2019 年 4 月 23 日第十三届全国人民代表大会常务委员会第十次会议《关于修改〈中华人民共和国建筑法〉等八部法律的决定》第二次修正）

第一章　总　　则

第一条　【立法宗旨】为了加强城乡规划管理，协调城乡空间布局，改善人居环境，促进城乡经济社会全面协调可持续发展，制定本法。

第二条　【城乡规划的制定和实施】制定和实施城乡规划，在规划区内进行建设活动，必须遵守本法。

本法所称城乡规划，包括城镇体系规划、城市规划、镇规划、乡规划和村庄规划。城市规划、镇规划分为总体规划和详细规划。详细规划分为控制性详细规划和修建性详细规划。

本法所称规划区，是指城市、镇和村庄的建成区以及因城乡建设和发展需要，必须实行规划控制的区域。规划区的具体范围由有关人民政府在组织编制的城市总体规划、镇总体规划、乡规划和村庄规划中，根据城乡经济社会发展水平和统筹城乡发展的需要划定。

第三条　【城乡建设活动与制定城乡规划关系】城市和镇应当依照本法制定城市规划和镇规划。城市、镇规划区内的建设活动应当符合规划要求。

县级以上地方人民政府根据本地农村经济社会发展水平，按照因地制宜、切实可行的原则，确定应当制定乡规划、村庄规划的区域。在确定区域内的乡、村庄，应当依照本法制定规划，规划区内的乡、村庄建设应当符合规划要求。

县级以上地方人民政府鼓励、指导前款规定以外的区域的乡、村庄制定和实施乡规划、村庄规划。

第四条　【城乡规划制定、实施原则】制定和实施城乡规划，应当遵循城乡统筹、合理布局、节约土地、集约发展和先规划后建设的原则，改善生态环境，促进资源、能源节约和综合利用，保护耕地等自然资源和历史文化遗产，保持地方特色、民族特色和传统风貌，防止污染和其他公害，并符合区域人口发展、国防建设、防灾减灾和公共卫生、公共安全的需要。

在规划区内进行建设活动，应当遵守土地管理、自然资源和环境保护等法律、法规的规定。

县级以上地方人民政府应当根据当地经济社会发展的实际，在城市总体规划、镇总体规划中合理确定城市、镇的发展规模、步骤和建设标准。

第五条　【城乡规划与国民经济和社会发展规划、土地利用总体规划衔接】城市总体规划、镇总体规划以及乡规划和村庄规划的编制，应当依据国民经济和社会发展规划，并与土地利用总体规划相衔接。

……

第二章　城乡规划的制定

第十二条　【全国城镇体系规划制定】国务院城乡规划主管部门会同国务院有关部门组织编制全国城镇体系规划，用于指导省域城镇体系规划、城市总体规划的编制。

全国城镇体系规划由国务院城乡规划主管部门报国务院审批。

第十三条　【省域城镇体系规划制定】省、自治区人民政府组织编制省域城镇体系规划，报国务院审批。

省域城镇体系规划的内容应当包括：城镇空间布局和规模控制，重大基础设施的布局，为保护生态环境、资源等需要严格控制的区域。

第十四条　【城市总体规划编制】 城市人民政府组织编制城市总体规划。

直辖市的城市总体规划由直辖市人民政府报国务院审批。省、自治区人民政府所在地的城市以及国务院确定的城市的总体规划，由省、自治区人民政府审查同意后，报国务院审批。其他城市的总体规划，由城市人民政府报省、自治区人民政府审批。

第十五条　【镇总体规划编制】 县人民政府组织编制县人民政府所在地镇的总体规划，报上一级人民政府审批。其他镇的总体规划由镇人民政府组织编制，报上一级人民政府审批。

第十六条　【各级人大常委会参与规划制定】 省、自治区人民政府组织编制的省域城镇体系规划，城市、县人民政府组织编制的总体规划，在报上一级人民政府审批前，应当先经本级人民代表大会常务委员会审议，常务委员会组成人员的审议意见交由本级人民政府研究处理。

镇人民政府组织编制的镇总体规划，在报上一级人民政府审批前，应当先经镇人民代表大会审议，代表的审议意见交由本级人民政府研究处理。

规划的组织编制机关报送审批省域城镇体系规划、城市总体规划或者镇总体规划，应当将本级人民代表大会常务委员会组成人员或者镇人民代表大会代表的审议意见和根据审议意见修改规划的情况一并报送。

第十七条　【城市、镇总体规划内容和期限】 城市总体规划、镇总体规划的内容应当包括：城市、镇的发展布局，功能分区，用地布局，综合交通体系，禁止、限制和适宜建设的地域范围，各类专项规划等。

规划区范围、规划区内建设用地规模、基础设施和公共服务设施用地、水源地和水系、基本农田和绿化用地、环境保护、自然与历史文化遗产保护以及防灾减灾等内容，应当作为城市总体规划、镇总体规划的强制性内容。

城市总体规划、镇总体规划的规划期限一般为二十年。城市总体规划还应当对城市更长远的发展作出预测性安排。

第十八条　【乡规划和村庄规划的内容】乡规划、村庄规划应当从农村实际出发，尊重村民意愿，体现地方和农村特色。

乡规划、村庄规划的内容应当包括：规划区范围，住宅、道路、供水、排水、供电、垃圾收集、畜禽养殖场所等农村生产、生活服务设施、公益事业等各项建设的用地布局、建设要求，以及对耕地等自然资源和历史文化遗产保护、防灾减灾等的具体安排。乡规划还应当包括本行政区域内的村庄发展布局。

第十九条　【城市控制性详细规划】城市人民政府城乡规划主管部门根据城市总体规划的要求，组织编制城市的控制性详细规划，经本级人民政府批准后，报本级人民代表大会常务委员会和上一级人民政府备案。

第二十条　【镇控制性详细规划】镇人民政府根据镇总体规划的要求，组织编制镇的控制性详细规划，报上一级人民政府审批。县人民政府所在地镇的控制性详细规划，由县人民政府城乡规划主管部门根据镇总体规划的要求组织编制，经县人民政府批准后，报本级人民代表大会常务委员会和上一级人民政府备案。

第二十一条　【修建性详细规划】城市、县人民政府城乡规划主管部门和镇人民政府可以组织编制重要地块的修建性详细规划。修建性详细规划应当符合控制性详细规划。

第二十二条　【乡、村庄规划编制】乡、镇人民政府组织编制乡规划、村庄规划，报上一级人民政府审批。村庄规划在报送审批前，应当经村民会议或者村民代表会议讨论同意。

第二十三条　【首都总体规划和详细规划】首都的总体规划、详细规划应当统筹考虑中央国家机关用地布局和空间安排的需要。

第二十四条　【城乡规划编制单位】城乡规划组织编制机关应

当委托具有相应资质等级的单位承担城乡规划的具体编制工作。

从事城乡规划编制工作应当具备下列条件，并经国务院城乡规划主管部门或者省、自治区、直辖市人民政府城乡规划主管部门依法审查合格，取得相应等级的资质证书后，方可在资质等级许可的范围内从事城乡规划编制工作：

（一）有法人资格；

（二）有规定数量的经相关行业协会注册的规划师；

（三）有规定数量的相关专业技术人员；

（四）有相应的技术装备；

（五）有健全的技术、质量、财务管理制度。

编制城乡规划必须遵守国家有关标准。

第二十五条　【城乡规划基础资料】编制城乡规划，应当具备国家规定的勘察、测绘、气象、地震、水文、环境等基础资料。

县级以上地方人民政府有关主管部门应当根据编制城乡规划的需要，及时提供有关基础资料。

第二十六条　【公众参与城乡规划编制】城乡规划报送审批前，组织编制机关应当依法将城乡规划草案予以公告，并采取论证会、听证会或者其他方式征求专家和公众的意见。公告的时间不得少于三十日。

组织编制机关应当充分考虑专家和公众的意见，并在报送审批的材料中附具意见采纳情况及理由。

第二十七条　【专家和有关部门参与城镇规划审批】省域城镇体系规划、城市总体规划、镇总体规划批准前，审批机关应当组织专家和有关部门进行审查。

第三章　城乡规划的实施

第二十八条　【政府实施城乡规划】地方各级人民政府应当根据当地经济社会发展水平，量力而行，尊重群众意愿，有计划、分步骤地组织实施城乡规划。

第二十九条　【城市、镇和乡、村庄建设和发展实施城乡规划】 城市的建设和发展，应当优先安排基础设施以及公共服务设施的建设，妥善处理新区开发与旧区改建的关系，统筹兼顾进城务工人员生活和周边农村经济社会发展、村民生产与生活的需要。

镇的建设和发展，应当结合农村经济社会发展和产业结构调整，优先安排供水、排水、供电、供气、道路、通信、广播电视等基础设施和学校、卫生院、文化站、幼儿园、福利院等公共服务设施的建设，为周边农村提供服务。

乡、村庄的建设和发展，应当因地制宜、节约用地，发挥村民自治组织的作用，引导村民合理进行建设，改善农村生产、生活条件。

……

第三十五条　【禁止擅自改变城乡规划确定的重要用地用途】 城乡规划确定的铁路、公路、港口、机场、道路、绿地、输配电设施及输电线路走廊、通信设施、广播电视设施、管道设施、河道、水库、水源地、自然保护区、防汛通道、消防通道、核电站、垃圾填埋场及焚烧厂、污水处理厂和公共服务设施的用地以及其他需要依法保护的用地，禁止擅自改变用途。

第三十六条　【申请核发选址意见书】 按照国家规定需要有关部门批准或者核准的建设项目，以划拨方式提供国有土地使用权的，建设单位在报送有关部门批准或者核准前，应当向城乡规划主管部门申请核发选址意见书。

前款规定以外的建设项目不需要申请选址意见书。

第三十七条　【划拨建设用地程序】 在城市、镇规划区内以划拨方式提供国有土地使用权的建设项目，经有关部门批准、核准、备案后，建设单位应当向城市、县人民政府城乡规划主管部门提出建设用地规划许可申请，由城市、县人民政府城乡规划主管部门依据控制性详细规划核定建设用地的位置、面积、允许建设的范围，核发建设用地规划许可证。

建设单位在取得建设用地规划许可证后，方可向县级以上地方人民政府土地主管部门申请用地，经县级以上人民政府审批后，由土地主管部门划拨土地。

第三十八条 【国有土地使用权出让合同】 在城市、镇规划区内以出让方式提供国有土地使用权的，在国有土地使用权出让前，城市、县人民政府城乡规划主管部门应当依据控制性详细规划，提出出让地块的位置、使用性质、开发强度等规划条件，作为国有土地使用权出让合同的组成部分。未确定规划条件的地块，不得出让国有土地使用权。

以出让方式取得国有土地使用权的建设项目，建设单位在取得建设项目的批准、核准、备案文件和签订国有土地使用权出让合同后，向城市、县人民政府城乡规划主管部门领取建设用地规划许可证。

城市、县人民政府城乡规划主管部门不得在建设用地规划许可证中，擅自改变作为国有土地使用权出让合同组成部分的规划条件。

……

第四十一条 【乡村建设规划许可证】 在乡、村庄规划区内进行乡镇企业、乡村公共设施和公益事业建设的，建设单位或者个人应当向乡、镇人民政府提出申请，由乡、镇人民政府报城市、县人民政府城乡规划主管部门核发乡村建设规划许可证。

在乡、村庄规划区内使用原有宅基地进行农村村民住宅建设的规划管理办法，由省、自治区、直辖市制定。

在乡、村庄规划区内进行乡镇企业、乡村公共设施和公益事业建设以及农村村民住宅建设，不得占用农用地；确需占用农用地的，应当依照《中华人民共和国土地管理法》有关规定办理农用地转用审批手续后，由城市、县人民政府城乡规划主管部门核发乡村建设规划许可证。

建设单位或者个人在取得乡村建设规划许可证后，方可办理用地审批手续。

第四十二条 【不得超出范围作出规划许可】 城乡规划主管部门不得在城乡规划确定的建设用地范围以外作出规划许可。

……

中华人民共和国黑土地保护法

（2022年6月24日第十三届全国人民代表大会常务委员会第三十五次会议通过　2022年6月24日中华人民共和国主席令第115号公布　自2022年8月1日起施行）

第一条　为了保护黑土地资源，稳步恢复提升黑土地基础地力，促进资源可持续利用，维护生态平衡，保障国家粮食安全，制定本法。

第二条　从事黑土地保护、利用和相关治理、修复等活动，适用本法。本法没有规定的，适用土地管理等有关法律的规定。

本法所称黑土地，是指黑龙江省、吉林省、辽宁省、内蒙古自治区（以下简称四省区）的相关区域范围内具有黑色或者暗黑色腐殖质表土层，性状好、肥力高的耕地。

第三条　国家实行科学、有效的黑土地保护政策，保障黑土地保护财政投入，综合采取工程、农艺、农机、生物等措施，保护黑土地的优良生产能力，确保黑土地总量不减少、功能不退化、质量有提升、产能可持续。

第四条　黑土地保护应当坚持统筹规划、因地制宜、用养结合、近期目标与远期目标结合、突出重点、综合施策的原则，建立健全政府主导、农业生产经营者实施、社会参与的保护机制。

国务院农业农村主管部门会同自然资源、水行政等有关部门，综合考虑黑土地开垦历史和利用现状，以及黑土层厚度、土壤性状、土壤类型等，按照最有利于全面保护、综合治理和系统修复的原则，科学合理确定黑土地保护范围并适时调整，有计划、分步骤、分类别地推进黑土地保护工作。历史上属黑土地的，除确无法修复的外，原则上都应列入黑土地保护范围进行修恢复。

第五条　黑土地应当用于粮食和油料作物、糖料作物、蔬菜等农产品生产。

黑土层深厚、土壤性状良好的黑土地应当按照规定的标准划入永久基本农田，重点用于粮食生产，实行严格保护，确保数量和质量长期稳定。

第六条 国务院和四省区人民政府加强对黑土地保护工作的领导、组织、协调、监督管理，统筹制定黑土地保护政策。四省区人民政府对本行政区域内的黑土地数量、质量、生态环境负责。

县级以上地方人民政府应当建立农业农村、自然资源、水行政、发展改革、财政、生态环境等有关部门组成的黑土地保护协调机制，加强协调指导，明确工作责任，推动黑土地保护工作落实。

乡镇人民政府应当协助组织实施黑土地保护工作，向农业生产经营者推广适宜其所经营耕地的保护、治理、修复和利用措施，督促农业生产经营者履行黑土地保护义务。

第七条 各级人民政府应当加强黑土地保护宣传教育，提高全社会的黑土地保护意识。

对在黑土地保护工作中做出突出贡献的单位和个人，按照国家有关规定给予表彰和奖励。

第八条 国务院标准化主管部门和农业农村、自然资源、水行政等主管部门按照职责分工，制定和完善黑土地质量和其他保护标准。

第九条 国家建立健全黑土地调查和监测制度。

县级以上人民政府自然资源主管部门会同有关部门开展土地调查时，同步开展黑土地类型、分布、数量、质量、保护和利用状况等情况的调查，建立黑土地档案。

国务院农业农村、水行政等主管部门会同四省区人民政府建立健全黑土地质量监测网络，加强对黑土地土壤性状、黑土层厚度、水蚀、风蚀等情况的常态化监测，建立黑土地质量动态变化数据库，并做好信息共享工作。

第十条 县级以上人民政府应当将黑土地保护工作纳入国民经济和社会发展规划。

国土空间规划应当充分考虑保护黑土地及其周边生态环境，合理布局各类用途土地，以利于黑土地水蚀、风蚀等的预防和治理。

县级以上人民政府农业农村主管部门会同有关部门以调查和监测为基础、体现整体集中连片治理，编制黑土地保护规划，明确保护范围、目标任务、技术模式、保障措施等，遏制黑土地退化趋势，提升黑土地质量，改善黑土地生态环境。县级黑土地保护规划应当与国土空间规划相衔接，落实到黑土地具体地块，并向社会公布。

第十一条 国家采取措施加强黑土地保护的科技支撑能力建设，将黑土地保护、治理、修复和利用的科技创新作为重点支持领域；鼓励高等学校、科研机构和农业技术推广机构等协同开展科技攻关。县级以上人民政府应当鼓励和支持水土保持、防风固沙、土壤改良、地力培肥、生态保护等科学研究和科研成果推广应用。

有关耕地质量监测保护和农业技术推广机构应当对农业生产经营者保护黑土地进行技术培训、提供指导服务。

国家鼓励企业、高等学校、职业学校、科研机构、科学技术社会团体、农民专业合作社、农业社会化服务组织、农业科技人员等开展黑土地保护相关技术服务。

国家支持开展黑土地保护国际合作与交流。

第十二条 县级以上人民政府应当采取以下措施加强黑土地农田基础设施建设：

（一）加强农田水利工程建设，完善水田、旱地灌排体系；

（二）加强田块整治，修复沟毁耕地，合理划分适宜耕作田块；

（三）加强坡耕地、侵蚀沟水土保持工程建设；

（四）合理规划修建机耕路、生产路；

（五）建设农田防护林网；

（六）其他黑土地保护措施。

第十三条 县级以上人民政府应当推广科学的耕作制度，采取以下措施提高黑土地质量：

（一）因地制宜实行轮作等用地养地相结合的种植制度，按照国家有关规定推广适度休耕；

（二）因地制宜推广免（少）耕、深松等保护性耕作技术，推广适宜的农业机械；

（三）因地制宜推广秸秆覆盖、粉碎深（翻）埋、过腹转化等还田方式；

（四）组织实施测土配方施肥，科学减少化肥施用量，鼓励增施有机肥料，推广土壤生物改良等技术；

（五）推广生物技术或者生物制剂防治病虫害等绿色防控技术，科学减少化学农药、除草剂使用量，合理使用农用薄膜等农业生产资料；

（六）其他黑土地质量提升措施。

第十四条 国家鼓励采取综合性措施，预防和治理水土流失，防止黑土地土壤侵蚀、土地沙化和盐渍化，改善和修复农田生态环境。

县级以上人民政府应当开展侵蚀沟治理，实施沟头沟坡沟底加固防护，因地制宜组织在侵蚀沟的沟坡和沟岸、黑土地周边河流两岸、湖泊和水库周边等区域营造植物保护带或者采取其他措施，防止侵蚀沟变宽变深变长。

县级以上人民政府应当按照因害设防、合理管护、科学布局的原则，制定农田防护林建设计划，组织沿农田道路、沟渠等种植农田防护林，防止违背自然规律造林绿化。农田防护林只能进行抚育、更新性质的采伐，确保防护林功能不减退。

县级以上人民政府应当组织开展防沙治沙，加强黑土地周边的沙漠和沙化土地治理，防止黑土地沙化。

第十五条 县级以上人民政府应当加强黑土地生态保护和黑土地周边林地、草原、湿地的保护修复，推动荒山荒坡治理，提升自然生态系统涵养水源、保持水土、防风固沙、维护生物多样性等生态功能，维持有利于黑土地保护的自然生态环境。

第十六条 县级人民政府应当依据黑土地调查和监测数据，并结合土壤类型和质量等级、气候特点、环境状况等实际情况，对本行政区域内的黑土地进行科学分区，制定并组织实施黑土地质量提升计划，因地制宜合理采取保护、治理、修复和利用的精细化措施。

第十七条 国有农场应当对其经营管理范围内的黑土地加强保护，充分发挥示范作用，并依法接受监督检查。

农村集体经济组织、村民委员会和村民小组应当依法发包农村土地，监督承包方依照承包合同约定的用途合理利用和保护黑土地，制止承包方损害黑土地等行为。

农村集体经济组织、农业企业、农民专业合作社、农户等应当十分珍惜和合理利用黑土地，加强农田基础设施建设，因地制宜应用保护性耕作等技术，积极采取提升黑土地质量和改善农田生态环境的养护措施，依法保护黑土地。

第十八条 农业投入品生产者、经营者和使用者应当依法对农药、肥料、农用薄膜等农业投入品的包装物、废弃物进行回收以及资源化利用或者无害化处理，不得随意丢弃，防止黑土地污染。

县级人民政府应当采取措施，支持农药、肥料、农用薄膜等农业投入品包装物、废弃物的回收以及资源化利用或者无害化处理。

第十九条 从事畜禽养殖的单位和个人，应当科学开展畜禽粪污无害化处理和资源化利用，以畜禽粪污就地就近还田利用为重点，促进黑土地绿色种养循环农业发展。

县级以上人民政府应当支持开展畜禽粪污无害化处理和资源化利用。

第二十条 任何组织和个人不得破坏黑土地资源和生态环境。禁止盗挖、滥挖和非法买卖黑土。国务院自然资源主管部门会同农业农村、水行政、公安、交通运输、市场监督管理等部门应当建立健全保护黑土地资源监督管理制度，提高对盗挖、滥挖、非法买卖黑土和其他破坏黑土地资源、生态环境行为的综合治理能力。

第二十一条 建设项目不得占用黑土地；确需占用的，应当依法严格审批，并补充数量和质量相当的耕地。

建设项目占用黑土地的，应当按照规定的标准对耕作层的土壤进行剥离。剥离的黑土应当就近用于新开垦耕地和劣质耕地改良、被污染耕地的治理、高标准农田建设、土地复垦等。建设项目主体应当制定剥离黑土的再利用方案，报自然资源主管部门备案。具体办法由四省区人民政府分别制定。

第二十二条 国家建立健全黑土地保护财政投入保障制度。县级以上人民政府应当将黑土地保护资金纳入本级预算。

国家加大对黑土地保护措施奖补资金的倾斜力度，建立长期稳定的奖励补助机制。

县级以上地方人民政府应当将黑土地保护作为土地使用权出让收入用于农业农村投入的重点领域，并加大投入力度。

国家组织开展高标准农田、农田水利、水土保持、防沙治沙、农田防护林、土地复垦等建设活动，在项目资金安排上积极支持黑土地保护需要。县级人民政府可以按照国家有关规定统筹使用涉农资金用于黑土地保护，提高财政资金使用效益。

第二十三条 国家实行用养结合、保护效果导向的激励政策，对采取黑土地保护和治理修复措施的农业生产经营者按照国家有关规定给予奖励补助。

第二十四条 国家鼓励粮食主销区通过资金支持、与四省区建立稳定粮食购销关系等经济合作方式参与黑土地保护，建立健全黑土地跨区域投入保护机制。

第二十五条 国家按照政策支持、社会参与、市场化运作的原则，鼓励社会资本投入黑土地保护活动，并保护投资者的合法权益。

国家鼓励保险机构开展黑土地保护相关保险业务。

国家支持农民专业合作社、企业等以多种方式与农户建立利益联结机制和社会化服务机制，发展适度规模经营，推动农产品品质提升、品牌打造和标准化生产，提高黑土地产出效益。

第二十六条 国务院对四省区人民政府黑土地保护责任落实情况进行考核，将黑土地保护情况纳入耕地保护责任目标。

第二十七条 县级以上人民政府自然资源、农业农村、水行政等有关部门按照职责，依法对黑土地保护和质量建设情况联合开展监督检查。

第二十八条　县级以上人民政府应当向本级人民代表大会或者其常务委员会报告黑土地保护情况，依法接受监督。

第二十九条　违反本法规定，国务院农业农村、自然资源等有关部门、县级以上地方人民政府及其有关部门有下列行为之一的，对直接负责的主管人员和其他直接责任人员给予警告、记过或者记大过处分；情节较重的，给予降级或者撤职处分；情节严重的，给予开除处分：

（一）截留、挪用或者未按照规定使用黑土地保护资金；

（二）对破坏黑土地的行为，发现或者接到举报未及时查处；

（三）其他不依法履行黑土地保护职责导致黑土地资源和生态环境遭受破坏的行为。

第三十条　非法占用或者损毁黑土地农田基础设施的，由县级以上地方人民政府农业农村、水行政等部门责令停止违法行为，限期恢复原状，处恢复费用一倍以上三倍以下罚款。

第三十一条　违法将黑土地用于非农建设的，依照土地管理等有关法律法规的规定从重处罚。

违反法律法规规定，造成黑土地面积减少、质量下降、功能退化或者生态环境损害的，应当依法治理修复、赔偿损失。

农业生产经营者未尽到黑土地保护义务，经批评教育仍不改正的，可以不予发放耕地保护相关补贴。

第三十二条　违反本法第二十条规定，盗挖、滥挖黑土的，依照土地管理等有关法律法规的规定从重处罚。

非法出售黑土的，由县级以上地方人民政府市场监督管理、农业农村、自然资源等部门按照职责分工没收非法出售的黑土和违法所得，并处每立方米五百元以上五千元以下罚款；明知是非法出售的黑土而购买的，没收非法购买的黑土，并处货值金额一倍以上三倍以下罚款。

第三十三条　违反本法第二十一条规定，建设项目占用黑土地未对耕作层的土壤实施剥离的，由县级以上地方人民政府自然资源主管部门处每平方米一百元以上二百元以下罚款；未按照规定的标准对耕作层的土壤实施剥离的，处每平方米五十元以上一百元以下罚款。

第三十四条 拒绝、阻碍对黑土地保护情况依法进行监督检查的，由县级以上地方人民政府有关部门责令改正；拒不改正的，处二千元以上二万元以下罚款。

第三十五条 造成黑土地污染、水土流失的，分别依照污染防治、水土保持等有关法律法规的规定从重处罚。

第三十六条 违反本法规定，构成犯罪的，依法追究刑事责任。

第三十七条 林地、草原、湿地、河湖等范围内黑土的保护，适用《中华人民共和国森林法》、《中华人民共和国草原法》、《中华人民共和国湿地保护法》、《中华人民共和国水法》等有关法律；有关法律对盗挖、滥挖、非法买卖黑土未作规定的，参照本法第三十二条的规定处罚。

第三十八条 本法自2022年8月1日起施行。

中华人民共和国农村土地承包法

（2002年8月29日第九届全国人民代表大会常务委员会第二十九次会议通过　根据2009年8月27日第十一届全国人民代表大会常务委员会第十次会议《关于修改部分法律的决定》第一次修正　根据2018年12月29日第十三届全国人民代表大会常务委员会第七次会议《关于修改〈中华人民共和国农村土地承包法〉的决定》第二次修正）

第一章　总　　则

第一条　【立法目的】 为了巩固和完善以家庭承包经营为基础、统分结合的双层经营体制，保持农村土地承包关系稳定并长久不变，维护农村土地承包经营当事人的合法权益，促进农业、农村经济发展和农村社会和谐稳定，根据宪法，制定本法。

第二条　【农村土地范围】本法所称农村土地，是指农民集体所有和国家所有依法由农民集体使用的耕地、林地、草地，以及其他依法用于农业的土地。

第三条　【农村土地承包经营制度】国家实行农村土地承包经营制度。

农村土地承包采取农村集体经济组织内部的家庭承包方式，不宜采取家庭承包方式的荒山、荒沟、荒丘、荒滩等农村土地，可以采取招标、拍卖、公开协商等方式承包。

第四条　【农村土地承包后土地所有权性质不变】农村土地承包后，土地的所有权性质不变。承包地不得买卖。

第五条　【承包权的主体及对承包权的保护】农村集体经济组织成员有权依法承包由本集体经济组织发包的农村土地。

任何组织和个人不得剥夺和非法限制农村集体经济组织成员承包土地的权利。

第六条　【土地承包经营权男女平等】农村土地承包，妇女与男子享有平等的权利。承包中应当保护妇女的合法权益，任何组织和个人不得剥夺、侵害妇女应当享有的土地承包经营权。

第七条　【公开、公平、公正原则】农村土地承包应当坚持公开、公平、公正的原则，正确处理国家、集体、个人三者的利益关系。

第八条　【集体土地所有者和承包方合法权益的保护】国家保护集体土地所有者的合法权益，保护承包方的土地承包经营权，任何组织和个人不得侵犯。

第九条　【三权分置】承包方承包土地后，享有土地承包经营权，可以自己经营，也可以保留土地承包权，流转其承包地的土地经营权，由他人经营。

第十条　【土地经营权流转的保护】国家保护承包方依法、自愿、有偿流转土地经营权，保护土地经营权人的合法权益，任何组织和个人不得侵犯。

第十一条　【土地资源的保护】农村土地承包经营应当遵守法

律、法规，保护土地资源的合理开发和可持续利用。未经依法批准不得将承包地用于非农建设。

国家鼓励增加对土地的投入，培肥地力，提高农业生产能力。

第十二条 【土地承包管理部门】国务院农业农村、林业和草原主管部门分别依照国务院规定的职责负责全国农村土地承包经营及承包经营合同管理的指导。

县级以上地方人民政府农业农村、林业和草原等主管部门分别依照各自职责，负责本行政区域内农村土地承包经营及承包经营合同管理。

乡（镇）人民政府负责本行政区域内农村土地承包经营及承包经营合同管理。

第二章 家庭承包

第一节 发包方和承包方的权利和义务

第十三条 【发包主体】农民集体所有的土地依法属于村农民集体所有的，由村集体经济组织或者村民委员会发包；已经分别属于村内两个以上农村集体经济组织的农民集体所有的，由村内各该农村集体经济组织或者村民小组发包。村集体经济组织或者村民委员会发包的，不得改变村内各集体经济组织农民集体所有的土地的所有权。

国家所有依法由农民集体使用的农村土地，由使用该土地的农村集体经济组织、村民委员会或者村民小组发包。

第十四条 【发包方的权利】发包方享有下列权利：

（一）发包本集体所有的或者国家所有依法由本集体使用的农村土地；

（二）监督承包方依照承包合同约定的用途合理利用和保护土地；

（三）制止承包方损害承包地和农业资源的行为；

（四）法律、行政法规规定的其他权利。

第十五条　【发包方的义务】发包方承担下列义务：

（一）维护承包方的土地承包经营权，不得非法变更、解除承包合同；

（二）尊重承包方的生产经营自主权，不得干涉承包方依法进行正常的生产经营活动；

（三）依照承包合同约定为承包方提供生产、技术、信息等服务；

（四）执行县、乡（镇）土地利用总体规划，组织本集体经济组织内的农业基础设施建设；

（五）法律、行政法规规定的其他义务。

第十六条　【承包主体和家庭成员平等享有权益】家庭承包的承包方是本集体经济组织的农户。

农户内家庭成员依法平等享有承包土地的各项权益。

第十七条　【承包方的权利】承包方享有下列权利：

（一）依法享有承包地使用、收益的权利，有权自主组织生产经营和处置产品；

（二）依法互换、转让土地承包经营权；

（三）依法流转土地经营权；

（四）承包地被依法征收、征用、占用的，有权依法获得相应的补偿；

（五）法律、行政法规规定的其他权利。

第十八条　【承包方的义务】承包方承担下列义务：

（一）维持土地的农业用途，未经依法批准不得用于非农建设；

（二）依法保护和合理利用土地，不得给土地造成永久性损害；

（三）法律、行政法规规定的其他义务。

第二节　承包的原则和程序

第十九条　【土地承包的原则】土地承包应当遵循以下原则：

（一）按照规定统一组织承包时，本集体经济组织成员依法平等地行使承包土地的权利，也可以自愿放弃承包土地的权利；

（二）民主协商，公平合理；

（三）承包方案应当按照本法第十三条的规定，依法经本集体经济组织成员的村民会议三分之二以上成员或者三分之二以上村民代表的同意；

（四）承包程序合法。

第二十条　【土地承包的程序】 土地承包应当按照以下程序进行：

（一）本集体经济组织成员的村民会议选举产生承包工作小组；

（二）承包工作小组依照法律、法规的规定拟订并公布承包方案；

（三）依法召开本集体经济组织成员的村民会议，讨论通过承包方案；

（四）公开组织实施承包方案；

（五）签订承包合同。

第三节　承包期限和承包合同

第二十一条　【承包期限】 耕地的承包期为三十年。草地的承包期为三十年至五十年。林地的承包期为三十年至七十年。

前款规定的耕地承包期届满后再延长三十年，草地、林地承包期届满后依照前款规定相应延长。

第二十二条　【承包合同】 发包方应当与承包方签订书面承包合同。

承包合同一般包括以下条款：

（一）发包方、承包方的名称，发包方负责人和承包方代表的姓名、住所；

（二）承包土地的名称、坐落、面积、质量等级；

（三）承包期限和起止日期；

（四）承包土地的用途；

（五）发包方和承包方的权利和义务；

（六）违约责任。

第二十三条　【承包合同的生效】承包合同自成立之日起生效。承包方自承包合同生效时取得土地承包经营权。

第二十四条　【土地承包经营权登记】国家对耕地、林地和草地等实行统一登记，登记机构应当向承包方颁发土地承包经营权证或者林权证等证书，并登记造册，确认土地承包经营权。

土地承包经营权证或者林权证等证书应当将具有土地承包经营权的全部家庭成员列入。

登记机构除按规定收取证书工本费外，不得收取其他费用。

第二十五条　【承包合同的稳定性】承包合同生效后，发包方不得因承办人或者负责人的变动而变更或者解除，也不得因集体经济组织的分立或者合并而变更或者解除。

第二十六条　【严禁国家机关及其工作人员利用职权干涉农村土地承包或者变更、解除承包合同】国家机关及其工作人员不得利用职权干涉农村土地承包或者变更、解除承包合同。

第四节　土地承包经营权的保护和互换、转让

第二十七条　【承包期内承包地的交回和收回】承包期内，发包方不得收回承包地。

国家保护进城农户的土地承包经营权。不得以退出土地承包经营权作为农户进城落户的条件。

承包期内，承包农户进城落户的，引导支持其按照自愿有偿原则依法在本集体经济组织内转让土地承包经营权或者将承包地交回发包方，也可以鼓励其流转土地经营权。

承包期内，承包方交回承包地或者发包方依法收回承包地时，承包方对其在承包地上投入而提高土地生产能力的，有权获得相应的补偿。

第二十八条　【承包期内承包地的调整】承包期内，发包方不得调整承包地。

承包期内，因自然灾害严重毁损承包地等特殊情形对个别农户之间承包的耕地和草地需要适当调整的，必须经本集体经济组织成员的村民会议三分之二以上成员或者三分之二以上村民代表的同意，并报乡（镇）人民政府和县级人民政府农业农村、林业和草原等主管部门批准。承包合同中约定不得调整的，按照其约定。

第二十九条　【用于调整承包土地或者承包给新增人口的土地】下列土地应当用于调整承包土地或者承包给新增人口：

（一）集体经济组织依法预留的机动地；

（二）通过依法开垦等方式增加的；

（三）发包方依法收回和承包方依法、自愿交回的。

第三十条　【承包期内承包方自愿将承包地交回发包方的处理】承包期内，承包方可以自愿将承包地交回发包方。承包方自愿交回承包地的，可以获得合理补偿，但是应当提前半年以书面形式通知发包方。承包方在承包期内交回承包地的，在承包期内不得再要求承包土地。

第三十一条　【妇女婚姻关系变动对土地承包的影响】承包期内，妇女结婚，在新居住地未取得承包地的，发包方不得收回其原承包地；妇女离婚或者丧偶，仍在原居住地生活或者不在原居住地生活但在新居住地未取得承包地的，发包方不得收回其原承包地。

第三十二条　【承包收益和林地承包权的继承】承包人应得的承包收益，依照继承法的规定继承。

林地承包的承包人死亡，其继承人可以在承包期内继续承包。

第三十三条　【土地承包经营权的互换】承包方之间为方便耕种或者各自需要，可以对属于同一集体经济组织的土地的土地承包经营权进行互换，并向发包方备案。

第三十四条　【土地承包经营权的转让】经发包方同意，承包方可以将全部或者部分的土地承包经营权转让给本集体经济组织的其他农户，由该农户同发包方确立新的承包关系，原承包方与发包方在该土地上的承包关系即行终止。

第三十五条　【土地承包经营权互换、转让的登记】土地承包经营权互换、转让的，当事人可以向登记机构申请登记。未经登记，不得对抗善意第三人。

第五节　土地经营权

第三十六条　【土地经营权设立】承包方可以自主决定依法采取出租（转包）、入股或者其他方式向他人流转土地经营权，并向发包方备案。

第三十七条　【土地经营权人的基本权利】土地经营权人有权在合同约定的期限内占有农村土地，自主开展农业生产经营并取得收益。

第三十八条　【土地经营权流转的原则】土地经营权流转应当遵循以下原则：

（一）依法、自愿、有偿，任何组织和个人不得强迫或者阻碍土地经营权流转；

（二）不得改变土地所有权的性质和土地的农业用途，不得破坏农业综合生产能力和农业生态环境；

（三）流转期限不得超过承包期的剩余期限；

（四）受让方须有农业经营能力或者资质；

（五）在同等条件下，本集体经济组织成员享有优先权。

第三十九条　【土地经营权流转价款】土地经营权流转的价款，应当由当事人双方协商确定。流转的收益归承包方所有，任何组织和个人不得擅自截留、扣缴。

第四十条　【土地经营权流转合同】土地经营权流转，当事人双方应当签订书面流转合同。

土地经营权流转合同一般包括以下条款：

（一）双方当事人的姓名、住所；

（二）流转土地的名称、坐落、面积、质量等级；

（三）流转期限和起止日期；

（四）流转土地的用途；

（五）双方当事人的权利和义务；

（六）流转价款及支付方式；

（七）土地被依法征收、征用、占用时有关补偿费的归属；

（八）违约责任。

承包方将土地交由他人代耕不超过一年的，可以不签订书面合同。

第四十一条　【土地经营权流转的登记】土地经营权流转期限为五年以上的，当事人可以向登记机构申请土地经营权登记。未经登记，不得对抗善意第三人。

第四十二条　【土地经营权流转合同单方解除权】承包方不得单方解除土地经营权流转合同，但受让方有下列情形之一的除外：

（一）擅自改变土地的农业用途；

（二）弃耕抛荒连续两年以上；

（三）给土地造成严重损害或者严重破坏土地生态环境；

（四）其他严重违约行为。

第四十三条　【土地经营权受让方依法投资并获得补偿】经承包方同意，受让方可以依法投资改良土壤，建设农业生产附属、配套设施，并按照合同约定对其投资部分获得合理补偿。

第四十四条　【承包方流转土地经营权后与发包方承包关系不变】承包方流转土地经营权的，其与发包方的承包关系不变。

第四十五条　【建立社会资本取得土地经营权的资格审查等制度】县级以上地方人民政府应当建立工商企业等社会资本通过流转取得土地经营权的资格审查、项目审核和风险防范制度。

工商企业等社会资本通过流转取得土地经营权的，本集体经济组织可以收取适量管理费用。

具体办法由国务院农业农村、林业和草原主管部门规定。

第四十六条　【土地经营权的再流转】经承包方书面同意，并向本集体经济组织备案，受让方可以再流转土地经营权。

第四十七条　【土地经营权融资担保】承包方可以用承包地的土地经营权向金融机构融资担保，并向发包方备案。受让方通过流转取得的土地经营权，经承包方书面同意并向发包方备案，可以向金融机构融资担保。

担保物权自融资担保合同生效时设立。当事人可以向登记机构申请登记；未经登记，不得对抗善意第三人。

实现担保物权时，担保物权人有权就土地经营权优先受偿。

土地经营权融资担保办法由国务院有关部门规定。

第三章 其他方式的承包

第四十八条 【其他承包方式】 不宜采取家庭承包方式的荒山、荒沟、荒丘、荒滩等农村土地，通过招标、拍卖、公开协商等方式承包的，适用本章规定。

第四十九条 【以其他方式承包农村土地时承包合同的签订】 以其他方式承包农村土地的，应当签订承包合同，承包方取得土地经营权。当事人的权利和义务、承包期限等，由双方协商确定。以招标、拍卖方式承包的，承包费通过公开竞标、竞价确定；以公开协商等方式承包的，承包费由双方议定。

第五十条 【荒山、荒沟、荒丘、荒滩等的承包经营方式】 荒山、荒沟、荒丘、荒滩等可以直接通过招标、拍卖、公开协商等方式实行承包经营，也可以将土地经营权折股分给本集体经济组织成员后，再实行承包经营或者股份合作经营。

承包荒山、荒沟、荒丘、荒滩的，应当遵守有关法律、行政法规的规定，防止水土流失，保护生态环境。

第五十一条 【本集体经济组织成员有权优先承包】 以其他方式承包农村土地，在同等条件下，本集体经济组织成员有权优先承包。

第五十二条 【将农村土地发包给本集体经济组织以外的单位或者个人承包的程序】 发包方将农村土地发包给本集体经济组织以外的单位或者个人承包，应当事先经本集体经济组织成员的村民会议三分之二以上成员或者三分之二以上村民代表的同意，并报乡（镇）人民政府批准。

由本集体经济组织以外的单位或者个人承包的，应当对承包方的资信情况和经营能力进行审查后，再签订承包合同。

第五十三条　【以其他方式承包农村土地后，土地经营权的流转】通过招标、拍卖、公开协商等方式承包农村土地，经依法登记取得权属证书的，可以依法采取出租、入股、抵押或者其他方式流转土地经营权。

第五十四条　【以其他方式取得的土地承包经营权的继承】依照本章规定通过招标、拍卖、公开协商等方式取得土地经营权的，该承包人死亡，其应得的承包收益，依照继承法的规定继承；在承包期内，其继承人可以继续承包。

第四章　争议的解决和法律责任

第五十五条　【土地承包经营纠纷的解决方式】因土地承包经营发生纠纷的，双方当事人可以通过协商解决，也可以请求村民委员会、乡（镇）人民政府等调解解决。

当事人不愿协商、调解或者协商、调解不成的，可以向农村土地承包仲裁机构申请仲裁，也可以直接向人民法院起诉。

第五十六条　【侵害土地承包经营权、土地经营权应当承担民事责任】任何组织和个人侵害土地承包经营权、土地经营权的，应当承担民事责任。

第五十七条　【发包方的民事责任】发包方有下列行为之一的，应当承担停止侵害、排除妨碍、消除危险、返还财产、恢复原状、赔偿损失等民事责任：

（一）干涉承包方依法享有的生产经营自主权；

（二）违反本法规定收回、调整承包地；

（三）强迫或者阻碍承包方进行土地承包经营权的互换、转让或者土地经营权流转；

（四）假借少数服从多数强迫承包方放弃或者变更土地承包经营权；

（五）以划分“口粮田”和“责任田”等为由收回承包地搞招标承包；

（六）将承包地收回抵顶欠款；

（七）剥夺、侵害妇女依法享有的土地承包经营权；

（八）其他侵害土地承包经营权的行为。

第五十八条　【承包合同中无效的约定】承包合同中违背承包方意愿或者违反法律、行政法规有关不得收回、调整承包地等强制性规定的约定无效。

第五十九条　【违约责任】当事人一方不履行合同义务或者履行义务不符合约定的，应当依法承担违约责任。

第六十条　【无效的土地承包经营权互换、转让或土地经营权流转】任何组织和个人强迫进行土地承包经营权互换、转让或者土地经营权流转的，该互换、转让或者流转无效。

第六十一条　【擅自截留、扣缴土地承包经营权互换、转让或土地经营权流转收益的处理】任何组织和个人擅自截留、扣缴土地承包经营权互换、转让或者土地经营权流转收益的，应当退还。

第六十二条　【非法征收、征用、占用土地或者贪污、挪用土地征收、征用补偿费用的法律责任】违反土地管理法规，非法征收、征用、占用土地或者贪污、挪用土地征收、征用补偿费用，构成犯罪的，依法追究刑事责任；造成他人损害的，应当承担损害赔偿等责任。

第六十三条　【违法将承包地用于非农建设或者给承包地造成永久性损害的法律责任】承包方、土地经营权人违法将承包地用于非农建设的，由县级以上地方人民政府有关主管部门依法予以处罚。

承包方给承包地造成永久性损害的，发包方有权制止，并有权要求赔偿由此造成的损失。

第六十四条　【土地经营权人的民事责任】土地经营权人擅自改变土地的农业用途、弃耕抛荒连续两年以上、给土地造成严重损害或者严重破坏土地生态环境，承包方在合理期限内不解除土地经营权流转合同的，发包方有权要求终止土地经营权流转合同。土地经营权人对土地和土地生态环境造成的损害应当予以赔偿。

第六十五条　【国家机关及其工作人员利用职权侵害土地承包经营权、土地经营权行为的法律责任】国家机关及其工作人员有利用职权干涉农村土地承包经营，变更、解除承包经营合同，干涉承包经营当事人依法享有的生产经营自主权，强迫、阻碍承包经营当事人进行土地承包经营权互换、转让或者土地经营权流转等侵害土地承包经营权、土地经营权的行为，给承包经营当事人造成损失的，应当承担损害赔偿等责任；情节严重的，由上级机关或者所在单位给予直接责任人员处分；构成犯罪的，依法追究刑事责任。

第五章　附　　则

第六十六条　【本法实施前的农村土地承包继续有效】本法实施前已经按照国家有关农村土地承包的规定承包，包括承包期限长于本法规定的，本法实施后继续有效，不得重新承包土地。未向承包方颁发土地承包经营权证或者林权证等证书的，应当补发证书。

第六十七条　【机动地的预留】本法实施前已经预留机动地的，机动地面积不得超过本集体经济组织耕地总面积的百分之五。不足百分之五的，不得再增加机动地。

本法实施前未留机动地的，本法实施后不得再留机动地。

第六十八条　【实施办法的制定】各省、自治区、直辖市人民代表大会常务委员会可以根据本法，结合本行政区域的实际情况，制定实施办法。

第六十九条　【农村集体经济组织成员身份的确认】确认农村集体经济组织成员身份的原则、程序等，由法律、法规规定。

第七十条　【施行时间】本法自 2003 年 3 月 1 日起施行。

中华人民共和国
城市房地产管理法（节录）

（1994 年 7 月 5 日第八届全国人民代表大会常务委员会第八次会议通过　根据 2007 年 8 月 30 日第十届全国人民代表大会常务委员会第二十九次会议《关于修改〈中华人民共和国城市房地产管理法〉的决定》第一次修正　根据 2009 年 8 月 27 日第十一届全国人民代表大会常务委员会第十次会议《关于修改部分法律的决定》第二次修正　根据 2019 年 8 月 26 日第十三届全国人民代表大会常务委员会第十二次会议《关于修改〈中华人民共和国土地管理法〉、〈中华人民共和国城市房地产管理法〉的决定》第三次修正）

……

第二章　房地产开发用地

第一节　土地使用权出让

第八条　【土地使用权出让的定义】土地使用权出让，是指国家将国有土地使用权（以下简称土地使用权）在一定年限内出让给土地使用者，由土地使用者向国家支付土地使用权出让金的行为。

第九条　【集体所有土地征收与出让】城市规划区内的集体所有的土地，经依法征收转为国有土地后，该幅国有土地的使用权方可有偿出让，但法律另有规定的除外。

第十条　【土地使用权出让宏观管理】土地使用权出让，必须符合土地利用总体规划、城市规划和年度建设用地计划。

第十一条　【年度出让土地使用权总量控制】县级以上地方人民政府出让土地使用权用于房地产开发的，须根据省级以上人民政府下达的控制指标拟订年度出让土地使用权总面积方案，按照国务院规定，报国务院或者省级人民政府批准。

第十二条　【土地使用权出让主体】土地使用权出让，由市、县人民政府有计划、有步骤地进行。出让的每幅地块、用途、年限和其他条件，由市、县人民政府土地管理部门会同城市规划、建设、房产管理部门共同拟定方案，按照国务院规定，报经有批准权的人民政府批准后，由市、县人民政府土地管理部门实施。

直辖市的县人民政府及其有关部门行使前款规定的权限，由直辖市人民政府规定。

第十三条　【土地使用权出让方式】土地使用权出让，可以采取拍卖、招标或者双方协议的方式。

商业、旅游、娱乐和豪华住宅用地，有条件的，必须采取拍卖、招标方式；没有条件，不能采取拍卖、招标方式的，可以采取双方协议的方式。

采取双方协议方式出让土地使用权的出让金不得低于按国家规定所确定的最低价。

第十四条　【土地使用权出让最高年限】土地使用权出让最高年限由国务院规定。

第十五条　【土地使用权出让合同】土地使用权出让，应当签订书面出让合同。

土地使用权出让合同由市、县人民政府土地管理部门与土地使用者签订。

第十六条　【支付出让金】土地使用者必须按照出让合同约定，支付土地使用权出让金；未按照出让合同约定支付土地使用权出让金的，土地管理部门有权解除合同，并可以请求违约赔偿。

第十七条　【提供出让土地】土地使用者按照出让合同约定支付土地使用权出让金的，市、县人民政府土地管理部门必须按照出让合同约定，提供出让的土地；未按照出让合同约定提供出让的土地的，土地使用者有权解除合同，由土地管理部门返还土地使用权出让金，土地使用者并可以请求违约赔偿。

第十八条　【土地用途的变更】土地使用者需要改变土地使用权出让合同约定的土地用途的，必须取得出让方和市、县人民政府城市规划行政主管部门的同意，签订土地使用权出让合同变更协议或者重新签订土地使用权出让合同，相应调整土地使用权出让金。

第十九条　【土地使用权出让金的管理】土地使用权出让金应当全部上缴财政，列入预算，用于城市基础设施建设和土地开发。土地使用权出让金上缴和使用的具体办法由国务院规定。

第二十条　【出让土地使用权的提前收回】国家对土地使用者依法取得的土地使用权，在出让合同约定的使用年限届满前不收回；在特殊情况下，根据社会公共利益的需要，可以依照法律程序提前收回，并根据土地使用者使用土地的实际年限和开发土地的实际情况给予相应的补偿。

第二十一条　【土地使用权终止】土地使用权因土地灭失而终止。

第二十二条　【土地使用权出让年限届满】土地使用权出让合同约定的使用年限届满，土地使用者需要继续使用土地的，应当至迟于届满前一年申请续期，除根据社会公共利益需要收回该幅土地的，应当予以批准。经批准准予续期的，应当重新签订土地使用权出让合同，依照规定支付土地使用权出让金。

土地使用权出让合同约定的使用年限届满，土地使用者未申请续期或者虽申请续期但依照前款规定未获批准的，土地使用权由国家无偿收回。

第二节　土地使用权划拨

第二十三条　【土地使用权划拨的定义】土地使用权划拨，是指县级以上人民政府依法批准，在土地使用者缴纳补偿、安置等费用后将该幅土地交付其使用，或者将土地使用权无偿交付给土地使用者使用的行为。

依照本法规定以划拨方式取得土地使用权的，除法律、行政法规另有规定外，没有使用期限的限制。

第二十四条　【土地使用权划拨范围】下列建设用地的土地使用权，确属必需的，可以由县级以上人民政府依法批准划拨：

（一）国家机关用地和军事用地；

（二）城市基础设施用地和公益事业用地；

（三）国家重点扶持的能源、交通、水利等项目用地；

（四）法律、行政法规规定的其他用地。

第三章　房地产开发

第二十五条　【房地产开发基本原则】房地产开发必须严格执行城市规划，按照经济效益、社会效益、环境效益相统一的原则，实行全面规划、合理布局、综合开发、配套建设。

第二十六条　【开发土地期限】以出让方式取得土地使用权进行房地产开发的，必须按照土地使用权出让合同约定的土地用途、动工开发期限开发土地。超过出让合同约定的动工开发日期满一年未动工开发的，可以征收相当于土地使用权出让金百分之二十以下的土地闲置费；满二年未动工开发的，可以无偿收回土地使用权；但是，因不可抗力或者政府、政府有关部门的行为或者动工开发必需的前期工作造成动工开发迟延的除外。

第二十七条　【房地产开发项目设计、施工和竣工】房地产开发项目的设计、施工，必须符合国家的有关标准和规范。

房地产开发项目竣工，经验收合格后，方可交付使用。

第二十八条　【土地使用权作价】依法取得的土地使用权，可以依照本法和有关法律、行政法规的规定，作价入股，合资、合作开发经营房地产。

第二十九条　【开发居民住宅的鼓励和扶持】 国家采取税收等方面的优惠措施鼓励和扶持房地产开发企业开发建设居民住宅。

第三十条　【房地产开发企业的设立】 房地产开发企业是以营利为目的，从事房地产开发和经营的企业。设立房地产开发企业，应当具备下列条件：

（一）有自己的名称和组织机构；

（二）有固定的经营场所；

（三）有符合国务院规定的注册资本；

（四）有足够的专业技术人员；

（五）法律、行政法规规定的其他条件。

设立房地产开发企业，应当向工商行政管理部门申请设立登记。工商行政管理部门对符合本法规定条件的，应当予以登记，发给营业执照；对不符合本法规定条件的，不予登记。

设立有限责任公司、股份有限公司，从事房地产开发经营的，还应当执行公司法的有关规定。

房地产开发企业在领取营业执照后的一个月内，应当到登记机关所在地的县级以上地方人民政府规定的部门备案。

第三十一条　【房地产开发企业注册资本与投资总额的比例】 房地产开发企业的注册资本与投资总额的比例应当符合国家有关规定。

房地产开发企业分期开发房地产的，分期投资额应当与项目规模相适应，并按照土地使用权出让合同的约定，按期投入资金，用于项目建设。

第四章　房地产交易

第一节　一般规定

第三十二条　【房地产权利主体一致原则】 房地产转让、抵押时，房屋的所有权和该房屋占用范围内的土地使用权同时转让、抵押。

……

第三十九条　【以出让方式取得土地使用权的房地产转让】以出让方式取得土地使用权的，转让房地产时，应当符合下列条件：

（一）按照出让合同约定已经支付全部土地使用权出让金，并取得土地使用权证书；

（二）按照出让合同约定进行投资开发，属于房屋建设工程的，完成开发投资总额的百分之二十五以上，属于成片开发土地的，形成工业用地或者其他建设用地条件。

转让房地产时房屋已经建成的，还应当持有房屋所有权证书。

第四十条　【以划拨方式取得土地使用权的房地产转让】以划拨方式取得土地使用权的，转让房地产时，应当按照国务院规定，报有批准权的人民政府审批。有批准权的人民政府准予转让的，应当由受让方办理土地使用权出让手续，并依照国家有关规定缴纳土地使用权出让金。

以划拨方式取得土地使用权的，转让房地产报批时，有批准权的人民政府按照国务院规定决定可以不办理土地使用权出让手续的，转让方应当按照国务院规定将转让房地产所获收益中的土地收益上缴国家或者作其他处理。

第四十一条　【房地产转让合同】房地产转让，应当签订书面转让合同，合同中应当载明土地使用权取得的方式。

第四十二条　【房地产转让合同与土地使用权出让合同的关系】房地产转让时，土地使用权出让合同载明的权利、义务随之转移。

第四十三条　【房地产转让后土地使用权的使用年限】以出让方式取得土地使用权的，转让房地产后，其土地使用权的使用年限为原土地使用权出让合同约定的使用年限减去原土地使用者已经使用年限后的剩余年限。

第四十四条　【房地产转让后土地用途变更】以出让方式取得土地使用权的，转让房地产后，受让人改变原土地使用权出让合同约定的土地用途的，必须取得原出让方和市、县人民政府城市规划行政主管部门的同意，签订土地使用权出让合同变更协议或者重新签订土地使用权出让合同，相应调整土地使用权出让金。

……

中华人民共和国城镇国有土地使用权出让和转让暂行条例

（1990 年 5 月 19 日中华人民共和国国务院令第 55 号发布　根据 2020 年 11 月 29 日《国务院关于修改和废止部分行政法规的决定》修订）

第一章　总　　则

第一条　为了改革城镇国有土地使用制度，合理开发、利用、经营土地，加强土地管理，促进城市建设和经济发展，制定本条例。

第二条　国家按照所有权与使用权分离的原则，实行城镇国有土地使用权出让、转让制度，但地下资源、埋藏物和市政公用设施除外。

前款所称城镇国有土地是指市、县城、建制镇、工矿区范围内属于全民所有的土地（以下简称土地）。

第三条　中华人民共和国境内外的公司、企业、其他组织和个人，除法律另有规定者外，均可依照本条例的规定取得土地使用权，进行土地开发、利用、经营。

第四条　依照本条例的规定取得土地使用权的土地使用者，其使用权在使用年限内可以转让、出租、抵押或者用于其他经济活动，合法权益受国家法律保护。

第五条　土地使用者开发、利用、经营土地的活动，应当遵守国家法律、法规的规定，并不得损害社会公共利益。

第六条　县级以上人民政府土地管理部门依法对土地使用权的

出让、转让、出租、抵押、终止进行监督检查。

第七条 土地使用权出让、转让、出租、抵押、终止及有关的地上建筑物、其他附着物的登记，由政府土地管理部门、房产管理部门依照法律和国务院的有关规定办理。

登记文件可以公开查阅。

第二章 土地使用权出让

第八条 土地使用权出让是指国家以土地所有者的身份将土地使用权在一定年限内让与土地使用者，并由土地使用者向国家支付土地使用权出让金的行为。

土地使用权出让应当签订出让合同。

第九条 土地使用权的出让，由市、县人民政府负责，有计划、有步骤地进行。

第十条 土地使用权出让的地块、用途、年限和其他条件，由市、县人民政府土地管理部门会同城市规划和建设管理部门、房产管理部门共同拟定方案，按照国务院规定的批准权限报经批准后，由土地管理部门实施。

第十一条 土地使用权出让合同应当按照平等、自愿、有偿的原则，由市、县人民政府土地管理部门（以下简称出让方）与土地使用者签订。

第十二条 土地使用权出让最高年限按下列用途确定：

（一）居住用地七十年；

（二）工业用地五十年；

（三）教育、科技、文化、卫生、体育用地五十年；

（四）商业、旅游、娱乐用地四十年；

（五）综合或者其他用地五十年。

第十三条 土地使用权出让可以采取下列方式：

（一）协议；

（二）招标；

（三）拍卖。

依照前款规定方式出让土地使用权的具体程序和步骤，由省、自治区、直辖市人民政府规定。

第十四条 土地使用者应当在签订土地使用权出让合同后六十日内，支付全部土地使用权出让金。逾期未全部支付的，出让方有权解除合同，并可请求违约赔偿。

第十五条 出让方应当按照合同规定，提供出让的土地使用权。未按合同规定提供土地使用权的，土地使用者有权解除合同，并可请求违约赔偿。

第十六条 土地使用者在支付全部土地使用权出让金后，应当依照规定办理登记，领取土地使用证，取得土地使用权。

第十七条 土地使用者应当按照土地使用权出让合同的规定和城市规划的要求，开发、利用、经营土地。

未按合同规定的期限和条件开发、利用土地的，市、县人民政府土地管理部门应当予以纠正，并根据情节可以给予警告、罚款直至无偿收回土地使用权的处罚。

第十八条 土地使用者需要改变土地使用权出让合同规定的土地用途的，应当征得出让方同意并经土地管理部门和城市规划部门批准，依照本章的有关规定重新签订土地使用权出让合同，调整土地使用权出让金，并办理登记。

第三章　土地使用权转让

第十九条 土地使用权转让是指土地使用者将土地使用权再转移的行为，包括出售、交换和赠与。

未按土地使用权出让合同规定的期限和条件投资开发、利用土地的，土地使用权不得转让。

第二十条 土地使用权转让应当签订转让合同。

第二十一条 土地使用权转让时，土地使用权出让合同和登记文件中所载明的权利、义务随之转移。

第二十二条 土地使用者通过转让方式取得的土地使用权，其使用年限为土地使用权出让合同规定的使用年限减去原土地使用者已使用年限后的剩余年限。

第二十三条 土地使用权转让时，其地上建筑物、其他附着物所有权随之转让。

第二十四条 地上建筑物、其他附着物的所有人或者共有人，享有该建筑物、附着物使用范围内的土地使用权。

土地使用者转让地上建筑物、其他附着物所有权时，其使用范围内的土地使用权随之转让，但地上建筑物、其他附着物作为动产转让的除外。

第二十五条 土地使用权和地上建筑物、其他附着物所有权转让，应当依照规定办理过户登记。

土地使用权和地上建筑物、其他附着物所有权分割转让的，应当经市、县人民政府土地管理部门和房产管理部门批准，并依照规定办理过户登记。

第二十六条 上述使用权转让价格明显低于市场价格的，市、县人民政府有优先购买权。

土地使用权转让的市场价格不合理上涨时，市、县人民政府可以采取必要的措施。

第二十七条 土地使用权转让后，需要改变土地使用权出让合同规定的土地用途的，依照本条例第十八条的规定办理。

第四章　土地使用权出租

第二十八条 土地使用权出租是指土地使用者作为出租人将土地使用权随同地上建筑物、其他附着物租赁给承租人使用，由承租人向出租人支付租金的行为。

未按土地使用权出让合同规定的期限和条件投资开发、利用土地的，土地使用权不得出租。

第二十九条 土地使用权出租，出租人与承租人应当签订租赁合同。

租赁合同不得违背国家法律、法规和土地使用权出让合同的规定。

第三十条 土地使用权出租后，出租人必须继续履行土地使用权出让合同。

第三十一条 土地使用权和地上建筑物、其他附着物出租，出租人应当依照规定办理登记。

第五章 土地使用权抵押

第三十二条 土地使用权可以抵押。

第三十三条 土地使用权抵押时，其地上建筑物、其他附着物随之抵押。

地上建筑物、其他附着物抵押时，其使用范围内的土地使用权随之抵押。

第三十四条 土地使用权抵押，抵押人与抵押权人应当签订抵押合同。

抵押合同不得违背国家法律、法规和土地使用权出让合同的规定。

第三十五条 土地使用权和地上建筑物、其他附着物抵押，应当依照规定办理抵押登记。

第三十六条 抵押人到期未能履行债务或者在抵押合同期间宣告解散、破产的，抵押权人有权依照国家法律、法规和抵押合同的规定处分抵押财产。

因处分抵押财产而取得土地使用权和地上建筑物、其他附着物所有权的，应当依照规定办理过户登记。

第三十七条 处分抵押财产所得，抵押权人有优先受偿权。

第三十八条 抵押权因债务清偿或者其他原因而消灭的，应当依照规定办理注销抵押登记。

第六章　土地使用权终止

第三十九条　土地使用权因土地使用权出让合同规定的使用年限届满、提前收回及土地灭失等原因而终止。

第四十条　土地使用权期满，土地使用权及其地上建筑物、其他附着物所有权由国家无偿取得。土地使用者应当交还土地使用证，并依照规定办理注销登记。

第四十一条　土地使用权期满，土地使用者可以申请续期。需要续期的，应当依照本条例第二章的规定重新签订合同，支付土地使用权出让金，并办理登记。

第四十二条　国家对土地使用者依法取得的土地使用权不提前收回。在特殊情况下，根据社会公共利益的需要，国家可以依照法律程序提前收回，并根据土地使用者已使用的年限和开发、利用土地的实际情况给予相应的补偿。

第七章　划拨土地使用权

第四十三条　划拨土地使用权是指土地使用者通过各种方式依法无偿取得的土地使用权。

前款土地使用者应当依照《中华人民共和国城镇土地使用税暂行条例》的规定缴纳土地使用税。

第四十四条　划拨土地使用权，除本条例第四十五条规定的情况外，不得转让、出租、抵押。

第四十五条　符合下列条件的，经市、县人民政府土地管理部门和房产管理部门批准，其划拨土地使用权和地上建筑物、其他附着物所有权可以转让、出租、抵押：

（一）土地使用者为公司、企业、其他经济组织和个人；

（二）领有国有土地使用证；

（三）具有地上建筑物、其他附着物合法的产权证明；

（四）依照本条例第二章的规定签订土地使用权出让合同，向当地市、县人民政府补交土地使用权出让金或者以转让、出租、抵押所获收益抵交土地使用权出让金。

转让、出租、抵押前款划拨土地使用权的，分别依照本条例第三章、第四章和第五章的规定办理。

第四十六条 对未经批准擅自转让、出租、抵押划拨土地使用权的单位和个人，市、县人民政府土地管理部门应当没收其非法收入，并根据情节处以罚款。

第四十七条 无偿取得划拨土地使用权的土地使用者，因迁移、解散、撤销、破产或者其他原因而停止使用土地的，市、县人民政府应当无偿收回其划拨土地使用权，并可依照本条例的规定予以出让。

对划拨土地使用权，市、县人民政府根据城市建设发展需要和城市规划的要求，可以无偿收回，并可依照本条例的规定予以出让。

无偿收回划拨土地使用权时，对其地上建筑物、其他附着物，市、县人民政府应当根据实际情况给予适当补偿。

第八章　附　　则

第四十八条 依照本条例的规定取得土地使用权的个人，其土地使用权可以继承。

第四十九条 土地使用者应当依照国家税收法规的规定纳税。

第五十条 依照本条例收取的土地使用权出让金列入财政预算，作为专项基金管理，主要用于城市建设和土地开发。具体使用管理办法，由财政部另行制定。

第五十一条 各省、自治区、直辖市人民政府应当根据本条例的规定和当地的实际情况选择部分条件比较成熟的城镇先行试点。

第五十二条 本条例由国家土地管理局负责解释；实施办法由省、自治区、直辖市人民政府制定。

第五十三条 本条例自发布之日起施行。

不动产登记暂行条例

（2014年11月24日中华人民共和国国务院令第656号公布　根据2019年3月24日《国务院关于修改部分行政法规的决定》修订）

第一章　总　　则

第一条　为整合不动产登记职责，规范登记行为，方便群众申请登记，保护权利人合法权益，根据《中华人民共和国物权法》等法律，制定本条例。

第二条　本条例所称不动产登记，是指不动产登记机构依法将不动产权利归属和其他法定事项记载于不动产登记簿的行为。

本条例所称不动产，是指土地、海域以及房屋、林木等定着物。

第三条　不动产首次登记、变更登记、转移登记、注销登记、更正登记、异议登记、预告登记、查封登记等，适用本条例。

第四条　国家实行不动产统一登记制度。

不动产登记遵循严格管理、稳定连续、方便群众的原则。

不动产权利人已经依法享有的不动产权利，不因登记机构和登记程序的改变而受到影响。

第五条　下列不动产权利，依照本条例的规定办理登记：

（一）集体土地所有权；

（二）房屋等建筑物、构筑物所有权；

（三）森林、林木所有权；

（四）耕地、林地、草地等土地承包经营权；

（五）建设用地使用权；

（六）宅基地使用权；

（七）海域使用权；

（八）地役权；

（九）抵押权；

（十）法律规定需要登记的其他不动产权利。

第六条 国务院国土资源主管部门负责指导、监督全国不动产登记工作。

县级以上地方人民政府应当确定一个部门为本行政区域的不动产登记机构，负责不动产登记工作，并接受上级人民政府不动产登记主管部门的指导、监督。

第七条 不动产登记由不动产所在地的县级人民政府不动产登记机构办理；直辖市、设区的市人民政府可以确定本级不动产登记机构统一办理所属各区的不动产登记。

跨县级行政区域的不动产登记，由所跨县级行政区域的不动产登记机构分别办理。不能分别办理的，由所跨县级行政区域的不动产登记机构协商办理；协商不成的，由共同的上一级人民政府不动产登记主管部门指定办理。

国务院确定的重点国有林区的森林、林木和林地，国务院批准项目用海、用岛，中央国家机关使用的国有土地等不动产登记，由国务院国土资源主管部门会同有关部门规定。

第二章 不动产登记簿

第八条 不动产以不动产单元为基本单位进行登记。不动产单元具有唯一编码。

不动产登记机构应当按照国务院国土资源主管部门的规定设立统一的不动产登记簿。

不动产登记簿应当记载以下事项：

（一）不动产的坐落、界址、空间界限、面积、用途等自然状况；

（二）不动产权利的主体、类型、内容、来源、期限、权利变化等权属状况；

（三）涉及不动产权利限制、提示的事项；

（四）其他相关事项。

第九条 不动产登记簿应当采用电子介质，暂不具备条件的，可以采用纸质介质。不动产登记机构应当明确不动产登记簿唯一、合法的介质形式。

不动产登记簿采用电子介质的，应当定期进行异地备份，并具有唯一、确定的纸质转化形式。

第十条 不动产登记机构应当依法将各类登记事项准确、完整、清晰地记载于不动产登记簿。任何人不得损毁不动产登记簿，除依法予以更正外不得修改登记事项。

第十一条 不动产登记工作人员应当具备与不动产登记工作相适应的专业知识和业务能力。

不动产登记机构应当加强对不动产登记工作人员的管理和专业技术培训。

第十二条 不动产登记机构应当指定专人负责不动产登记簿的保管，并建立健全相应的安全责任制度。

采用纸质介质不动产登记簿的，应当配备必要的防盗、防火、防渍、防有害生物等安全保护设施。

采用电子介质不动产登记簿的，应当配备专门的存储设施，并采取信息网络安全防护措施。

第十三条 不动产登记簿由不动产登记机构永久保存。不动产登记簿损毁、灭失的，不动产登记机构应当依据原有登记资料予以重建。

行政区域变更或者不动产登记机构职能调整的，应当及时将不动产登记簿移交相应的不动产登记机构。

第三章 登记程序

第十四条 因买卖、设定抵押权等申请不动产登记的，应当由当事人双方共同申请。

属于下列情形之一的，可以由当事人单方申请：

（一）尚未登记的不动产首次申请登记的；

（二）继承、接受遗赠取得不动产权利的；

（三）人民法院、仲裁委员会生效的法律文书或者人民政府生效的决定等设立、变更、转让、消灭不动产权利的；

（四）权利人姓名、名称或者自然状况发生变化，申请变更登记的；

（五）不动产灭失或者权利人放弃不动产权利，申请注销登记的；

（六）申请更正登记或者异议登记的；

（七）法律、行政法规规定可以由当事人单方申请的其他情形。

第十五条　当事人或者其代理人应当向不动产登记机构申请不动产登记。

不动产登记机构将申请登记事项记载于不动产登记簿前，申请人可以撤回登记申请。

第十六条　申请人应当提交下列材料，并对申请材料的真实性负责：

（一）登记申请书；

（二）申请人、代理人身份证明材料、授权委托书；

（三）相关的不动产权属来源证明材料、登记原因证明文件、不动产权属证书；

（四）不动产界址、空间界限、面积等材料；

（五）与他人利害关系的说明材料；

（六）法律、行政法规以及本条例实施细则规定的其他材料。

不动产登记机构应当在办公场所和门户网站公开申请登记所需材料目录和示范文本等信息。

第十七条　不动产登记机构收到不动产登记申请材料，应当分别按照下列情况办理：

（一）属于登记职责范围，申请材料齐全、符合法定形式，或者申请人按照要求提交全部补正申请材料的，应当受理并书面告知申请人；

（二）申请材料存在可以当场更正的错误的，应当告知申请人当场更正，申请人当场更正后，应当受理并书面告知申请人；

（三）申请材料不齐全或者不符合法定形式的，应当当场书面告知申请人不予受理并一次性告知需要补正的全部内容；

（四）申请登记的不动产不属于本机构登记范围的，应当当场书面告知申请人不予受理并告知申请人向有登记权的机构申请。

不动产登记机构未当场书面告知申请人不予受理的，视为受理。

第十八条　不动产登记机构受理不动产登记申请的，应当按照下列要求进行查验：

（一）不动产界址、空间界限、面积等材料与申请登记的不动产状况是否一致；

（二）有关证明材料、文件与申请登记的内容是否一致；

（三）登记申请是否违反法律、行政法规规定。

第十九条　属于下列情形之一的，不动产登记机构可以对申请登记的不动产进行实地查看：

（一）房屋等建筑物、构筑物所有权首次登记；

（二）在建建筑物抵押权登记；

（三）因不动产灭失导致的注销登记；

（四）不动产登记机构认为需要实地查看的其他情形。

对可能存在权属争议，或者可能涉及他人利害关系的登记申请，不动产登记机构可以向申请人、利害关系人或者有关单位进行调查。

不动产登记机构进行实地查看或者调查时，申请人、被调查人应当予以配合。

第二十条　不动产登记机构应当自受理登记申请之日起30个工作日内办结不动产登记手续，法律另有规定的除外。

第二十一条　登记事项自记载于不动产登记簿时完成登记。

不动产登记机构完成登记，应当依法向申请人核发不动产权属证书或者登记证明。

第二十二条　登记申请有下列情形之一的，不动产登记机构应当不予登记，并书面告知申请人：

（一）违反法律、行政法规规定的；
（二）存在尚未解决的权属争议的；
（三）申请登记的不动产权利超过规定期限的；
（四）法律、行政法规规定不予登记的其他情形。

第四章　登记信息共享与保护

第二十三条　国务院国土资源主管部门应当会同有关部门建立统一的不动产登记信息管理基础平台。

各级不动产登记机构登记的信息应当纳入统一的不动产登记信息管理基础平台，确保国家、省、市、县四级登记信息的实时共享。

第二十四条　不动产登记有关信息与住房城乡建设、农业、林业、海洋等部门审批信息、交易信息等应当实时互通共享。

不动产登记机构能够通过实时互通共享取得的信息，不得要求不动产登记申请人重复提交。

第二十五条　国土资源、公安、民政、财政、税务、工商、金融、审计、统计等部门应当加强不动产登记有关信息互通共享。

第二十六条　不动产登记机构、不动产登记信息共享单位及其工作人员应当对不动产登记信息保密；涉及国家秘密的不动产登记信息，应当依法采取必要的安全保密措施。

第二十七条　权利人、利害关系人可以依法查询、复制不动产登记资料，不动产登记机构应当提供。

有关国家机关可以依照法律、行政法规的规定查询、复制与调查处理事项有关的不动产登记资料。

第二十八条　查询不动产登记资料的单位、个人应当向不动产登记机构说明查询目的，不得将查询获得的不动产登记资料用于其他目的；未经权利人同意，不得泄露查询获得的不动产登记资料。

第五章　法 律 责 任

第二十九条　不动产登记机构登记错误给他人造成损害，或者当事人提供虚假材料申请登记给他人造成损害的，依照《中华人民共和国物权法》的规定承担赔偿责任。

第三十条 不动产登记机构工作人员进行虚假登记，损毁、伪造不动产登记簿，擅自修改登记事项，或者有其他滥用职权、玩忽职守行为的，依法给予处分；给他人造成损害的，依法承担赔偿责任；构成犯罪的，依法追究刑事责任。

第三十一条 伪造、变造不动产权属证书、不动产登记证明，或者买卖、使用伪造、变造的不动产权属证书、不动产登记证明的，由不动产登记机构或者公安机关依法予以收缴；有违法所得的，没收违法所得；给他人造成损害的，依法承担赔偿责任；构成违反治安管理行为的，依法给予治安管理处罚；构成犯罪的，依法追究刑事责任。

第三十二条 不动产登记机构、不动产登记信息共享单位及其工作人员，查询不动产登记资料的单位或者个人违反国家规定，泄露不动产登记资料、登记信息，或者利用不动产登记资料、登记信息进行不正当活动，给他人造成损害的，依法承担赔偿责任；对有关责任人员依法给予处分；有关责任人员构成犯罪的，依法追究刑事责任。

第六章　附　　则

第三十三条 本条例施行前依法颁发的各类不动产权属证书和制作的不动产登记簿继续有效。

不动产统一登记过渡期内，农村土地承包经营权的登记按照国家有关规定执行。

第三十四条 本条例实施细则由国务院国土资源主管部门会同有关部门制定。

第三十五条 本条例自 2015 年 3 月 1 日起施行。本条例施行前公布的行政法规有关不动产登记的规定与本条例规定不一致的，以本条例规定为准。

不动产登记暂行条例实施细则

（2016 年 1 月 1 日国土资源部令第 63 号公布　根据 2019 年 7 月 16 日自然资源部第 2 次部务会《自然资源部关于废止和修改的第一批部门规章的决定》修正　2019 年 7 月 24 日自然资源部令第 5 号公布　自公布之日起施行）

第一章　总　　则

第一条　为规范不动产登记行为，细化不动产统一登记制度，方便人民群众办理不动产登记，保护权利人合法权益，根据《不动产登记暂行条例》（以下简称《条例》），制定本实施细则。

第二条　不动产登记应当依照当事人的申请进行，但法律、行政法规以及本实施细则另有规定的除外。

房屋等建筑物、构筑物和森林、林木等定着物应当与其所依附的土地、海域一并登记，保持权利主体一致。

第三条　不动产登记机构依照《条例》第七条第二款的规定，协商办理或者接受指定办理跨县级行政区域不动产登记的，应当在登记完毕后将不动产登记簿记载的不动产权利人以及不动产坐落、界址、面积、用途、权利类型等登记结果告知不动产所跨区域的其他不动产登记机构。

第四条　国务院确定的重点国有林区的森林、林木和林地，由自然资源部受理并会同有关部门办理，依法向权利人核发不动产权属证书。

国务院批准的项目用海、用岛的登记，由自然资源部受理，依法向权利人核发不动产权属证书。

第二章　不动产登记簿

第五条　《条例》第八条规定的不动产单元，是指权属界线封闭且具有独立使用价值的空间。

没有房屋等建筑物、构筑物以及森林、林木定着物的，以土地、海域权属界线封闭的空间为不动产单元。

有房屋等建筑物、构筑物以及森林、林木定着物的，以该房屋等建筑物、构筑物以及森林、林木定着物与土地、海域权属界线封闭的空间为不动产单元。

前款所称房屋，包括独立成幢、权属界线封闭的空间，以及区分套、层、间等可以独立使用、权属界线封闭的空间。

第六条 不动产登记簿以宗地或者宗海为单位编成，一宗地或者一宗海范围内的全部不动产单元编入一个不动产登记簿。

第七条 不动产登记机构应当配备专门的不动产登记电子存储设施，采取信息网络安全防护措施，保证电子数据安全。

任何单位和个人不得擅自复制或者篡改不动产登记簿信息。

第八条 承担不动产登记审核、登簿的不动产登记工作人员应当熟悉相关法律法规，具备与其岗位相适应的不动产登记等方面的专业知识。

自然资源部会同有关部门组织开展对承担不动产登记审核、登簿的不动产登记工作人员的考核培训。

第三章 登记程序

第九条 申请不动产登记的，申请人应当填写登记申请书，并提交身份证明以及相关申请材料。

申请材料应当提供原件。因特殊情况不能提供原件的，可以提供复印件，复印件应当与原件保持一致。

第十条 处分共有不动产申请登记的，应当经占份额三分之二以上的按份共有人或者全体共同共有人共同申请，但共有人另有约定的除外。

按份共有人转让其享有的不动产份额，应当与受让人共同申请转移登记。

建筑区划内依法属于全体业主共有的不动产申请登记，依照本实施细则第三十六条的规定办理。

第十一条 无民事行为能力人、限制民事行为能力人申请不动产登记的，应当由其监护人代为申请。

监护人代为申请登记的，应当提供监护人与被监护人的身份证或者户口簿、有关监护关系等材料；因处分不动产而申请登记的，还应当提供为被监护人利益的书面保证。

父母之外的监护人处分未成年人不动产的，有关监护关系材料可以是人民法院指定监护的法律文书、经过公证的对被监护人享有监护权的材料或者其他材料。

第十二条 当事人可以委托他人代为申请不动产登记。

代理申请不动产登记的，代理人应当向不动产登记机构提供被代理人签字或者盖章的授权委托书。

自然人处分不动产，委托代理人申请登记的，应当与代理人共同到不动产登记机构现场签订授权委托书，但授权委托书经公证的除外。

境外申请人委托他人办理处分不动产登记的，其授权委托书应当按照国家有关规定办理认证或者公证。

第十三条 申请登记的事项记载于不动产登记簿前，全体申请人提出撤回登记申请的，登记机构应当将登记申请书以及相关材料退还申请人。

第十四条 因继承、受遗赠取得不动产，当事人申请登记的，应当提交死亡证明材料、遗嘱或者全部法定继承人关于不动产分配的协议以及与被继承人的亲属关系材料等，也可以提交经公证的材料或者生效的法律文书。

第十五条 不动产登记机构受理不动产登记申请后，还应当对下列内容进行查验：

（一）申请人、委托代理人身份证明材料以及授权委托书与申请主体是否一致；

（二）权属来源材料或者登记原因文件与申请登记的内容是否一致；

（三）不动产界址、空间界限、面积等权籍调查成果是否完备，权属是否清楚、界址是否清晰、面积是否准确；

（四）法律、行政法规规定的完税或者缴费凭证是否齐全。

第十六条 不动产登记机构进行实地查看，重点查看下列情况：

（一）房屋等建筑物、构筑物所有权首次登记，查看房屋坐落及其建造完成等情况；

（二）在建建筑物抵押权登记，查看抵押的在建建筑物坐落及其建造等情况；

（三）因不动产灭失导致的注销登记，查看不动产灭失等情况。

第十七条 有下列情形之一的，不动产登记机构应当在登记事项记载于登记簿前进行公告，但涉及国家秘密的除外：

（一）政府组织的集体土地所有权登记；

（二）宅基地使用权及房屋所有权，集体建设用地使用权及建筑物、构筑物所有权，土地承包经营权等不动产权利的首次登记；

（三）依职权更正登记；

（四）依职权注销登记；

（五）法律、行政法规规定的其他情形。

公告应当在不动产登记机构门户网站以及不动产所在地等指定场所进行，公告期不少于 15 个工作日。公告所需时间不计算在登记办理期限内。公告期满无异议或者异议不成立的，应当及时记载于不动产登记簿。

第十八条 不动产登记公告的主要内容包括：

（一）拟予登记的不动产权利人的姓名或者名称；

（二）拟予登记的不动产坐落、面积、用途、权利类型等；

（三）提出异议的期限、方式和受理机构；

（四）需要公告的其他事项。

第十九条 当事人可以持人民法院、仲裁委员会的生效法律文书或者人民政府的生效决定单方申请不动产登记。

有下列情形之一的，不动产登记机构直接办理不动产登记：

（一）人民法院持生效法律文书和协助执行通知书要求不动产登记机构办理登记的；

（二）人民检察院、公安机关依据法律规定持协助查封通知书要求办理查封登记的；

（三）人民政府依法做出征收或者收回不动产权利决定生效后，要求不动产登记机构办理注销登记的；

（四）法律、行政法规规定的其他情形。

不动产登记机构认为登记事项存在异议的，应当依法向有关机关提出审查建议。

第二十条 不动产登记机构应当根据不动产登记簿，填写并核发不动产权属证书或者不动产登记证明。

除办理抵押权登记、地役权登记和预告登记、异议登记，向申请人核发不动产登记证明外，不动产登记机构应当依法向权利人核发不动产权属证书。

不动产权属证书和不动产登记证明，应当加盖不动产登记机构登记专用章。

不动产权属证书和不动产登记证明样式，由自然资源部统一规定。

第二十一条 申请共有不动产登记的，不动产登记机构向全体共有人合并发放一本不动产权属证书；共有人申请分别持证的，可以为共有人分别发放不动产权属证书。

共有不动产权属证书应当注明共有情况，并列明全体共有人。

第二十二条 不动产权属证书或者不动产登记证明污损、破损的，当事人可以向不动产登记机构申请换发。符合换发条件的，不动产登记机构应当予以换发，并收回原不动产权属证书或者不动产登记证明。

不动产权属证书或者不动产登记证明遗失、灭失，不动产权利人申请补发的，由不动产登记机构在其门户网站上刊发不动产权利人的遗失、灭失声明 15 个工作日后，予以补发。

不动产登记机构补发不动产权属证书或者不动产登记证明的，应当将补发不动产权属证书或者不动产登记证明的事项记载于不动产登记簿，并在不动产权属证书或者不动产登记证明上注明“补发”字样。

第二十三条 因不动产权利灭失等情形，不动产登记机构需要收回不动产权属证书或者不动产登记证明的，应当在不动产登记簿上将收回不动产权属证书或者不动产登记证明的事项予以注明；确实无法收回的，应当在不动产登记机构门户网站或者当地公开发行的报刊上公告作废。

第四章 不动产权利登记

第一节 一般规定

第二十四条 不动产首次登记，是指不动产权利第一次登记。

未办理不动产首次登记的，不得办理不动产其他类型登记，但法律、行政法规另有规定的除外。

第二十五条 市、县人民政府可以根据情况对本行政区域内未登记的不动产，组织开展集体土地所有权、宅基地使用权、集体建设用地使用权、土地承包经营权的首次登记。

依照前款规定办理首次登记所需的权属来源、调查等登记材料，由人民政府有关部门组织获取。

第二十六条 下列情形之一的，不动产权利人可以向不动产登记机构申请变更登记：

（一）权利人的姓名、名称、身份证明类型或者身份证明号码发生变更的；

（二）不动产的坐落、界址、用途、面积等状况变更的；

（三）不动产权利期限、来源等状况发生变化的；

（四）同一权利人分割或者合并不动产的；

（五）抵押担保的范围、主债权数额、债务履行期限、抵押权顺位发生变化的；

（六）最高额抵押担保的债权范围、最高债权额、债权确定期间等发生变化的；

（七）地役权的利用目的、方法等发生变化的；

（八）共有性质发生变更的；

（九）法律、行政法规规定的其他不涉及不动产权利转移的变更情形。

第二十七条 因下列情形导致不动产权利转移的，当事人可以向不动产登记机构申请转移登记：

（一）买卖、互换、赠与不动产的；

（二）以不动产作价出资（入股）的；

（三）法人或者其他组织因合并、分立等原因致使不动产权利发生转移的；

（四）不动产分割、合并导致权利发生转移的；

（五）继承、受遗赠导致权利发生转移的；

（六）共有人增加或者减少以及共有不动产份额变化的；

（七）因人民法院、仲裁委员会的生效法律文书导致不动产权利发生转移的；

（八）因主债权转移引起不动产抵押权转移的；

（九）因需役地不动产权利转移引起地役权转移的；

（十）法律、行政法规规定的其他不动产权利转移情形。

第二十八条 有下列情形之一的，当事人可以申请办理注销登记：

（一）不动产灭失的；

（二）权利人放弃不动产权利的；

（三）不动产被依法没收、征收或者收回的；

（四）人民法院、仲裁委员会的生效法律文书导致不动产权利消灭的；

（五）法律、行政法规规定的其他情形。

不动产上已经设立抵押权、地役权或者已经办理预告登记，所有权人、使用权人因放弃权利申请注销登记的，申请人应当提供抵押权人、地役权人、预告登记权利人同意的书面材料。

第二节　集体土地所有权登记

第二十九条　集体土地所有权登记，依照下列规定提出申请：

（一）土地属于村农民集体所有的，由村集体经济组织代为申请，没有集体经济组织的，由村民委员会代为申请；

（二）土地分别属于村内两个以上农民集体所有的，由村内各集体经济组织代为申请，没有集体经济组织的，由村民小组代为申请；

（三）土地属于乡（镇）农民集体所有的，由乡（镇）集体经济组织代为申请。

第三十条　申请集体土地所有权首次登记的，应当提交下列材料：

（一）土地权属来源材料；

（二）权籍调查表、宗地图以及宗地界址点坐标；

（三）其他必要材料。

第三十一条　农民集体因互换、土地调整等原因导致集体土地所有权转移，申请集体土地所有权转移登记的，应当提交下列材料：

（一）不动产权属证书；

（二）互换、调整协议等集体土地所有权转移的材料；

（三）本集体经济组织三分之二以上成员或者三分之二以上村民代表同意的材料；

（四）其他必要材料。

第三十二条　申请集体土地所有权变更、注销登记的，应当提交下列材料：

（一）不动产权属证书；

（二）集体土地所有权变更、消灭的材料；

（三）其他必要材料。

第三节　国有建设用地使用权及房屋所有权登记

第三十三条　依法取得国有建设用地使用权，可以单独申请国有建设用地使用权登记。

依法利用国有建设用地建造房屋的，可以申请国有建设用地使用权及房屋所有权登记。

第三十四条　申请国有建设用地使用权首次登记，应当提交下列材料：

（一）土地权属来源材料；

（二）权籍调查表、宗地图以及宗地界址点坐标；

（三）土地出让价款、土地租金、相关税费等缴纳凭证；

（四）其他必要材料。

前款规定的土地权属来源材料，根据权利取得方式的不同，包括国有建设用地划拨决定书、国有建设用地使用权出让合同、国有建设用地使用权租赁合同以及国有建设用地使用权作价出资（入股）、授权经营批准文件。

申请在地上或者地下单独设立国有建设用地使用权登记的，按照本条规定办理。

第三十五条　申请国有建设用地使用权及房屋所有权首次登记的，应当提交下列材料：

（一）不动产权属证书或者土地权属来源材料；

（二）建设工程符合规划的材料；

（三）房屋已经竣工的材料；

（四）房地产调查或者测绘报告；

（五）相关税费缴纳凭证；

（六）其他必要材料。

第三十六条　办理房屋所有权首次登记时，申请人应当将建筑区划内依法属于业主共有的道路、绿地、其他公共场所、公用设施和物业服务用房及其占用范围内的建设用地使用权一并申请登记为业主共有。业主转让房屋所有权的，其对共有部分享有的权利依法一并转让。

第三十七条 申请国有建设用地使用权及房屋所有权变更登记的，应当根据不同情况，提交下列材料：

（一）不动产权属证书；

（二）发生变更的材料；

（三）有批准权的人民政府或者主管部门的批准文件；

（四）国有建设用地使用权出让合同或者补充协议；

（五）国有建设用地使用权出让价款、税费等缴纳凭证；

（六）其他必要材料。

第三十八条 申请国有建设用地使用权及房屋所有权转移登记的，应当根据不同情况，提交下列材料：

（一）不动产权属证书；

（二）买卖、互换、赠与合同；

（三）继承或者受遗赠的材料；

（四）分割、合并协议；

（五）人民法院或者仲裁委员会生效的法律文书；

（六）有批准权的人民政府或者主管部门的批准文件；

（七）相关税费缴纳凭证；

（八）其他必要材料。

不动产买卖合同依法应当备案的，申请人申请登记时须提交经备案的买卖合同。

第三十九条 具有独立利用价值的特定空间以及码头、油库等其他建筑物、构筑物所有权的登记，按照本实施细则中房屋所有权登记有关规定办理。

第四节 宅基地使用权及房屋所有权登记

第四十条 依法取得宅基地使用权，可以单独申请宅基地使用权登记。

依法利用宅基地建造住房及其附属设施的，可以申请宅基地使用权及房屋所有权登记。

第四十一条　申请宅基地使用权及房屋所有权首次登记的，应当根据不同情况，提交下列材料：

（一）申请人身份证和户口簿；

（二）不动产权属证书或者有批准权的人民政府批准用地的文件等权属来源材料；

（三）房屋符合规划或者建设的相关材料；

（四）权籍调查表、宗地图、房屋平面图以及宗地界址点坐标等有关不动产界址、面积等材料；

（五）其他必要材料。

第四十二条　因依法继承、分家析产、集体经济组织内部互换房屋等导致宅基地使用权及房屋所有权发生转移申请登记的，申请人应当根据不同情况，提交下列材料：

（一）不动产权属证书或者其他权属来源材料；

（二）依法继承的材料；

（三）分家析产的协议或者材料；

（四）集体经济组织内部互换房屋的协议；

（五）其他必要材料。

第四十三条　申请宅基地等集体土地上的建筑物区分所有权登记的，参照国有建设用地使用权及建筑物区分所有权的规定办理登记。

第五节　集体建设用地使用权及建筑物、构筑物所有权登记

第四十四条　依法取得集体建设用地使用权，可以单独申请集体建设用地使用权登记。

依法利用集体建设用地兴办企业，建设公共设施，从事公益事业等的，可以申请集体建设用地使用权及地上建筑物、构筑物所有权登记。

第四十五条　申请集体建设用地使用权及建筑物、构筑物所有权首次登记的，申请人应当根据不同情况，提交下列材料：

（一）有批准权的人民政府批准用地的文件等土地权属来源材料；

（二）建设工程符合规划的材料；

（三）权籍调查表、宗地图、房屋平面图以及宗地界址点坐标等有关不动产界址、面积等材料；

（四）建设工程已竣工的材料；

（五）其他必要材料。

集体建设用地使用权首次登记完成后，申请人申请建筑物、构筑物所有权首次登记的，应当提交享有集体建设用地使用权的不动产权属证书。

第四十六条　申请集体建设用地使用权及建筑物、构筑物所有权变更登记、转移登记、注销登记的，申请人应当根据不同情况，提交下列材料：

（一）不动产权属证书；

（二）集体建设用地使用权及建筑物、构筑物所有权变更、转移、消灭的材料；

（三）其他必要材料。

因企业兼并、破产等原因致使集体建设用地使用权及建筑物、构筑物所有权发生转移的，申请人应当持相关协议及有关部门的批准文件等相关材料，申请不动产转移登记。

第六节　土地承包经营权登记

第四十七条　承包农民集体所有的耕地、林地、草地、水域、滩涂以及荒山、荒沟、荒丘、荒滩等农用地，或者国家所有依法由农民集体使用的农用地从事种植业、林业、畜牧业、渔业等农业生产的，可以申请土地承包经营权登记；地上有森林、林木的，应当在申请土地承包经营权登记时一并申请登记。

第四十八条　依法以承包方式在土地上从事种植业或者养殖业生产活动的，可以申请土地承包经营权的首次登记。

以家庭承包方式取得的土地承包经营权的首次登记，由发包方持土地承包经营合同等材料申请。

以招标、拍卖、公开协商等方式承包农村土地的，由承包方持土地承包经营合同申请土地承包经营权首次登记。

第四十九条　已经登记的土地承包经营权有下列情形之一的，承包方应当持原不动产权属证书以及其他证实发生变更事实的材料，申请土地承包经营权变更登记：

（一）权利人的姓名或者名称等事项发生变化的；

（二）承包土地的坐落、名称、面积发生变化的；

（三）承包期限依法变更的；

（四）承包期限届满，土地承包经营权人按照国家有关规定继续承包的；

（五）退耕还林、退耕还湖、退耕还草导致土地用途改变的；

（六）森林、林木的种类等发生变化的；

（七）法律、行政法规规定的其他情形。

第五十条　已经登记的土地承包经营权发生下列情形之一的，当事人双方应当持互换协议、转让合同等材料，申请土地承包经营权的转移登记：

（一）互换；

（二）转让；

（三）因家庭关系、婚姻关系变化等原因导致土地承包经营权分割或者合并的；

（四）依法导致土地承包经营权转移的其他情形。

以家庭承包方式取得的土地承包经营权，采取转让方式流转的，还应当提供发包方同意的材料。

第五十一条　已经登记的土地承包经营权发生下列情形之一的，承包方应当持不动产权属证书、证实灭失的材料等，申请注销登记：

（一）承包经营的土地灭失的；

（二）承包经营的土地被依法转为建设用地的；

（三）承包经营权人丧失承包经营资格或者放弃承包经营权的；

（四）法律、行政法规规定的其他情形。

第五十二条 以承包经营以外的合法方式使用国有农用地的国有农场、草场，以及使用国家所有的水域、滩涂等农用地进行农业生产，申请国有农用地的使用权登记的，参照本实施细则有关规定办理。

国有农场、草场申请国有未利用地登记的，依照前款规定办理。

第五十三条 国有林地使用权登记，应当提交有批准权的人民政府或者主管部门的批准文件，地上森林、林木一并登记。

第七节 海域使用权登记

第五十四条 依法取得海域使用权，可以单独申请海域使用权登记。

依法使用海域，在海域上建造建筑物、构筑物的，应当申请海域使用权及建筑物、构筑物所有权登记。

申请无居民海岛登记的，参照海域使用权登记有关规定办理。

第五十五条 申请海域使用权首次登记的，应当提交下列材料：

（一）项目用海批准文件或者海域使用权出让合同；

（二）宗海图以及界址点坐标；

（三）海域使用金缴纳或者减免凭证；

（四）其他必要材料。

第五十六条 有下列情形之一的，申请人应当持不动产权属证书、海域使用权变更的文件等材料，申请海域使用权变更登记：

（一）海域使用权人姓名或者名称改变的；

（二）海域坐落、名称发生变化的；

（三）改变海域使用位置、面积或者期限的；

（四）海域使用权续期的；

（五）共有性质变更的；

（六）法律、行政法规规定的其他情形。

第五十七条 有下列情形之一的，申请人可以申请海域使用权转移登记：

（一）因企业合并、分立或者与他人合资、合作经营、作价入股导致海域使用权转移的；

（二）依法转让、赠与、继承、受遗赠海域使用权的；

（三）因人民法院、仲裁委员会生效法律文书导致海域使用权转移的；

（四）法律、行政法规规定的其他情形。

第五十八条 申请海域使用权转移登记的，申请人应当提交下列材料：

（一）不动产权属证书；

（二）海域使用权转让合同、继承材料、生效法律文书等材料；

（三）转让批准取得的海域使用权，应当提交原批准用海的海洋行政主管部门批准转让的文件；

（四）依法需要补交海域使用金的，应当提交海域使用金缴纳的凭证；

（五）其他必要材料。

第五十九条 申请海域使用权注销登记的，申请人应当提交下列材料：

（一）原不动产权属证书；

（二）海域使用权消灭的材料；

（三）其他必要材料。

因围填海造地等导致海域灭失的，申请人应当在围填海造地等工程竣工后，依照本实施细则规定申请国有土地使用权登记，并办理海域使用权注销登记。

第八节 地役权登记

第六十条 按照约定设定地役权，当事人可以持需役地和供役地的不动产权属证书、地役权合同以及其他必要文件，申请地役权首次登记。

第六十一条 经依法登记的地役权发生下列情形之一的，当事人应当持地役权合同、不动产登记证明和证实变更的材料等必要材料，申请地役权变更登记：

（一）地役权当事人的姓名或者名称等发生变化；

（二）共有性质变更的；

（三）需役地或者供役地自然状况发生变化；

（四）地役权内容变更的；

（五）法律、行政法规规定的其他情形。

供役地分割转让办理登记，转让部分涉及地役权的，应当由受让人与地役权人一并申请地役权变更登记。

第六十二条 已经登记的地役权因土地承包经营权、建设用地使用权转让发生转移的，当事人应当持不动产登记证明、地役权转移合同等必要材料，申请地役权转移登记。

申请需役地转移登记的，或者需役地分割转让，转让部分涉及已登记的地役权的，当事人应当一并申请地役权转移登记，但当事人另有约定的除外。当事人拒绝一并申请地役权转移登记的，应当出具书面材料。不动产登记机构办理转移登记时，应当同时办理地役权注销登记。

第六十三条 已经登记的地役权，有下列情形之一的，当事人可以持不动产登记证明、证实地役权发生消灭的材料等必要材料，申请地役权注销登记：

（一）地役权期限届满；

（二）供役地、需役地归于同一人；

（三）供役地或者需役地灭失；

（四）人民法院、仲裁委员会的生效法律文书导致地役权消灭；

（五）依法解除地役权合同；

（六）其他导致地役权消灭的事由。

第六十四条 地役权登记，不动产登记机构应当将登记事项分别记载于需役地和供役地登记簿。

供役地、需役地分属不同不动产登记机构管辖的，当事人应当向供役地所在地的不动产登记机构申请地役权登记。供役地所在地不动产登记机构完成登记后，应当将相关事项通知需役地所在地不动产登记机构，并由其记载于需役地登记簿。

地役权设立后，办理首次登记前发生变更、转移的，当事人应当提交相关材料，就已经变更或者转移的地役权，直接申请首次登记。

第九节　抵押权登记

第六十五条　对下列财产进行抵押的，可以申请办理不动产抵押登记：

（一）建设用地使用权；

（二）建筑物和其他土地附着物；

（三）海域使用权；

（四）以招标、拍卖、公开协商等方式取得的荒地等土地承包经营权；

（五）正在建造的建筑物；

（六）法律、行政法规未禁止抵押的其他不动产。

以建设用地使用权、海域使用权抵押的，该土地、海域上的建筑物、构筑物一并抵押；以建筑物、构筑物抵押的，该建筑物、构筑物占用范围内的建设用地使用权、海域使用权一并抵押。

第六十六条　自然人、法人或者其他组织为保障其债权的实现，依法以不动产设定抵押的，可以由当事人持不动产权属证书、抵押合同与主债权合同等必要材料，共同申请办理抵押登记。

抵押合同可以是单独订立的书面合同，也可以是主债权合同中的抵押条款。

第六十七条　同一不动产上设立多个抵押权的，不动产登记机构应当按照受理时间的先后顺序依次办理登记，并记载于不动产登记簿。当事人对抵押权顺位另有约定的，从其规定办理登记。

第六十八条 有下列情形之一的，当事人应当持不动产权属证书、不动产登记证明、抵押权变更等必要材料，申请抵押权变更登记：

（一）抵押人、抵押权人的姓名或者名称变更的；

（二）被担保的主债权数额变更的；

（三）债务履行期限变更的；

（四）抵押权顺位变更的；

（五）法律、行政法规规定的其他情形。

因被担保债权主债权的种类及数额、担保范围、债务履行期限、抵押权顺位发生变更申请抵押权变更登记时，如果该抵押权的变更将对其他抵押权人产生不利影响的，还应当提交其他抵押权人书面同意的材料与身份证或者户口簿等材料。

第六十九条 因主债权转让导致抵押权转让的，当事人可以持不动产权属证书、不动产登记证明、被担保主债权的转让协议、债权人已经通知债务人的材料等相关材料，申请抵押权的转移登记。

第七十条 有下列情形之一的，当事人可以持不动产登记证明、抵押权消灭的材料等必要材料，申请抵押权注销登记：

（一）主债权消灭；

（二）抵押权已经实现；

（三）抵押权人放弃抵押权；

（四）法律、行政法规规定抵押权消灭的其他情形。

第七十一条 设立最高额抵押权的，当事人应当持不动产权属证书、最高额抵押合同与一定期间内将要连续发生的债权的合同或者其他登记原因材料等必要材料，申请最高额抵押权首次登记。

当事人申请最高额抵押权首次登记时，同意将最高额抵押权设立前已经存在的债权转入最高额抵押担保的债权范围的，还应当提交已存在债权的合同以及当事人同意将该债权纳入最高额抵押权担保范围的书面材料。

第七十二条 有下列情形之一的，当事人应当持不动产登记证明、最高额抵押权发生变更的材料等必要材料，申请最高额抵押权变更登记：

（一）抵押人、抵押权人的姓名或者名称变更的；

（二）债权范围变更的；

（三）最高债权额变更的；

（四）债权确定的期间变更的；

（五）抵押权顺位变更的；

（六）法律、行政法规规定的其他情形。

因最高债权额、债权范围、债务履行期限、债权确定的期间发生变更申请最高额抵押权变更登记时，如果该变更将对其他抵押权人产生不利影响的，当事人还应当提交其他抵押权人的书面同意文件与身份证或者户口簿等。

第七十三条 当发生导致最高额抵押权担保的债权被确定的事由，从而使最高额抵押权转变为一般抵押权时，当事人应当持不动产登记证明、最高额抵押权担保的债权已确定的材料等必要材料，申请办理确定最高额抵押权的登记。

第七十四条 最高额抵押权发生转移的，应当持不动产登记证明、部分债权转移的材料、当事人约定最高额抵押权随同部分债权的转让而转移的材料等必要材料，申请办理最高额抵押权转移登记。

债权人转让部分债权，当事人约定最高额抵押权随同部分债权的转让而转移的，应当分别申请下列登记：

（一）当事人约定原抵押权人与受让人共同享有最高额抵押权的，应当申请最高额抵押权的转移登记；

（二）当事人约定受让人享有一般抵押权、原抵押权人就扣减已转移的债权数额后继续享有最高额抵押权的，应当申请一般抵押权的首次登记以及最高额抵押权的变更登记；

（三）当事人约定原抵押权人不再享有最高额抵押权的，应当一并申请最高额抵押权确定登记以及一般抵押权转移登记。

最高额抵押权担保的债权确定前，债权人转让部分债权的，除当事人另有约定外，不动产登记机构不得办理最高额抵押权转移登记。

第七十五条 以建设用地使用权以及全部或者部分在建建筑物设定抵押的，应当一并申请建设用地使用权以及在建建筑物抵押权的首次登记。

当事人申请在建建筑物抵押权首次登记时，抵押财产不包括已经办理预告登记的预购商品房和已经办理预售备案的商品房。

前款规定的在建建筑物，是指正在建造、尚未办理所有权首次登记的房屋等建筑物。

第七十六条 申请在建建筑物抵押权首次登记的，当事人应当提交下列材料：

（一）抵押合同与主债权合同；

（二）享有建设用地使用权的不动产权属证书；

（三）建设工程规划许可证；

（四）其他必要材料。

第七十七条 在建建筑物抵押权变更、转移或者消灭的，当事人应当提交下列材料，申请变更登记、转移登记、注销登记：

（一）不动产登记证明；

（二）在建建筑物抵押权发生变更、转移或者消灭的材料；

（三）其他必要材料。

在建建筑物竣工，办理建筑物所有权首次登记时，当事人应当申请将在建建筑物抵押权登记转为建筑物抵押权登记。

第七十八条 申请预购商品房抵押登记，应当提交下列材料：

（一）抵押合同与主债权合同；

（二）预购商品房预告登记材料；

（三）其他必要材料。

预购商品房办理房屋所有权登记后，当事人应当申请将预购商品房抵押预告登记转为商品房抵押权首次登记。

第五章 其他登记

第一节 更正登记

第七十九条 权利人、利害关系人认为不动产登记簿记载的事项有错误，可以申请更正登记。

权利人申请更正登记的，应当提交下列材料：

（一）不动产权属证书；

（二）证实登记确有错误的材料；

（三）其他必要材料。

利害关系人申请更正登记的，应当提交利害关系材料、证实不动产登记簿记载错误的材料以及其他必要材料。

第八十条 不动产权利人或者利害关系人申请更正登记，不动产登记机构认为不动产登记簿记载确有错误的，应当予以更正；但在错误登记之后已经办理了涉及不动产权利处分的登记、预告登记和查封登记的除外。

不动产权属证书或者不动产登记证明填制错误以及不动产登记机构在办理更正登记中，需要更正不动产权属证书或者不动产登记证明内容的，应当书面通知权利人换发，并把换发不动产权属证书或者不动产登记证明的事项记载于登记簿。

不动产登记簿记载无误的，不动产登记机构不予更正，并书面通知申请人。

第八十一条 不动产登记机构发现不动产登记簿记载的事项错误，应当通知当事人在30个工作日内办理更正登记。当事人逾期不办理的，不动产登记机构应当在公告15个工作日后，依法予以更正；但在错误登记之后已经办理了涉及不动产权利处分的登记、预告登记和查封登记的除外。

第二节 异议登记

第八十二条 利害关系人认为不动产登记簿记载的事项错误，权利人不同意更正的，利害关系人可以申请异议登记。

利害关系人申请异议登记的，应当提交下列材料：

（一）证实对登记的不动产权利有利害关系的材料；

（二）证实不动产登记簿记载的事项错误的材料；

（三）其他必要材料。

第八十三条 不动产登记机构受理异议登记申请的，应当将异议事项记载于不动产登记簿，并向申请人出具异议登记证明。

异议登记申请人应当在异议登记之日起 15 日内，提交人民法院受理通知书、仲裁委员会受理通知书等提起诉讼、申请仲裁的材料；逾期不提交的，异议登记失效。

异议登记失效后，申请人就同一事项以同一理由再次申请异议登记的，不动产登记机构不予受理。

第八十四条 异议登记期间，不动产登记簿上记载的权利人以及第三人因处分权利申请登记的，不动产登记机构应当书面告知申请人该权利已经存在异议登记的有关事项。申请人申请继续办理的，应当予以办理，但申请人应当提供知悉异议登记存在并自担风险的书面承诺。

第三节 预告登记

第八十五条 有下列情形之一的，当事人可以按照约定申请不动产预告登记：

（一）商品房等不动产预售的；

（二）不动产买卖、抵押的；

（三）以预购商品房设定抵押权的；

（四）法律、行政法规规定的其他情形。

预告登记生效期间，未经预告登记的权利人书面同意，处分该不动产权利申请登记的，不动产登记机构应当不予办理。

预告登记后，债权未消灭且自能够进行相应的不动产登记之日起 3 个月内，当事人申请不动产登记的，不动产登记机构应当按照预告登记事项办理相应的登记。

第八十六条 申请预购商品房的预告登记，应当提交下列材料：

（一）已备案的商品房预售合同；

（二）当事人关于预告登记的约定；

（三）其他必要材料。

预售人和预购人订立商品房买卖合同后，预售人未按照约定与预购人申请预告登记，预购人可以单方申请预告登记。

预购人单方申请预购商品房预告登记，预售人与预购人在商品房预售合同中对预告登记附有条件和期限的，预购人应当提交相应材料。

申请预告登记的商品房已经办理在建建筑物抵押权首次登记的，当事人应当一并申请在建建筑物抵押权注销登记，并提交不动产权属转移材料、不动产登记证明。不动产登记机构应当先办理在建建筑物抵押权注销登记，再办理预告登记。

第八十七条 申请不动产转移预告登记的，当事人应当提交下列材料：

（一）不动产转让合同；

（二）转让方的不动产权属证书；

（三）当事人关于预告登记的约定；

（四）其他必要材料。

第八十八条 抵押不动产，申请预告登记的，当事人应当提交下列材料：

（一）抵押合同与主债权合同；

（二）不动产权属证书；

（三）当事人关于预告登记的约定；

（四）其他必要材料。

第八十九条 预告登记未到期，有下列情形之一的，当事人可以持不动产登记证明、债权消灭或者权利人放弃预告登记的材料，以及法律、行政法规规定的其他必要材料申请注销预告登记：

（一）预告登记的权利人放弃预告登记的；

（二）债权消灭的；

（三）法律、行政法规规定的其他情形。

第四节 查封登记

第九十条 人民法院要求不动产登记机构办理查封登记的，应当提交下列材料：

（一）人民法院工作人员的工作证；

（二）协助执行通知书；

（三）其他必要材料。

第九十一条 两个以上人民法院查封同一不动产的，不动产登记机构应当为先送达协助执行通知书的人民法院办理查封登记，对后送达协助执行通知书的人民法院办理轮候查封登记。

轮候查封登记的顺序按照人民法院协助执行通知书送达不动产登记机构的时间先后进行排列。

第九十二条 查封期间，人民法院解除查封的，不动产登记机构应当及时根据人民法院协助执行通知书注销查封登记。

不动产查封期限届满，人民法院未续封的，查封登记失效。

第九十三条 人民检察院等其他国家有权机关依法要求不动产登记机构办理查封登记的，参照本节规定办理。

第六章 不动产登记资料的查询、保护和利用

第九十四条 不动产登记资料包括：

（一）不动产登记簿等不动产登记结果；

（二）不动产登记原始资料，包括不动产登记申请书、申请人身份材料、不动产权属来源、登记原因、不动产权籍调查成果等材料以及不动产登记机构审核材料。

不动产登记资料由不动产登记机构管理。不动产登记机构应当建立不动产登记资料管理制度以及信息安全保密制度，建设符合不动产登记资料安全保护标准的不动产登记资料存放场所。

不动产登记资料中属于归档范围的，按照相关法律、行政法规的规定进行归档管理，具体办法由自然资源部会同国家档案主管部门另行制定。

第九十五条 不动产登记机构应当加强不动产登记信息化建设，

按照统一的不动产登记信息管理基础平台建设要求和技术标准，做好数据整合、系统建设和信息服务等工作，加强不动产登记信息产品开发和技术创新，提高不动产登记的社会综合效益。

各级不动产登记机构应当采取措施保障不动产登记信息安全。任何单位和个人不得泄露不动产登记信息。

第九十六条 不动产登记机构、不动产交易机构建立不动产登记信息与交易信息互联共享机制，确保不动产登记与交易有序衔接。

不动产交易机构应当将不动产交易信息及时提供给不动产登记机构。不动产登记机构完成登记后，应当将登记信息及时提供给不动产交易机构。

第九十七条 国家实行不动产登记资料依法查询制度。

权利人、利害关系人按照《条例》第二十七条规定依法查询、复制不动产登记资料的，应当到具体办理不动产登记的不动产登记机构申请。

权利人可以查询、复制其不动产登记资料。

因不动产交易、继承、诉讼等涉及的利害关系人可以查询、复制不动产自然状况、权利人及其不动产查封、抵押、预告登记、异议登记等状况。

人民法院、人民检察院、国家安全机关、监察机关等可以依法查询、复制与调查和处理事项有关的不动产登记资料。

其他有关国家机关执行公务依法查询、复制不动产登记资料的，依照本条规定办理。

涉及国家秘密的不动产登记资料的查询，按照保守国家秘密法的有关规定执行。

第九十八条 权利人、利害关系人申请查询、复制不动产登记资料应当提交下列材料：

（一）查询申请书；

（二）查询目的的说明；

（三）申请人的身份材料；

（四）利害关系人查询的，提交证实存在利害关系的材料。

权利人、利害关系人委托他人代为查询的，还应当提交代理人的身份证明材料、授权委托书。权利人查询其不动产登记资料无需提供查询目的的说明。

有关国家机关查询的，应当提供本单位出具的协助查询材料、工作人员的工作证。

第九十九条 有下列情形之一的，不动产登记机构不予查询，并书面告知理由：

（一）申请查询的不动产不属于不动产登记机构管辖范围的；

（二）查询人提交的申请材料不符合规定的；

（三）申请查询的主体或者查询事项不符合规定的；

（四）申请查询的目的不合法的；

（五）法律、行政法规规定的其他情形。

第一百条 对符合本实施细则规定的查询申请，不动产登记机构应当当场提供查询；因情况特殊，不能当场提供查询的，应当在5个工作日内提供查询。

第一百零一条 查询人查询不动产登记资料，应当在不动产登记机构设定的场所进行。

不动产登记原始资料不得带离设定的场所。

查询人在查询时应当保持不动产登记资料的完好，严禁遗失、拆散、调换、抽取、污损登记资料，也不得损坏查询设备。

第一百零二条 查询人可以查阅、抄录不动产登记资料。查询人要求复制不动产登记资料的，不动产登记机构应当提供复制。

查询人要求出具查询结果证明的，不动产登记机构应当出具查询结果证明。查询结果证明应注明查询目的及日期，并加盖不动产登记机构查询专用章。

第七章 法律责任

第一百零三条 不动产登记机构工作人员违反本实施细则规定，

有下列行为之一，依法给予处分；构成犯罪的，依法追究刑事责任：

（一）对符合登记条件的登记申请不予登记，对不符合登记条件的登记申请予以登记；

（二）擅自复制、篡改、毁损、伪造不动产登记簿；

（三）泄露不动产登记资料、登记信息；

（四）无正当理由拒绝申请人查询、复制登记资料；

（五）强制要求权利人更换新的权属证书。

第一百零四条 当事人违反本实施细则规定，有下列行为之一，构成违反治安管理行为的，依法给予治安管理处罚；给他人造成损失的，依法承担赔偿责任；构成犯罪的，依法追究刑事责任：

（一）采用提供虚假材料等欺骗手段申请登记；

（二）采用欺骗手段申请查询、复制登记资料；

（三）违反国家规定，泄露不动产登记资料、登记信息；

（四）查询人遗失、拆散、调换、抽取、污损登记资料的；

（五）擅自将不动产登记资料带离查询场所、损坏查询设备的。

第八章 附 则

第一百零五条 本实施细则施行前，依法核发的各类不动产权属证书继续有效。不动产权利未发生变更、转移的，不动产登记机构不得强制要求不动产权利人更换不动产权属证书。

不动产登记过渡期内，农业部会同自然资源部等部门负责指导农村土地承包经营权的统一登记工作，按照农业部有关规定办理耕地的土地承包经营权登记。不动产登记过渡期后，由自然资源部负责指导农村土地承包经营权登记工作。

第一百零六条 不动产信托依法需要登记的，由自然资源部会同有关部门另行规定。

第一百零七条 军队不动产登记，其申请材料经军队不动产主管部门审核后，按照本实施细则规定办理。

第一百零八条 自然资源部委托北京市规划和自然资源委员会直接办理在京中央国家机关的不动产登记。

在京中央国家机关申请不动产登记时，应当提交《不动产登记暂行条例》及本实施细则规定的材料和有关机关事务管理局出具的不动产登记审核意见。不动产权属资料不齐全的，还应当提交由有关机关事务管理局确认盖章的不动产权属来源说明函。不动产权籍调查由有关机关事务管理局会同北京市规划和自然资源委员会组织进行的，还应当提交申请登记不动产单元的不动产权籍调查资料。

北京市规划和自然资源委员会办理在京中央国家机关不动产登记时，应当使用自然资源部制发的“自然资源部不动产登记专用章”。

第一百零九条 本实施细则自公布之日起施行。

农村土地经营权流转管理办法

（2021年1月26日农业农村部令2021年第1号发布 自2021年3月1日起施行）

第一章 总 则

第一条 为了规范农村土地经营权（以下简称土地经营权）流转行为，保障流转当事人合法权益，加快农业农村现代化，维护农村社会和谐稳定，根据《中华人民共和国农村土地承包法》等法律及有关规定，制定本办法。

第二条 土地经营权流转应当坚持农村土地农民集体所有、农户家庭承包经营的基本制度，保持农村土地承包关系稳定并长久不变，遵循依法、自愿、有偿原则，任何组织和个人不得强迫或者阻碍承包方流转土地经营权。

第三条 土地经营权流转不得损害农村集体经济组织和利害关

系人的合法权益，不得破坏农业综合生产能力和农业生态环境，不得改变承包土地的所有权性质及其农业用途，确保农地农用，优先用于粮食生产，制止耕地“非农化”、防止耕地“非粮化”。

第四条 土地经营权流转应当因地制宜、循序渐进，把握好流转、集中、规模经营的度，流转规模应当与城镇化进程和农村劳动力转移规模相适应，与农业科技进步和生产手段改进程度相适应，与农业社会化服务水平提高相适应，鼓励各地建立多种形式的土地经营权流转风险防范和保障机制。

第五条 农业农村部负责全国土地经营权流转及流转合同管理的指导。

县级以上地方人民政府农业农村主管（农村经营管理）部门依照职责，负责本行政区域内土地经营权流转及流转合同管理。

乡（镇）人民政府负责本行政区域内土地经营权流转及流转合同管理。

第二章　流转当事人

第六条 承包方在承包期限内有权依法自主决定土地经营权是否流转，以及流转对象、方式、期限等。

第七条 土地经营权流转收益归承包方所有，任何组织和个人不得擅自截留、扣缴。

第八条 承包方自愿委托发包方、中介组织或者他人流转其土地经营权的，应当由承包方出具流转委托书。委托书应当载明委托的事项、权限和期限等，并由委托人和受托人签字或者盖章。

没有承包方的书面委托，任何组织和个人无权以任何方式决定流转承包方的土地经营权。

第九条 土地经营权流转的受让方应当为具有农业经营能力或者资质的组织和个人。在同等条件下，本集体经济组织成员享有优先权。

第十条 土地经营权流转的方式、期限、价款和具体条件，由流转双方平等协商确定。流转期限届满后，受让方享有以同等条件优先续约的权利。

第十一条 受让方应当依照有关法律法规保护土地，禁止改变土地的农业用途。禁止闲置、荒芜耕地，禁止占用耕地建窑、建坟或者擅自在耕地上建房、挖砂、采石、采矿、取土等。禁止占用永久基本农田发展林果业和挖塘养鱼。

第十二条 受让方将流转取得的土地经营权再流转以及向金融机构融资担保的，应当事先取得承包方书面同意，并向发包方备案。

第十三条 经承包方同意，受让方依法投资改良土壤，建设农业生产附属、配套设施，及农业生产中直接用于作物种植和畜禽水产养殖设施的，土地经营权流转合同到期或者未到期由承包方依法提前收回承包土地时，受让方有权获得合理补偿。具体补偿办法可在土地经营权流转合同中约定或者由双方协商确定。

第三章　流 转 方 式

第十四条 承包方可以采取出租（转包）、入股或者其他符合有关法律和国家政策规定的方式流转土地经营权。

出租（转包），是指承包方将部分或者全部土地经营权，租赁给他人从事农业生产经营。

入股，是指承包方将部分或者全部土地经营权作价出资，成为公司、合作经济组织等股东或者成员，并用于农业生产经营。

第十五条 承包方依法采取出租（转包）、入股或者其他方式将土地经营权部分或者全部流转的，承包方与发包方的承包关系不变，双方享有的权利和承担的义务不变。

第十六条 承包方自愿将土地经营权入股公司发展农业产业化经营的，可以采取优先股等方式降低承包方风险。公司解散时入股土地应当退回原承包方。

第四章　流转合同

第十七条　承包方流转土地经营权，应当与受让方在协商一致的基础上签订书面流转合同，并向发包方备案。

承包方将土地交由他人代耕不超过一年的，可以不签订书面合同。

第十八条　承包方委托发包方、中介组织或者他人流转土地经营权的，流转合同应当由承包方或者其书面委托的受托人签订。

第十九条　土地经营权流转合同一般包括以下内容：

（一）双方当事人的姓名或者名称、住所、联系方式等；

（二）流转土地的名称、四至、面积、质量等级、土地类型、地块代码等；

（三）流转的期限和起止日期；

（四）流转方式；

（五）流转土地的用途；

（六）双方当事人的权利和义务；

（七）流转价款或者股份分红，以及支付方式和支付时间；

（八）合同到期后地上附着物及相关设施的处理；

（九）土地被依法征收、征用、占用时有关补偿费的归属；

（十）违约责任。

土地经营权流转合同示范文本由农业农村部制定。

第二十条　承包方不得单方解除土地经营权流转合同，但受让方有下列情形之一的除外：

（一）擅自改变土地的农业用途；

（二）弃耕抛荒连续两年以上；

（三）给土地造成严重损害或者严重破坏土地生态环境；

（四）其他严重违约行为。

有以上情形，承包方在合理期限内不解除土地经营权流转合同的，发包方有权要求终止土地经营权流转合同。

受让方对土地和土地生态环境造成的损害应当依法予以赔偿。

第五章　流 转 管 理

第二十一条　发包方对承包方流转土地经营权、受让方再流转土地经营权以及承包方、受让方利用土地经营权融资担保的，应当办理备案，并报告乡（镇）人民政府农村土地承包管理部门。

第二十二条　乡（镇）人民政府农村土地承包管理部门应当向达成流转意向的双方提供统一文本格式的流转合同，并指导签订。流转合同中有违反法律法规的，应当及时予以纠正。

第二十三条　乡（镇）人民政府农村土地承包管理部门应当建立土地经营权流转台账，及时准确记载流转情况。

第二十四条　乡（镇）人民政府农村土地承包管理部门应当对土地经营权流转有关文件、资料及流转合同等进行归档并妥善保管。

第二十五条　鼓励各地建立土地经营权流转市场或者农村产权交易市场。县级以上地方人民政府农业农村主管（农村经营管理）部门应当加强业务指导，督促其建立健全运行规则，规范开展土地经营权流转政策咨询、信息发布、合同签订、交易鉴证、权益评估、融资担保、档案管理等服务。

第二十六条　县级以上地方人民政府农业农村主管（农村经营管理）部门应当按照统一标准和技术规范建立国家、省、市、县等互联互通的农村土地承包信息应用平台，健全土地经营权流转合同网签制度，提升土地经营权流转规范化、信息化管理水平。

第二十七条　县级以上地方人民政府农业农村主管（农村经营管理）部门应当加强对乡（镇）人民政府农村土地承包管理部门工作的指导。乡（镇）人民政府农村土地承包管理部门应当依法开展土地经营权流转的指导和管理工作。

第二十八条　县级以上地方人民政府农业农村主管（农村经营

管理）部门应当加强服务，鼓励受让方发展粮食生产；鼓励和引导工商企业等社会资本（包括法人、非法人组织或者自然人等）发展适合企业化经营的现代种养业。

县级以上地方人民政府农业农村主管（农村经营管理）部门应当根据自然经济条件、农村劳动力转移情况、农业机械化水平等因素，引导受让方发展适度规模经营，防止垒大户。

第二十九条 县级以上地方人民政府对工商企业等社会资本流转土地经营权，依法建立分级资格审查和项目审核制度。审查审核的一般程序如下：

（一）受让主体与承包方就流转面积、期限、价款等进行协商并签订流转意向协议书。涉及未承包到户集体土地等集体资源的，应当按照法定程序经本集体经济组织成员的村民会议三分之二以上成员或者三分之二以上村民代表的同意，并与集体经济组织签订流转意向协议书。

（二）受让主体按照分级审查审核规定，分别向乡（镇）人民政府农村土地承包管理部门或者县级以上地方人民政府农业农村主管（农村经营管理）部门提出申请，并提交流转意向协议书、农业经营能力或者资质证明、流转项目规划等相关材料。

（三）县级以上地方人民政府或者乡（镇）人民政府应当依法组织相关职能部门、农村集体经济组织代表、农民代表、专家等就土地用途、受让主体农业经营能力，以及经营项目是否符合粮食生产等产业规划等进行审查审核，并于受理之日起 20 个工作日内作出审查审核意见。

（四）审查审核通过的，受让主体与承包方签订土地经营权流转合同。未按规定提交审查审核申请或者审查审核未通过的，不得开展土地经营权流转活动。

第三十条 县级以上地方人民政府依法建立工商企业等社会资本通过流转取得土地经营权的风险防范制度，加强事中事后监管，及时查处纠正违法违规行为。

鼓励承包方和受让方在土地经营权流转市场或者农村产权交易

市场公开交易。

对整村（组）土地经营权流转面积较大、涉及农户较多、经营风险较高的项目，流转双方可以协商设立风险保障金。

鼓励保险机构为土地经营权流转提供流转履约保证保险等多种形式保险服务。

第三十一条 农村集体经济组织为工商企业等社会资本流转土地经营权提供服务的，可以收取适量管理费用。收取管理费用的金额和方式应当由农村集体经济组织、承包方和工商企业等社会资本三方协商确定。管理费用应当纳入农村集体经济组织会计核算和财务管理，主要用于农田基本建设或者其他公益性支出。

第三十二条 县级以上地方人民政府可以根据本办法，结合本行政区域实际，制定工商企业等社会资本通过流转取得土地经营权的资格审查、项目审核和风险防范实施细则。

第三十三条 土地经营权流转发生争议或者纠纷的，当事人可以协商解决，也可以请求村民委员会、乡（镇）人民政府等进行调解。

当事人不愿意协商、调解或者协商、调解不成的，可以向农村土地承包仲裁机构申请仲裁，也可以直接向人民法院提起诉讼。

第六章 附　　则

第三十四条 本办法所称农村土地，是指除林地、草地以外的，农民集体所有和国家所有依法由农民集体使用的耕地和其他用于农业的土地。

本办法所称农村土地经营权流转，是指在承包方与发包方承包关系保持不变的前提下，承包方依法在一定期限内将土地经营权部分或者全部交由他人自主开展农业生产经营的行为。

第三十五条 通过招标、拍卖和公开协商等方式承包荒山、荒沟、荒丘、荒滩等农村土地，经依法登记取得权属证书的，可以流转土地经营权，其流转管理参照本办法执行。

第三十六条 本办法自 2021 年 3 月 1 日起施行。农业部 2005 年 1 月 19 日发布的《农村土地承包经营权流转管理办法》（农业部令第 47 号）同时废止。

农村土地承包合同管理办法

（2023 年 1 月 29 日农业农村部第 1 次常务会议审议通过　2023 年 2 月 17 日中华人民共和国农业农村部令 2023 年第 1 号公布　自 2023 年 5 月 1 日起施行）

第一章　总　　则

第一条 为了规范农村土地承包合同的管理，维护承包合同当事人的合法权益，维护农村社会和谐稳定，根据《中华人民共和国农村土地承包法》等法律及有关规定，制定本办法。

第二条 农村土地承包经营应当巩固和完善以家庭承包经营为基础、统分结合的双层经营体制，保持农村土地承包关系稳定并长久不变。农村土地承包经营，不得改变土地的所有权性质。

第三条 农村土地承包经营应当依法签订承包合同。土地承包经营权自承包合同生效时设立。

承包合同订立、变更和终止的，应当开展土地承包经营权调查。

第四条 农村土地承包合同管理应当遵守法律、法规，保护土地资源的合理开发和可持续利用，依法落实耕地利用优先序。发包方和承包方应当依法履行保护农村土地的义务。

第五条 农村土地承包合同管理应当充分维护农民的财产权益，任何组织和个人不得剥夺和非法限制农村集体经济组织成员承包土地的权利。妇女与男子享有平等的承包农村土地的权利。

承包方承包土地后，享有土地承包经营权，可以自己经营，也可以保留土地承包权，流转其承包地的土地经营权，由他人经营。

第六条 农业农村部负责全国农村土地承包合同管理的指导。

县级以上地方人民政府农业农村主管（农村经营管理）部门负责本行政区域内农村土地承包合同管理。

乡（镇）人民政府负责本行政区域内农村土地承包合同管理。

第二章 承包方案

第七条 本集体经济组织成员的村民会议依法选举产生的承包工作小组，应当依照法律、法规的规定拟订承包方案，并在本集体经济组织范围内公示不少于十五日。

承包方案应当依法经本集体经济组织成员的村民会议三分之二以上成员或者三分之二以上村民代表的同意。

承包方案由承包工作小组公开组织实施。

第八条 承包方案应当符合下列要求：

（一）内容合法；

（二）程序规范；

（三）保障农村集体经济组织成员合法权益；

（四）不得违法收回、调整承包地；

（五）法律、法规和规章规定的其他要求。

第九条 县级以上地方人民政府农业农村主管（农村经营管理）部门、乡（镇）人民政府农村土地承包管理部门应当指导制定承包方案，并对承包方案的实施进行监督，发现问题的，应当及时予以纠正。

第三章 承包合同的订立、变更和终止

第十条 承包合同应当符合下列要求：

（一）文本规范；

（二）内容合法；

（三）双方当事人签名、盖章或者按指印；

（四）法律、法规和规章规定的其他要求。

县级以上地方人民政府农业农村主管（农村经营管理）部门、乡（镇）人民政府农村土地承包管理部门应当依法指导发包方和承包方订立、变更或者终止承包合同，并对承包合同实施监督，发现不符合前款要求的，应当及时通知发包方更正。

第十一条 发包方和承包方应当采取书面形式签订承包合同。

承包合同一般包括以下条款：

（一）发包方、承包方的名称，发包方负责人和承包方代表的姓名、住所；

（二）承包土地的名称、坐落、面积、质量等级；

（三）承包方家庭成员信息；

（四）承包期限和起止日期；

（五）承包土地的用途；

（六）发包方和承包方的权利和义务；

（七）违约责任。

承包合同示范文本由农业农村部制定。

第十二条 承包合同自双方当事人签名、盖章或者按指印时成立。

第十三条 承包期内，出现下列情形之一的，承包合同变更：

（一）承包方依法分立或者合并的；

（二）发包方依法调整承包地的；

（三）承包方自愿交回部分承包地的；

（四）土地承包经营权互换的；

（五）土地承包经营权部分转让的；

（六）承包地被部分征收的；

（七）法律、法规和规章规定的其他情形。

承包合同变更的，变更后的承包期限不得超过承包期的剩余期限。

第十四条 承包期内，出现下列情形之一的，承包合同终止：

（一）承包方消亡的；

（二）承包方自愿交回全部承包地的；

（三）土地承包经营权全部转让的；

（四）承包地被全部征收的；

（五）法律、法规和规章规定的其他情形。

第十五条 承包地被征收、发包方依法调整承包地或者承包方消亡的，发包方应当变更或者终止承包合同。

除前款规定的情形外，承包合同变更、终止的，承包方向发包方提出申请，并提交以下材料：

（一）变更、终止承包合同的书面申请；

（二）原承包合同；

（三）承包方分立或者合并的协议，交回承包地的书面通知或者协议，土地承包经营权互换合同、转让合同等其他相关证明材料；

（四）具有土地承包经营权的全部家庭成员同意变更、终止承包合同的书面材料；

（五）法律、法规和规章规定的其他材料。

第十六条 省级人民政府农业农村主管部门可以根据本行政区域实际依法制定承包方分立、合并、消亡而导致承包合同变更、终止的具体规定。

第十七条 承包期内，因自然灾害严重毁损承包地等特殊情形对个别农户之间承包地需要适当调整的，发包方应当制定承包地调整方案，并应当经本集体经济组织成员的村民会议三分之二以上成员或者三分之二以上村民代表的同意。承包合同中约定不得调整的，按照其约定。

调整方案通过之日起二十个工作日内，发包方应当将调整方案报乡（镇）人民政府和县级人民政府农业农村主管（农村经营管理）部门批准。

乡（镇）人民政府应当于二十个工作日内完成调整方案的审批，并报县级人民政府农业农村主管（农村经营管理）部门；县级人民政府农业农村主管（农村经营管理）部门应当于二十个工作日内完成调整方案的审批。乡（镇）人民政府、县级人民政府农业农村主管（农村经营管理）部门对违反法律、法规和规章规定的调整方案，应当及时通知发包方予以更正，并重新申请批准。

调整方案未经乡（镇）人民政府和县级人民政府农业农村主管（农村经营管理）部门批准的，发包方不得调整承包地。

第十八条 承包方自愿将部分或者全部承包地交回发包方的，承包方与发包方在该土地上的承包关系终止，承包期内其土地承包经营权部分或者全部消灭，并不得再要求承包土地。

承包方自愿交回承包地的，应当提前半年以书面形式通知发包方。承包方对其在承包地上投入而提高土地生产能力的，有权获得相应的补偿。交回承包地的其他补偿，由发包方和承包方协商确定。

第十九条 为了方便耕种或者各自需要，承包方之间可以互换属于同一集体经济组织的不同承包地块的土地承包经营权。

土地承包经营权互换的，应当签订书面合同，并向发包方备案。

承包方提交备案的互换合同，应当符合下列要求：

（一）互换双方是属于同一集体经济组织的农户；

（二）互换后的承包期限不超过承包期的剩余期限；

（三）法律、法规和规章规定的其他事项。

互换合同备案后，互换双方应当与发包方变更承包合同。

第二十条 经承包方申请和发包方同意，承包方可以将部分或者全部土地承包经营权转让给本集体经济组织的其他农户。

承包方转让土地承包经营权的，应当以书面形式向发包方提交申请。发包方同意转让的，承包方与受让方应当签订书面合同；发包方不同意转让的，应当于七日内向承包方书面说明理由。发包方无法定理由的，不得拒绝同意承包方的转让申请。未经发包方同意的，土地承包经营权转让合同无效。

土地承包经营权转让合同，应当符合下列要求：

（一）受让方是本集体经济组织的农户；

（二）转让后的承包期限不超过承包期的剩余期限；

（三）法律、法规和规章规定的其他事项。

土地承包经营权转让后，受让方应当与发包方签订承包合同。原承包方与发包方在该土地上的承包关系终止，承包期内其土地承包经营权部分或者全部消灭，并不得再要求承包土地。

第四章 承包档案和信息管理

第二十一条 承包合同管理工作中形成的，对国家、社会和个人有保存价值的文字、图表、声像、数据等各种形式和载体的材料，应当纳入农村土地承包档案管理。

县级以上地方人民政府农业农村主管（农村经营管理）部门、乡（镇）人民政府农村土地承包管理部门应当制定工作方案、健全档案工作管理制度、落实专项经费、指定工作人员、配备必要设施设备，确保农村土地承包档案完整与安全。

发包方应当将农村土地承包档案纳入村级档案管理。

第二十二条 承包合同管理工作中产生、使用和保管的数据，包括承包地权属数据、地理信息数据和其他相关数据等，应当纳入农村土地承包数据管理。

县级以上地方人民政府农业农村主管（农村经营管理）部门负责本行政区域内农村土地承包数据的管理，组织开展数据采集、使用、更新、保管和保密等工作，并向上级业务主管部门提交数据。

鼓励县级以上地方人民政府农业农村主管（农村经营管理）部门通过数据交换接口、数据抄送等方式与相关部门和机构实现承包合同数据互通共享，并明确使用、保管和保密责任。

第二十三条 县级以上地方人民政府农业农村主管（农村经营管理）部门应当加强农村土地承包合同管理信息化建设，按照统一标准和技术规范建立国家、省、市、县等互联互通的农村土地承包信息应用平台。

第二十四条 县级以上地方人民政府农业农村主管（农村经营管理）部门、乡（镇）人民政府农村土地承包管理部门应当利用农村土地承包信息应用平台，组织开展承包合同网签。

第二十五条 承包方、利害关系人有权依法查询、复制农村土地承包档案和农村土地承包数据的相关资料，发包方、乡（镇）人民政府农村土地承包管理部门、县级以上地方人民政府农业农村主管（农村经营管理）部门应当依法提供。

第五章 土地承包经营权调查

第二十六条 土地承包经营权调查，应当查清发包方、承包方的名称，发包方负责人和承包方代表的姓名、身份证号码、住所，承包方家庭成员，承包地块的名称、坐落、面积、质量等级、土地用途等信息。

第二十七条 土地承包经营权调查应当按照农村土地承包经营权调查规程实施，一般包括准备工作、权属调查、地块测量、审核公示、勘误修正、结果确认、信息入库、成果归档等。

农村土地承包经营权调查规程由农业农村部制定。

第二十八条 土地承包经营权调查的成果，应当符合农村土地承包经营权调查规程的质量要求，并纳入农村土地承包信息应用平台统一管理。

第二十九条 县级以上地方人民政府农业农村主管（农村经营管理）部门、乡（镇）人民政府农村土地承包管理部门依法组织开展本行政区域内的土地承包经营权调查。

土地承包经营权调查可以依法聘请具有相应资质的单位开展。

第六章 法律责任

第三十条 国家机关及其工作人员利用职权干涉承包合同的订立、变更、终止，给承包方造成损失的，应当依法承担损害赔偿等责任；情节严重的，由上级机关或者所在单位给予直接责任人员处分；构成犯罪的，依法追究刑事责任。

第三十一条 土地承包经营权调查、农村土地承包档案管理、农村土地承包数据管理和使用过程中发生的违法行为，根据相关法律法规的规定予以处罚；构成犯罪的，依法追究刑事责任。

第七章 附 则

第三十二条 本办法所称农村土地，是指除林地、草地以外的，农民集体所有和国家所有依法由农民集体使用的耕地和其他依法用于农业的土地。

本办法所称承包合同，是指在家庭承包方式中，发包方和承包方依法签订的土地承包经营权合同。

第三十三条 本办法施行以前依法签订的承包合同继续有效。

第三十四条 本办法自2023年5月1日起施行。农业部2003年11月14日发布的《中华人民共和国农村土地承包经营权证管理办法》（农业部令第33号）同时废止。

土地调查条例

（2008年2月7日中华人民共和国国务院令第518号公布 根据2016年2月6日《国务院关于修改部分行政法规的决定》第一次修订 根据2018年3月19日《国务院关于修改和废止部分行政法规的决定》第二次修订）

第一章 总 则

第一条 为了科学、有效地组织实施土地调查，保障土地调查数据的真实性、准确性和及时性，根据《中华人民共和国土地管理法》和《中华人民共和国统计法》，制定本条例。

第二条 土地调查的目的，是全面查清土地资源和利用状况，掌握真实准确的土地基础数据，为科学规划、合理利用、有效保护土地资源，实施最严格的耕地保护制度，加强和改善宏观调控提供依据，促进经济社会全面协调可持续发展。

第三条 土地调查工作按照全国统一领导、部门分工协作、地方分级负责、各方共同参与的原则组织实施。

第四条 土地调查所需经费，由中央和地方各级人民政府共同负担，列入相应年度的财政预算，按时拨付，确保足额到位。

土地调查经费应当统一管理、专款专用、从严控制支出。

第五条 报刊、广播、电视和互联网等新闻媒体，应当及时开展土地调查工作的宣传报道。

第二章 土地调查的内容和方法

第六条 国家根据国民经济和社会发展需要，每10年进行一次全国土地调查；根据土地管理工作的需要，每年进行土地变更调查。

第七条 土地调查包括下列内容：

（一）土地利用现状及变化情况，包括地类、位置、面积、分布等状况；

（二）土地权属及变化情况，包括土地的所有权和使用权状况；

（三）土地条件，包括土地的自然条件、社会经济条件等状况。

进行土地利用现状及变化情况调查时，应当重点调查基本农田现状及变化情况，包括基本农田的数量、分布和保护状况。

第八条 土地调查采用全面调查的方法，综合运用实地调查统计、遥感监测等手段。

第九条 土地调查采用《土地利用现状分类》国家标准、统一的技术规程和按照国家统一标准制作的调查基础图件。

土地调查技术规程，由国务院国土资源主管部门会同国务院有关部门制定。

第三章 土地调查的组织实施

第十条 县级以上人民政府国土资源主管部门会同同级有关部门进行土地调查。

乡（镇）人民政府、街道办事处和村（居）民委员会应当广泛动员和组织社会力量积极参与土地调查工作。

第十一条 县级以上人民政府有关部门应当积极参与和密切配合土地调查工作，依法提供土地调查需要的相关资料。

社会团体以及与土地调查有关的单位和个人应当依照本条例的规定，配合土地调查工作。

第十二条 全国土地调查总体方案由国务院国土资源主管部门会同国务院有关部门拟订，报国务院批准。县级以上地方人民政府国土资源主管部门会同同级有关部门按照国家统一要求，根据本行政区域的土地利用特点，编制地方土地调查实施方案，报上一级人民政府国土资源主管部门备案。

第十三条 在土地调查中，需要面向社会选择专业调查队伍承担的土地调查任务，应当通过招标投标方式组织实施。

承担土地调查任务的单位应当具备以下条件：

（一）具有法人资格；

（二）有与土地调查相关的工作业绩；

（三）有完备的技术和质量管理制度；

（四）有经过培训且考核合格的专业技术人员。

国务院国土资源主管部门应当会同国务院有关部门加强对承担土地调查任务单位的监管和服务。

第十四条 土地调查人员应当坚持实事求是，恪守职业道德，具有执行调查任务所需要的专业知识。

土地调查人员应当接受业务培训，经考核合格领取全国统一的土地调查员工作证。

第十五条 土地调查人员应当严格执行全国土地调查总体方案和地方土地调查实施方案、《土地利用现状分类》国家标准和统一的技术规程，不得伪造、篡改调查资料，不得强令、授意调查对象提供虚假的调查资料。

土地调查人员应当对其登记、审核、录入的调查资料与现场调查资料的一致性负责。

第十六条 土地调查人员依法独立行使调查、报告、监督和检查职权，有权根据工作需要进行现场调查，并按照技术规程进行现场作业。

土地调查人员有权就与调查有关的问题询问有关单位和个人，要求有关单位和个人如实提供相关资料。

土地调查人员进行现场调查、现场作业以及询问有关单位和个人时，应当出示土地调查员工作证。

第十七条 接受调查的有关单位和个人应当如实回答询问，履行现场指界义务，按照要求提供相关资料，不得转移、隐匿、篡改、毁弃原始记录和土地登记簿等相关资料。

第十八条 各地方、各部门、各单位的负责人不得擅自修改土地调查资料、数据，不得强令或者授意土地调查人员篡改调查资料、数据或者编造虚假数据，不得对拒绝、抵制篡改调查资料、数据或者编造虚假数据的土地调查人员打击报复。

第四章 调查成果处理和质量控制

第十九条 土地调查形成下列调查成果：

（一）数据成果；

（二）图件成果；

（三）文字成果；

（四）数据库成果。

第二十条 土地调查成果实行逐级汇交、汇总统计制度。

土地调查数据的处理和上报应当按照全国土地调查总体方案和有关标准进行。

第二十一条 县级以上地方人民政府对本行政区域的土地调查成果质量负总责，主要负责人是第一责任人。

县级以上人民政府国土资源主管部门会同同级有关部门对调查的各个环节实行质量控制，建立土地调查成果质量控制岗位责任制，切实保证调查的数据、图件和被调查土地实际状况三者一致，并对其加工、整理、汇总的调查成果的准确性负责。

第二十二条 国务院国土资源主管部门会同国务院有关部门统一组织土地调查成果质量的抽查工作。抽查结果作为评价土地调查成果质量的重要依据。

第二十三条 土地调查成果实行分阶段、分级检查验收制度。前一阶段土地调查成果经检查验收合格后，方可开展下一阶段的调查工作。

土地调查成果检查验收办法，由国务院国土资源主管部门会同国务院有关部门制定。

第五章 调查成果公布和应用

第二十四条 国家建立土地调查成果公布制度。

土地调查成果应当向社会公布，并接受公开查询，但依法应当保密的除外。

第二十五条 全国土地调查成果，报国务院批准后公布。

地方土地调查成果，经本级人民政府审核，报上一级人民政府批准后公布。

全国土地调查成果公布后，县级以上地方人民政府方可逐级依次公布本行政区域的土地调查成果。

第二十六条 县级以上人民政府国土资源主管部门会同同级有关部门做好土地调查成果的保存、管理、开发、应用和为社会公众提供服务等工作。

国家通过土地调查，建立互联共享的土地调查数据库，并做好维护、更新工作。

第二十七条 土地调查成果是编制国民经济和社会发展规划以及从事国土资源规划、管理、保护和利用的重要依据。

第二十八条 土地调查成果应当严格管理和规范使用，不作为依照其他法律、行政法规对调查对象实施行政处罚的依据，不作为划分部门职责分工和管理范围的依据。

第六章 表彰和处罚

第二十九条 对在土地调查工作中做出突出贡献的单位和个人，应当按照国家有关规定给予表彰或者奖励。

第三十条 地方、部门、单位的负责人有下列行为之一的，依法给予处分；构成犯罪的，依法追究刑事责任：

（一）擅自修改调查资料、数据的；

（二）强令、授意土地调查人员篡改调查资料、数据或者编造虚假数据的；

（三）对拒绝、抵制篡改调查资料、数据或者编造虚假数据的土地调查人员打击报复的。

第三十一条 土地调查人员不执行全国土地调查总体方案和地方土地调查实施方案、《土地利用现状分类》国家标准和统一的技术规程，或者伪造、篡改调查资料，或者强令、授意接受调查的有关单位和个人提供虚假调查资料的，依法给予处分，并由县级以上人民政府国土资源主管部门、统计机构予以通报批评。

第三十二条 接受调查的单位和个人有下列行为之一的，由县级以上人民政府国土资源主管部门责令限期改正，可以处 5 万元以下的罚款；构成违反治安管理行为的，由公安机关依法给予治安管理处罚；构成犯罪的，依法追究刑事责任：

（一）拒绝或者阻挠土地调查人员依法进行调查的；

（二）提供虚假调查资料的；

（三）拒绝提供调查资料的；

（四）转移、隐匿、篡改、毁弃原始记录、土地登记簿等相关资料的。

第三十三条 县级以上地方人民政府有下列行为之一的，由上级人民政府予以通报批评；情节严重的，对直接负责的主管人员和其他直接责任人员依法给予处分：

（一）未按期完成土地调查工作，被责令限期完成，逾期仍未完成的；

（二）提供的土地调查数据失真，被责令限期改正，逾期仍未改正的。

第七章 附 则

第三十四条 军用土地调查，由国务院国土资源主管部门会同军队有关部门按照国家统一规定和要求制定具体办法。

中央单位使用土地的调查数据汇总内容的确定和成果的应用管理，由国务院国土资源主管部门会同国务院管理机关事务工作的机构负责。

第三十五条 县级以上人民政府可以按照全国土地调查总体方案和地方土地调查实施方案成立土地调查领导小组，组织和领导土地调查工作。必要时，可以设立土地调查领导小组办公室负责土地调查日常工作。

第三十六条 本条例自公布之日起施行。

土地调查条例实施办法

（2009 年 6 月 17 日国土资源部第 45 号令公布　根据 2016 年 1 月 5 日国土资源部第 1 次部务会议《国土资源部关于修改和废止部分部门规章的决定》第一次修正　根据 2019 年 7 月 16 日自然资源部第 2 次部务会议《自然资源部关于第一批废止和修改的部门规章的决定》第二次修正）

第一章　总　　则

第一条　为保证土地调查的有效实施，根据《土地调查条例》（以下简称条例），制定本办法。

第二条　土地调查是指对土地的地类、位置、面积、分布等自然属性和土地权属等社会属性及其变化情况，以及永久基本农田状况进行的调查、监测、统计、分析的活动。

第三条　土地调查包括全国土地调查、土地变更调查和土地专项调查。

全国土地调查，是指国家根据国民经济和社会发展需要，对全国城乡各类土地进行的全面调查。

土地变更调查，是指在全国土地调查的基础上，根据城乡土地利用现状及权属变化情况，随时进行城镇和村庄地籍变更调查和土地利用变更调查，并定期进行汇总统计。

土地专项调查，是指根据自然资源管理需要，在特定范围、特定时间内对特定对象进行的专门调查，包括耕地后备资源调查、土地利用动态遥感监测和勘测定界等。

第四条　全国土地调查，由国务院全国土地调查领导小组统一组织，县级以上人民政府土地调查领导小组遵照要求实施。

土地变更调查，由自然资源部会同有关部门组织，县级以上自然资源主管部门会同有关部门实施。

土地专项调查，由县级以上自然资源主管部门组织实施。

第五条 县级以上地方自然资源主管部门应当配合同级财政部门，根据条例规定落实地方人民政府土地调查所需经费。必要时，可以与同级财政部门共同制定土地调查经费从新增建设用地土地有偿使用费、国有土地使用权有偿出让收入等土地收益中列支的管理办法。

第六条 在土地调查工作中作出突出贡献的单位和个人，由有关自然资源主管部门按照国家规定给予表彰或者奖励。

第二章 土地调查机构及人员

第七条 国务院全国土地调查领导小组办公室设在自然资源部，县级以上地方人民政府土地调查领导小组办公室设在同级自然资源主管部门。

县级以上自然资源主管部门应当明确专门机构和人员，具体负责土地变更调查和土地专项调查等工作。

第八条 土地调查人员包括县级以上自然资源政主管部门和相关部门的工作人员，有关事业单位的人员以及承担土地调查任务单位的人员。

第九条 土地调查人员应当经过省级以上自然资源主管部门组织的业务培训，通过全国统一的土地调查人员考核，领取土地调查员工作证。

已取得自然资源部、人力资源和社会保障部联合颁发的土地登记代理人资格证书的人员，可以直接申请取得土地调查员工作证。

土地调查员工作证由自然资源部统一制发，按照规定统一编号管理。

第十条 承担国家级土地调查任务的单位，应当具备以下条件：

（一）近三年内有累计合同额 1000 万元以上，经县级以上自然资源主管部门验收合格的土地调查项目；

（二）有专门的质量检验机构和专职质量检验人员，有完善有效的土地调查成果质量保证制度；

（三）近三年内无土地调查成果质量不良记录，并未被列入失信名单；

（四）取得土地调查员工作证的技术人员不少于20名；

（五）自然资源部规章、规范性文件规定的其他条件。

第三章　土地调查的组织实施

第十一条　开展全国土地调查，由自然资源部会同有关部门在开始前一年度拟订全国土地调查总体方案，报国务院批准后实施。

全国土地调查总体方案应当包括调查的主要任务、时间安排、经费落实、数据要求、成果公布等内容。

第十二条　县级以上地方自然资源主管部门应当会同同级有关部门，根据全国土地调查总体方案和上级土地调查实施方案的要求，拟定本行政区域的土地调查实施方案，报上一级人民政府自然资源主管部门备案。

第十三条　土地变更调查由自然资源部统一部署，以县级行政区为单位组织实施。

县级以上自然资源主管部门应当按照国家统一要求，组织实施土地变更调查，保持调查成果的现势性和准确性。

第十四条　土地变更调查中的城镇和村庄地籍变更调查，应当根据土地权属等变化情况，以宗地为单位，随时调查，及时变更地籍图件和数据库。

第十五条　土地变更调查中的土地利用变更调查，应当以全国土地调查和上一年度土地变更调查结果为基础，全面查清本年度本行政区域内土地利用状况变化情况，更新土地利用现状图件和土地利用数据库，逐级汇总上报各类土地利用变化数据。

土地利用变更调查的统一时点为每年12月31日。

第十六条 土地变更调查，包括下列内容：

（一）行政和权属界线变化状况；

（二）土地所有权和使用权变化情况；

（三）地类变化情况；

（四）永久基本农田位置、数量变化情况；

（五）自然资源部规定的其他内容。

第十七条 土地专项调查由县级以上自然资源主管部门组织实施，专项调查成果报上一级自然资源主管部门备案。

全国性的土地专项调查，由自然资源部组织实施。

第十八条 土地调查应当执行国家统一的土地利用现状分类标准、技术规程和自然资源部的有关规定，保证土地调查数据的统一性和准确性。

第十九条 上级自然资源主管部门应当加强对下级自然资源主管部门土地调查工作的指导，并定期组织人员进行监督检查，及时掌握土地调查进度，研究解决土地调查中的问题。

第二十条 县级以上自然资源主管部门应当建立土地调查进度的动态通报制度。

上级自然资源主管部门应当根据全国土地调查、土地变更调查和土地专项调查确定的工作时限，定期通报各地工作的完成情况，对工作进度缓慢的地区，进行重点督导和检查。

第二十一条 从事土地调查的单位和个人，应当遵守国家有关保密的法律法规和规定。

第四章 调查成果的公布和应用

第二十二条 土地调查成果包括数据成果、图件成果、文字成果和数据库成果。

土地调查数据成果，包括各类土地分类面积数据、不同权属性质面积数据、基本农田面积数据和耕地坡度分级面积数据等。

土地调查图件成果，包括土地利用现状图、地籍图、宗地图、永久基本农田分布图、耕地坡度分级专题图等。

土地调查文字成果，包括土地调查工作报告、技术报告、成果分析报告和其他专题报告等。

土地调查数据库成果，包括土地利用数据库和地籍数据库等。

第二十三条 县级以上自然资源主管部门应当按照要求和有关标准完成数据处理、文字报告编写等成果汇总统计工作。

第二十四条 土地调查成果实行逐级汇交制度。

县级以上地方自然资源主管部门应当将土地调查形成的数据成果、图件成果、文字成果和数据库成果汇交上一级自然资源主管部门汇总。

土地调查成果汇总的内容主要包括数据汇总、图件编制、文字报告编写和成果分析等。

第二十五条 全国土地调查成果的检查验收，由各级土地调查领导小组办公室按照下列程序进行：

（一）县级组织调查单位和相关部门，对调查成果进行全面自检，形成自检报告，报市（地）级复查；

（二）市（地）级复查合格后，向省级提出预检申请；

（三）省级对调查成果进行全面检查，验收合格后上报；

（四）全国土地调查领导小组办公室对成果进行核查，根据需要对重点区域、重点地类进行抽查，形成确认意见。

第二十六条 全国土地调查成果的公布，依照条例第二十五条规定进行。

土地变更调查成果，由各级自然资源主管部门报本级人民政府批准后，按照国家、省、市、县的顺序依次公布。

土地专项调查成果，由有关自然资源主管部门公布。

第二十七条 土地调查上报的成果质量实行分级负责制。县级以上自然资源主管部门应当对本级上报的调查成果认真核查，确保调查成果的真实、准确。

上级自然资源主管部门应当定期对下级自然资源主管部门的土

地调查成果质量进行监督。

第二十八条 经依法公布的土地调查成果，是编制国民经济和社会发展规划、有关专项规划以及自然资源管理的基础和依据。

建设用地报批、土地整治项目立项以及其他需要使用土地基础数据与图件资料的活动，应当以国家确认的土地调查成果为基础依据。

各级土地利用总体规划修编，应当以经国家确定的土地调查成果为依据，校核规划修编基数。

第五章 法律责任

第二十九条 接受土地调查的单位和个人违反条例第十七条的规定，无正当理由不履行现场指界义务的，由县级以上人民政府自然资源主管部门责令限期改正，逾期不改正的，依照条例第三十二条的规定进行处罚。

第三十条 承担土地调查任务的单位有下列情形之一的，县级以上自然资源主管部门应当责令限期改正，逾期不改正的，终止土地调查任务，并将该单位报送国家信用平台：

（一）在土地调查工作中弄虚作假的；

（二）无正当理由，未按期完成土地调查任务的；

（三）土地调查成果有质量问题，造成严重后果的。

第三十一条 承担土地调查任务的单位不符合条例第十三条和本办法第十条规定的相关条件，弄虚作假，骗取土地调查任务的，县级以上自然资源主管部门应当终止该单位承担的土地调查任务，并不再将该单位列入土地调查单位名录。

第三十二条 土地调查人员违反条例第三十一条规定的，由自然资源部注销土地调查员工作证，不得再次参加土地调查人员考核。

第三十三条 自然资源主管部门工作人员在土地调查工作中玩忽职守、滥用职权、徇私舞弊，构成犯罪的，依法追究刑事责任；尚不构成犯罪的，依法给予处分。

第六章　附　　则

第三十四条　本办法自公布之日起施行。

基本农田保护条例

（1998年12月27日中华人民共和国国务院令第257号发布　根据2011年1月8日《国务院关于废止和修改部分行政法规的决定》修订）

第一章　总　　则

第一条　为了对基本农田实行特殊保护，促进农业生产和社会经济的可持续发展，根据《中华人民共和国农业法》和《中华人民共和国土地管理法》，制定本条例。

第二条　国家实行基本农田保护制度。

本条例所称基本农田，是指按照一定时期人口和社会经济发展对农产品的需求，依据土地利用总体规划确定的不得占用的耕地。

本条例所称基本农田保护区，是指为对基本农田实行特殊保护而依据土地利用总体规划和依照法定程序确定的特定保护区域。

第三条　基本农田保护实行全面规划、合理利用、用养结合、严格保护的方针。

第四条　县级以上地方各级人民政府应当将基本农田保护工作纳入国民经济和社会发展计划，作为政府领导任期目标责任制的一项内容，并由上一级人民政府监督实施。

第五条　任何单位和个人都有保护基本农田的义务，并有权检举、控告侵占、破坏基本农田和其他违反本条例的行为。

第六条　国务院土地行政主管部门和农业行政主管部门按照国

务院规定的职责分工，依照本条例负责全国的基本农田保护管理工作。

县级以上地方各级人民政府土地行政主管部门和农业行政主管部门按照本级人民政府规定的职责分工，依照本条例负责本行政区域内的基本农田保护管理工作。

乡（镇）人民政府负责本行政区域内的基本农田保护管理工作。

第七条 国家对在基本农田保护工作中取得显著成绩的单位和个人，给予奖励。

第二章 划 定

第八条 各级人民政府在编制土地利用总体规划时，应当将基本农田保护作为规划的一项内容，明确基本农田保护的布局安排、数量指标和质量要求。

县级和乡（镇）土地利用总体规划应当确定基本农田保护区。

第九条 省、自治区、直辖市划定的基本农田应当占本行政区域内耕地总面积的80%以上，具体数量指标根据全国土地利用总体规划逐级分解下达。

第十条 下列耕地应当划入基本农田保护区，严格管理：

（一）经国务院有关主管部门或者县级以上地方人民政府批准确定的粮、棉、油生产基地内的耕地；

（二）有良好的水利与水土保持设施的耕地，正在实施改造计划以及可以改造的中、低产田；

（三）蔬菜生产基地；

（四）农业科研、教学试验田。

根据土地利用总体规划，铁路、公路等交通沿线，城市和村庄、集镇建设用地区周边的耕地，应当优先划入基本农田保护区；需要退耕还林、还牧、还湖的耕地，不应当划入基本农田保护区。

第十一条 基本农田保护区以乡（镇）为单位划区定界，由县级人民政府土地行政主管部门会同同级农业行政主管部门组织实施。

划定的基本农田保护区，由县级人民政府设立保护标志，予以公告，由县级人民政府土地行政主管部门建立档案，并抄送同级农业行政主管部门。任何单位和个人不得破坏或者擅自改变基本农田保护区的保护标志。

基本农田划区定界后，由省、自治区、直辖市人民政府组织土地行政主管部门和农业行政主管部门验收确认，或者由省、自治区人民政府授权设区的市、自治州人民政府组织土地行政主管部门和农业行政主管部门验收确认。

第十二条 划定基本农田保护区时，不得改变土地承包者的承包经营权。

第十三条 划定基本农田保护区的技术规程，由国务院土地行政主管部门会同国务院农业行政主管部门制定。

第三章 保 护

第十四条 地方各级人民政府应当采取措施，确保土地利用总体规划确定的本行政区域内基本农田的数量不减少。

第十五条 基本农田保护区经依法划定后，任何单位和个人不得改变或者占用。国家能源、交通、水利、军事设施等重点建设项目选址确实无法避开基本农田保护区，需要占用基本农田，涉及农用地转用或者征收土地的，必须经国务院批准。

第十六条 经国务院批准占用基本农田的，当地人民政府应当按照国务院的批准文件修改土地利用总体规划，并补充划入数量和质量相当的基本农田。占用单位应当按照占多少、垦多少的原则，负责开垦与所占基本农田的数量与质量相当的耕地；没有条件开垦或者开垦的耕地不符合要求的，应当按照省、自治区、直辖市的规定缴纳耕地开垦费，专款用于开垦新的耕地。

占用基本农田的单位应当按照县级以上地方人民政府的要求，

将所占用基本农田耕作层的土壤用于新开垦耕地、劣质地或者其他耕地的土壤改良。

第十七条 禁止任何单位和个人在基本农田保护区内建窑、建房、建坟、挖砂、采石、采矿、取土、堆放固体废弃物或者进行其他破坏基本农田的活动。

禁止任何单位和个人占用基本农田发展林果业和挖塘养鱼。

第十八条 禁止任何单位和个人闲置、荒芜基本农田。经国务院批准的重点建设项目占用基本农田的，满 1 年不使用而又可以耕种并收获的，应当由原耕种该幅基本农田的集体或者个人恢复耕种，也可以由用地单位组织耕种；1 年以上未动工建设的，应当按照省、自治区、直辖市的规定缴纳闲置费；连续 2 年未使用的，经国务院批准，由县级以上人民政府无偿收回用地单位的土地使用权；该幅土地原为农民集体所有的，应当交由原农村集体经济组织恢复耕种，重新划入基本农田保护区。

承包经营基本农田的单位或者个人连续 2 年弃耕抛荒的，原发包单位应当终止承包合同，收回发包的基本农田。

第十九条 国家提倡和鼓励农业生产者对其经营的基本农田施用有机肥料，合理施用化肥和农药。利用基本农田从事农业生产的单位和个人应当保持和培肥地力。

第二十条 县级人民政府应当根据当地实际情况制定基本农田地力分等定级办法，由农业行政主管部门会同土地行政主管部门组织实施，对基本农田地力分等定级，并建立档案。

第二十一条 农村集体经济组织或者村民委员会应当定期评定基本农田地力等级。

第二十二条 县级以上地方各级人民政府农业行政主管部门应当逐步建立基本农田地力与施肥效益长期定位监测网点，定期向本级人民政府提出基本农田地力变化状况报告以及相应的地力保护措施，并为农业生产者提供施肥指导服务。

第二十三条 县级以上人民政府农业行政主管部门应当会同同级环境保护行政主管部门对基本农田环境污染进行监测和评价，并定期向本级人民政府提出环境质量与发展趋势的报告。

第二十四条 经国务院批准占用基本农田兴建国家重点建设项目的，必须遵守国家有关建设项目环境保护管理的规定。在建设项目环境影响报告书中，应当有基本农田环境保护方案。

第二十五条 向基本农田保护区提供肥料和作为肥料的城市垃圾、污泥的，应当符合国家有关标准。

第二十六条 因发生事故或者其他突然性事件，造成或者可能造成基本农田环境污染事故的，当事人必须立即采取措施处理，并向当地环境保护行政主管部门和农业行政主管部门报告，接受调查处理。

第四章 监督管理

第二十七条 在建立基本农田保护区的地方，县级以上地方人民政府应当与下一级人民政府签订基本农田保护责任书；乡（镇）人民政府应当根据与县级人民政府签订的基本农田保护责任书的要求，与农村集体经济组织或者村民委员会签订基本农田保护责任书。

基本农田保护责任书应当包括下列内容：

（一）基本农田的范围、面积、地块；

（二）基本农田的地力等级；

（三）保护措施；

（四）当事人的权利与义务；

（五）奖励与处罚。

第二十八条 县级以上地方人民政府应当建立基本农田保护监督检查制度，定期组织土地行政主管部门、农业行政主管部门以及其他有关部门对基本农田保护情况进行检查，将检查情况书面报告上一级人民政府。被检查的单位和个人应当如实提供有关情况和资料，不得拒绝。

第二十九条 县级以上地方人民政府土地行政主管部门、农业行政主管部门对本行政区域内发生的破坏基本农田的行为，有权责令纠正。

第五章 法律责任

第三十条 违反本条例规定，有下列行为之一的，依照《中华人民共和国土地管理法》和《中华人民共和国土地管理法实施条例》的有关规定，从重给予处罚：

（一）未经批准或者采取欺骗手段骗取批准，非法占用基本农田的；

（二）超过批准数量，非法占用基本农田的；

（三）非法批准占用基本农田的；

（四）买卖或者以其他形式非法转让基本农田的。

第三十一条 违反本条例规定，应当将耕地划入基本农田保护区而不划入的，由上一级人民政府责令限期改正；拒不改正的，对直接负责的主管人员和其他直接责任人员依法给予行政处分或者纪律处分。

第三十二条 违反本条例规定，破坏或者擅自改变基本农田保护区标志的，由县级以上地方人民政府土地行政主管部门或者农业行政主管部门责令恢复原状，可以处1000元以下罚款。

第三十三条 违反本条例规定，占用基本农田建窑、建房、建坟、挖砂、采石、采矿、取土、堆放固体废弃物或者从事其他活动破坏基本农田，毁坏种植条件的，由县级以上人民政府土地行政主管部门责令改正或者治理，恢复原种植条件，处占用基本农田的耕地开垦费1倍以上2倍以下的罚款；构成犯罪的，依法追究刑事责任。

第三十四条 侵占、挪用基本农田的耕地开垦费，构成犯罪的，依法追究刑事责任；尚不构成犯罪的，依法给予行政处分或者纪律处分。

第六章　附　　则

第三十五条　省、自治区、直辖市人民政府可以根据当地实际情况，将其他农业生产用地划为保护区。保护区内的其他农业生产用地的保护和管理，可以参照本条例执行。

第三十六条　本条例自1999年1月1日起施行。1994年8月18日国务院发布的《基本农田保护条例》同时废止。

节约集约利用土地规定

（2014年5月22日国土资源部令第61号公布　根据2019年7月24日《自然资源部关于第一批废止和修改的部门规章的决定》修正）

第一章　总　　则

第一条　为贯彻十分珍惜、合理利用土地和切实保护耕地的基本国策，落实最严格的耕地保护制度和最严格的节约集约用地制度，提升土地资源对经济社会发展的承载能力，促进生态文明建设，根据《中华人民共和国土地管理法》和《国务院关于促进节约集约用地的通知》，制定本规定。

第二条　本规定所称节约集约利用土地，是指通过规模引导、布局优化、标准控制、市场配置、盘活利用等手段，达到节约土地、减量用地、提升用地强度、促进低效废弃地再利用、优化土地利用结构和布局、提高土地利用效率的各项行为与活动。

第三条　土地管理和利用应当遵循下列原则：

（一）坚持节约优先的原则，各项建设少占地、不占或者少占耕地，珍惜和合理利用每一寸土地；

（二）坚持合理使用的原则，严控总量、盘活存量、优化结构、提高效率；

（三）坚持市场配置的原则，妥善处理好政府与市场的关系，充分发挥市场在土地资源配置中的决定性作用；

（四）坚持改革创新的原则，探索土地管理新机制，创新节约集约用地新模式。

第四条 县级以上地方自然资源主管部门应当加强与发展改革、财政、环境保护等部门的沟通协调，将土地节约集约利用的目标和政策措施纳入地方经济社会发展总体框架、相关规划和考核评价体系。

第五条 自然资源主管部门应当建立节约集约用地制度，开展节约集约用地活动，组织制定节地标准体系和相关标准规范，探索节约集约用地新机制，鼓励采用节约集约用地新技术和新模式，促进土地利用效率的提高。

第六条 在节约集约用地方面成效显著的市、县人民政府，由自然资源部按照有关规定给予表彰和奖励。

第二章　规 模 引 导

第七条 国家通过土地利用总体规划，确定建设用地的规模、布局、结构和时序安排，对建设用地实行总量控制。

土地利用总体规划确定的约束性指标和分区管制规定不得突破。

下级土地利用总体规划不得突破上级土地利用总体规划确定的约束性指标。

第八条 土地利用总体规划对各区域、各行业发展用地规模和布局具有统筹作用。

产业发展、城乡建设、基础设施布局、生态环境建设等相关规划，应当与土地利用总体规划相衔接，所确定的建设用地规模和布局必须符合土地利用总体规划的安排。

相关规划超出土地利用总体规划确定的建设用地规模的，应当及时调整或者修改，核减用地规模，调整用地布局。

第九条 自然资源主管部门应当通过规划、计划、用地标准、市场引导等手段，有效控制特大城市新增建设用地规模，适度增加集约用地程度高、发展潜力大的地区和中小城市、县城建设用地供给，合理保障民生用地需求。

第三章 布局优化

第十条 城乡土地利用应当体现布局优化的原则。引导工业向开发区集中、人口向城镇集中、住宅向社区集中，推动农村人口向中心村、中心镇集聚，产业向功能区集中，耕地向适度规模经营集中。

禁止在土地利用总体规划和城乡规划确定的城镇建设用地范围之外设立各类城市新区、开发区和工业园区。

鼓励线性基础设施并线规划和建设，促进集约布局和节约用地。

第十一条 自然资源主管部门应当在土地利用总体规划中划定城市开发边界和禁止建设的边界，实行建设用地空间管制。

城市建设用地应当因地制宜采取组团式、串联式、卫星城式布局，避免占用优质耕地特别是永久基本农田。

第十二条 市、县自然资源主管部门应当促进现有城镇用地内部结构调整优化，控制生产用地，保障生活用地，提高生态用地的比例，加大城镇建设使用存量用地的比例，促进城镇用地效率的提高。

第十三条 鼓励建设项目用地优化设计、分层布局，鼓励充分利用地上、地下空间。

建设用地使用权在地上、地下分层设立的，其取得方式和使用年期参照在地表设立的建设用地使用权的相关规定。

出让分层设立的建设用地使用权，应当根据当地基准地价和不动产实际交易情况，评估确定分层出让的建设用地最低价标准。

第十四条 县级以上自然资源主管部门统筹制定土地综合开发

用地政策，鼓励大型基础设施等建设项目综合开发利用土地，促进功能适度混合、整体设计、合理布局。

不同用途高度关联、需要整体规划建设、确实难以分割供应的综合用途建设项目，市、县自然资源主管部门可以确定主用途并按照一宗土地实行整体出让供应，综合确定出让底价；需要通过招标拍卖挂牌的方式出让的，整宗土地应当采用招标拍卖挂牌的方式出让。

第四章 标准控制

第十五条 国家实行建设项目用地标准控制制度。

自然资源部会同有关部门制定工程建设项目用地控制指标、工业项目建设用地控制指标、房地产开发用地宗地规模和容积率等建设项目用地控制标准。

地方自然资源主管部门可以根据本地实际，制定和实施更加节约集约的地方性建设项目用地控制标准。

第十六条 建设项目应当严格按照建设项目用地控制标准进行测算、设计和施工。

市、县自然资源主管部门应当加强对用地者和勘察设计单位落实建设项目用地控制标准的督促和指导。

第十七条 建设项目用地审查、供应和使用，应当符合建设项目用地控制标准和供地政策。

对违反建设项目用地控制标准和供地政策使用土地的，县级以上自然资源主管部门应当责令纠正，并依法予以处理。

第十八条 国家和地方尚未出台建设项目用地控制标准的建设项目，或者因安全生产、特殊工艺、地形地貌等原因，确实需要超标准建设的项目，县级以上自然资源主管部门应当组织开展建设项目用地评价，并将其作为建设用地供应的依据。

第十九条 自然资源部会同有关部门根据国家经济社会发展状况、宏观产业政策和土壤污染风险防控需求等，制定《禁止用地项目目录》和《限制用地项目目录》，促进土地节约集约利用。

自然资源主管部门为限制用地的建设项目办理建设用地供应手续必须符合规定的条件；不得为禁止用地的建设项目办理建设用地供应手续。

第五章 市场配置

第二十条 各类有偿使用的土地供应应当充分贯彻市场配置的原则，通过运用土地租金和价格杠杆，促进土地节约集约利用。

第二十一条 国家扩大国有土地有偿使用范围，减少非公益性用地划拨。

除军事、保障性住房和涉及国家安全和公共秩序的特殊用地可以以划拨方式供应外，国家机关办公和交通、能源、水利等基础设施（产业）、城市基础设施以及各类社会事业用地中的经营性用地，实行有偿使用。

国家根据需要，可以一定年期的国有土地使用权作价后授权给经国务院批准设立的国家控股公司、作为国家授权投资机构的国有独资公司和集团公司经营管理。

第二十二条 经营性用地应当以招标拍卖挂牌的方式确定土地使用者和土地价格。

各类有偿使用的土地供应不得低于国家规定的用地最低价标准。

禁止以土地换项目、先征后返、补贴、奖励等形式变相减免土地出让价款。

第二十三条 市、县自然资源主管部门可以采取先出租后出让、在法定最高年期内实行缩短出让年期等方式出让土地。

采取先出租后出让方式供应工业用地的，应当符合自然资源部规定的行业目录。

第二十四条 鼓励土地使用者在符合规划的前提下，通过厂房加层、厂区改造、内部用地整理等途径提高土地利用率。

在符合规划、不改变用途的前提下，现有工业用地提高土地利用率和增加容积率的，不再增收土地价款。

第二十五条 符合节约集约用地要求、属于国家鼓励产业的用地，可以实行差别化的地价政策和建设用地管理政策。

分期建设的大中型工业项目，可以预留规划范围，根据建设进度，实行分期供地。

具体办法由自然资源部另行规定。

第二十六条 市、县自然资源主管部门供应工业用地，应当将投资强度、容积率、建筑系数、绿地率、非生产设施占地比例等控制性指标以及自然资源开发利用水平和生态保护要求纳入出让合同。

第二十七条 市、县自然资源主管部门在有偿供应各类建设用地时，应当在建设用地使用权出让、出租合同中明确节约集约用地的规定。

在供应住宅用地时，应当将最低容积率限制、单位土地面积的住房建设套数和住宅建设套型等规划条件写入建设用地使用权出让合同。

第六章 盘活利用

第二十八条 县级以上自然资源主管部门在分解下达新增建设用地计划时，应当与批而未供和闲置土地处置数量相挂钩，对批而未供、闲置土地数量较多和处置不力的地区，减少其新增建设用地计划安排。

自然资源部和省级自然资源主管部门负责城镇低效用地再开发的政策制定。对于纳入低效用地再开发范围的项目，可以制定专项用地政策。

第二十九条 县级以上地方自然资源主管部门应当会同有关部门，依据相关规划，开展全域国土综合整治，对农用地、农村建设用地、工矿用地、灾害损毁土地等进行整理复垦，优化土地空间布局，提高土地利用效率和效益，促进土地节约集约利用。

第三十条 农用地整治应当促进耕地集中连片，增加有效耕地面积，提升耕地质量，改善生产条件和生态环境，优化用地结构和布局。

宜农未利用地开发，应当根据环境和资源承载能力，坚持有利于保护和改善生态环境的原则，因地制宜适度开展。

第三十一条 县级以上地方自然资源主管部门可以依据国家有关规定，统筹开展农村建设用地整治、历史遗留工矿废弃地和自然灾害毁损土地的整治，提高建设用地利用效率和效益，改善人民群众生产生活条件和生态环境。

第三十二条 县级以上地方自然资源主管部门在本级人民政府的领导下，会同有关部门建立城镇低效用地再开发、废弃地再利用的激励机制，对布局散乱、利用粗放、用途不合理、闲置浪费等低效用地进行再开发，对因采矿损毁、交通改线、居民点搬迁、产业调整形成的废弃地实行复垦再利用，促进土地优化利用。

鼓励社会资金参与城镇低效用地、废弃地再开发和利用。鼓励土地使用者自行开发或者合作开发。

第七章 监督考评

第三十三条 县级以上自然资源主管部门应当加强土地市场动态监测与监管，对建设用地批准和供应后的开发情况实行全程监管，定期在门户网站上公布土地供应、合同履行、欠缴土地价款等情况，接受社会监督。

第三十四条 省级自然资源主管部门应当对本行政区域内的节约集约用地情况进行监督，在用地审批、土地供应和土地使用等环节加强用地准入条件、功能分区、用地规模、用地标准、投入产出强度等方面的检查，依据法律法规对浪费土地的行为和责任主体予以处理并公开通报。

第三十五条 县级以上自然资源主管部门应当组织开展本行政区域内的建设用地利用情况普查，全面掌握建设用地开发利用和投入产出情况、集约利用程度、潜力规模与空间分布等情况，并将其作为土地管理和节约集约用地评价的基础。

第三十六条 县级以上自然资源主管部门应当根据建设用地利用情况普查，组织开展区域、城市和开发区节约集约用地评价，并将评价结果向社会公开。

第八章 法律责任

第三十七条 县级以上自然资源主管部门及其工作人员违反本规定，有下列情形之一的，对有关责任人员依法给予处分；构成犯罪的，依法追究刑事责任：

（一）违反本规定第十七条规定，为不符合建设项目用地标准和供地政策的建设项目供地的；

（二）违反本规定第十九条规定，为禁止或者不符合限制用地条件的建设项目办理建设用地供应手续的；

（三）违反本规定第二十二条规定，低于国家规定的工业用地最低价标准供应工业用地的；

（四）其他徇私舞弊、滥用职权和玩忽职守的行为。

第九章 附　　则

第三十八条 本规定自 2014 年 9 月 1 日起实施。

土地复垦条例

（2011年2月22日国务院第145次常务会议通过 2011年3月5日中华人民共和国国务院令第592号公布 自公布之日起施行）

第一章 总 则

第一条 为了落实十分珍惜、合理利用土地和切实保护耕地的基本国策，规范土地复垦活动，加强土地复垦管理，提高土地利用的社会效益、经济效益和生态效益，根据《中华人民共和国土地管理法》，制定本条例。

第二条 本条例所称土地复垦，是指对生产建设活动和自然灾害损毁的土地，采取整治措施，使其达到可供利用状态的活动。

第三条 生产建设活动损毁的土地，按照“谁损毁，谁复垦”的原则，由生产建设单位或者个人（以下称土地复垦义务人）负责复垦。但是，由于历史原因无法确定土地复垦义务人的生产建设活动损毁的土地（以下称历史遗留损毁土地），由县级以上人民政府负责组织复垦。

自然灾害损毁的土地，由县级以上人民政府负责组织复垦。

第四条 生产建设活动应当节约集约利用土地，不占或者少占耕地；对依法占用的土地应当采取有效措施，减少土地损毁面积，降低土地损毁程度。

土地复垦应当坚持科学规划、因地制宜、综合治理、经济可行、合理利用的原则。复垦的土地应当优先用于农业。

第五条 国务院国土资源主管部门负责全国土地复垦的监督管理工作。县级以上地方人民政府国土资源主管部门负责本行政区域土地复垦的监督管理工作。

县级以上人民政府其他有关部门依照本条例的规定和各自的职责做好土地复垦有关工作。

第六条 编制土地复垦方案、实施土地复垦工程、进行土地复垦验收等活动，应当遵守土地复垦国家标准；没有国家标准的，应当遵守土地复垦行业标准。

制定土地复垦国家标准和行业标准，应当根据土地损毁的类型、程度、自然地理条件和复垦的可行性等因素，分类确定不同类型损毁土地的复垦方式、目标和要求等。

第七条 县级以上地方人民政府国土资源主管部门应当建立土地复垦监测制度，及时掌握本行政区域土地资源损毁和土地复垦效果等情况。

国务院国土资源主管部门和省、自治区、直辖市人民政府国土资源主管部门应当建立健全土地复垦信息管理系统，收集、汇总和发布土地复垦数据信息。

第八条 县级以上人民政府国土资源主管部门应当依据职责加强对土地复垦情况的监督检查。被检查的单位或者个人应当如实反映情况，提供必要的资料。

任何单位和个人不得扰乱、阻挠土地复垦工作，破坏土地复垦工程、设施和设备。

第九条 国家鼓励和支持土地复垦科学研究和技术创新，推广先进的土地复垦技术。

对在土地复垦工作中作出突出贡献的单位和个人，由县级以上人民政府给予表彰。

第二章　生产建设活动损毁土地的复垦

第十条 下列损毁土地由土地复垦义务人负责复垦：

（一）露天采矿、烧制砖瓦、挖沙取土等地表挖掘所损毁的土地；

（二）地下采矿等造成地表塌陷的土地；

（三）堆放采矿剥离物、废石、矿渣、粉煤灰等固体废弃物压占的土地；

（四）能源、交通、水利等基础设施建设和其他生产建设活动临时占用所损毁的土地。

第十一条 土地复垦义务人应当按照土地复垦标准和国务院国土资源主管部门的规定编制土地复垦方案。

第十二条 土地复垦方案应当包括下列内容：

（一）项目概况和项目区土地利用状况；

（二）损毁土地的分析预测和土地复垦的可行性评价；

（三）土地复垦的目标任务；

（四）土地复垦应当达到的质量要求和采取的措施；

（五）土地复垦工程和投资估（概）算；

（六）土地复垦费用的安排；

（七）土地复垦工作计划与进度安排；

（八）国务院国土资源主管部门规定的其他内容。

第十三条 土地复垦义务人应当在办理建设用地申请或者采矿权申请手续时，随有关报批材料报送土地复垦方案。

土地复垦义务人未编制土地复垦方案或者土地复垦方案不符合要求的，有批准权的人民政府不得批准建设用地，有批准权的国土资源主管部门不得颁发采矿许可证。

本条例施行前已经办理建设用地手续或者领取采矿许可证，本条例施行后继续从事生产建设活动造成土地损毁的，土地复垦义务人应当按照国务院国土资源主管部门的规定补充编制土地复垦方案。

第十四条 土地复垦义务人应当按照土地复垦方案开展土地复垦工作。矿山企业还应当对土地损毁情况进行动态监测和评价。

生产建设周期长、需要分阶段实施复垦的，土地复垦义务人应当对土地复垦工作与生产建设活动统一规划、统筹实施，根据生产建设进度确定各阶段土地复垦的目标任务、工程规划设计、费用安排、工程实施进度和完成期限等。

第十五条 土地复垦义务人应当将土地复垦费用列入生产成本或者建设项目总投资。

第十六条 土地复垦义务人应当建立土地复垦质量控制制度，遵守土地复垦标准和环境保护标准，保护土壤质量与生态环境，避免污染土壤和地下水。

土地复垦义务人应当首先对拟损毁的耕地、林地、牧草地进行表土剥离，剥离的表土用于被损毁土地的复垦。

禁止将重金属污染物或者其他有毒有害物质用作回填或者充填材料。受重金属污染物或者其他有毒有害物质污染的土地复垦后，达不到国家有关标准的，不得用于种植食用农作物。

第十七条 土地复垦义务人应当于每年 12 月 31 日前向县级以上地方人民政府国土资源主管部门报告当年的土地损毁情况、土地复垦费用使用情况以及土地复垦工程实施情况。

县级以上地方人民政府国土资源主管部门应当加强对土地复垦义务人使用土地复垦费用和实施土地复垦工程的监督。

第十八条 土地复垦义务人不复垦，或者复垦验收中经整改仍不合格的，应当缴纳土地复垦费，由有关国土资源主管部门代为组织复垦。

确定土地复垦费的数额，应当综合考虑损毁前的土地类型、实际损毁面积、损毁程度、复垦标准、复垦用途和完成复垦任务所需的工程量等因素。土地复垦费的具体征收使用管理办法，由国务院财政、价格主管部门商国务院有关部门制定。

土地复垦义务人缴纳的土地复垦费专项用于土地复垦。任何单位和个人不得截留、挤占、挪用。

第十九条 土地复垦义务人对在生产建设活动中损毁的由其他单位或者个人使用的国有土地或者农民集体所有的土地，除负责复垦外，还应当向遭受损失的单位或者个人支付损失补偿费。

损失补偿费由土地复垦义务人与遭受损失的单位或者个人按照造成的实际损失协商确定；协商不成的，可以向土地所在地人民政府国土资源主管部门申请调解或者依法向人民法院提起民事诉讼。

第二十条 土地复垦义务人不依法履行土地复垦义务的，在申请新的建设用地时，有批准权的人民政府不得批准；在申请新的采矿许可证或者申请采矿许可证延续、变更、注销时，有批准权的国土资源主管部门不得批准。

第三章　历史遗留损毁土地和自然灾害损毁土地的复垦

第二十一条 县级以上人民政府国土资源主管部门应当对历史遗留损毁土地和自然灾害损毁土地进行调查评价。

第二十二条 县级以上人民政府国土资源主管部门应当在调查评价的基础上，根据土地利用总体规划编制土地复垦专项规划，确定复垦的重点区域以及复垦的目标任务和要求，报本级人民政府批准后组织实施。

第二十三条 对历史遗留损毁土地和自然灾害损毁土地，县级以上人民政府应当投入资金进行复垦，或者按照“谁投资，谁受益”的原则，吸引社会投资进行复垦。土地权利人明确的，可以采取扶持、优惠措施，鼓励土地权利人自行复垦。

第二十四条 国家对历史遗留损毁土地和自然灾害损毁土地的复垦按项目实施管理。

县级以上人民政府国土资源主管部门应当根据土地复垦专项规划和年度土地复垦资金安排情况确定年度复垦项目。

第二十五条 政府投资进行复垦的，负责组织实施土地复垦项目的国土资源主管部门应当组织编制土地复垦项目设计书，明确复垦项目的位置、面积、目标任务、工程规划设计、实施进度及完成期限等。

土地权利人自行复垦或者社会投资进行复垦的，土地权利人或者投资单位、个人应当组织编制土地复垦项目设计书，并报负责组织实施土地复垦项目的国土资源主管部门审查同意后实施。

第二十六条 政府投资进行复垦的，有关国土资源主管部门应当依照招标投标法律法规的规定，通过公开招标的方式确定土地复垦项目的施工单位。

土地权利人自行复垦或者社会投资进行复垦的，土地复垦项目的施工单位由土地权利人或者投资单位、个人依法自行确定。

第二十七条 土地复垦项目的施工单位应当按照土地复垦项目设计书进行复垦。

负责组织实施土地复垦项目的国土资源主管部门应当健全项目管理制度，加强项目实施中的指导、管理和监督。

第四章 土地复垦验收

第二十八条 土地复垦义务人按照土地复垦方案的要求完成土地复垦任务后，应当按照国务院国土资源主管部门的规定向所在地县级以上地方人民政府国土资源主管部门申请验收，接到申请的国土资源主管部门应当会同同级农业、林业、环境保护等有关部门进行验收。

进行土地复垦验收，应当邀请有关专家进行现场踏勘，查验复垦后的土地是否符合土地复垦标准以及土地复垦方案的要求，核实复垦后的土地类型、面积和质量等情况，并将初步验收结果公告，听取相关权利人的意见。相关权利人对土地复垦完成情况提出异议的，国土资源主管部门应当会同有关部门进一步核查，并将核查情况向相关权利人反馈；情况属实的，应当向土地复垦义务人提出整改意见。

第二十九条 负责组织验收的国土资源主管部门应当会同有关部门在接到土地复垦验收申请之日起60个工作日内完成验收，经验收合格的，向土地复垦义务人出具验收合格确认书；经验收不合格的，向土地复垦义务人出具书面整改意见，列明需要整改的事项，由土地复垦义务人整改完成后重新申请验收。

第三十条 政府投资的土地复垦项目竣工后，负责组织实施土地复垦项目的国土资源主管部门应当依照本条例第二十八条第二款的规定进行初步验收。初步验收完成后，负责组织实施土地复垦项目的国土资源主管部门应当按照国务院国土资源主管部门的规定向上级人民政府国土资源主管部门申请最终验收。上级人民政府国土资源主管部门应当会同有关部门及时组织验收。

土地权利人自行复垦或者社会投资进行复垦的土地复垦项目竣工后，由负责组织实施土地复垦项目的国土资源主管部门会同有关部门进行验收。

第三十一条 复垦为农用地的，负责组织验收的国土资源主管部门应当会同有关部门在验收合格后的5年内对土地复垦效果进行跟踪评价，并提出改善土地质量的建议和措施。

第五章 土地复垦激励措施

第三十二条 土地复垦义务人在规定的期限内将生产建设活动损毁的耕地、林地、牧草地等农用地复垦恢复原状的，依照国家有关税收法律法规的规定退还已经缴纳的耕地占用税。

第三十三条 社会投资复垦的历史遗留损毁土地或者自然灾害损毁土地，属于无使用权人的国有土地的，经县级以上人民政府依法批准，可以确定给投资单位或者个人长期从事种植业、林业、畜牧业或者渔业生产。

社会投资复垦的历史遗留损毁土地或者自然灾害损毁土地，属于农民集体所有土地或者有使用权人的国有土地的，有关国土资源主管部门应当组织投资单位或者个人与土地权利人签订土地复垦协议，明确复垦的目标任务以及复垦后的土地使用和收益分配。

第三十四条 历史遗留损毁和自然灾害损毁的国有土地的使用权人，以及历史遗留损毁和自然灾害损毁的农民集体所有土地的所有权人、使用权人，自行将损毁土地复垦为耕地的，由县级以上地方人民政府给予补贴。

第三十五条 县级以上地方人民政府将历史遗留损毁和自然灾

害损毁的建设用地复垦为耕地的，按照国家有关规定可以作为本省、自治区、直辖市内进行非农建设占用耕地时的补充耕地指标。

第六章　法律责任

第三十六条　负有土地复垦监督管理职责的部门及其工作人员有下列行为之一的，对直接负责的主管人员和其他直接责任人员，依法给予处分；直接负责的主管人员和其他直接责任人员构成犯罪的，依法追究刑事责任：

（一）违反本条例规定批准建设用地或者批准采矿许可证及采矿许可证的延续、变更、注销的；

（二）截留、挤占、挪用土地复垦费的；

（三）在土地复垦验收中弄虚作假的；

（四）不依法履行监督管理职责或者对发现的违反本条例的行为不依法查处的；

（五）在审查土地复垦方案、实施土地复垦项目、组织土地复垦验收以及实施监督检查过程中，索取、收受他人财物或者谋取其他利益的；

（六）其他徇私舞弊、滥用职权、玩忽职守行为。

第三十七条　本条例施行前已经办理建设用地手续或者领取采矿许可证，本条例施行后继续从事生产建设活动造成土地损毁的土地复垦义务人未按照规定补充编制土地复垦方案的，由县级以上地方人民政府国土资源主管部门责令限期改正；逾期不改正的，处10万元以上20万元以下的罚款。

第三十八条　土地复垦义务人未按照规定将土地复垦费用列入生产成本或者建设项目总投资的，由县级以上地方人民政府国土资源主管部门责令限期改正；逾期不改正的，处10万元以上50万元以下的罚款。

第三十九条　土地复垦义务人未按照规定对拟损毁的耕地、林地、牧草地进行表土剥离，由县级以上地方人民政府国土资源主管部门责令限期改正；逾期不改正的，按照应当进行表土剥离的土地面积处每公顷1万元的罚款。

第四十条 土地复垦义务人将重金属污染物或者其他有毒有害物质用作回填或者充填材料的，由县级以上地方人民政府环境保护主管部门责令停止违法行为，限期采取治理措施，消除污染，处10万元以上50万元以下的罚款；逾期不采取治理措施的，环境保护主管部门可以指定有治理能力的单位代为治理，所需费用由违法者承担。

第四十一条 土地复垦义务人未按照规定报告土地损毁情况、土地复垦费用使用情况或者土地复垦工程实施情况的，由县级以上地方人民政府国土资源主管部门责令限期改正；逾期不改正的，处2万元以上5万元以下的罚款。

第四十二条 土地复垦义务人依照本条例规定应当缴纳土地复垦费而不缴纳的，由县级以上地方人民政府国土资源主管部门责令限期缴纳；逾期不缴纳的，处应缴纳土地复垦费1倍以上2倍以下的罚款，土地复垦义务人为矿山企业的，由颁发采矿许可证的机关吊销采矿许可证。

第四十三条 土地复垦义务人拒绝、阻碍国土资源主管部门监督检查，或者在接受监督检查时弄虚作假的，由国土资源主管部门责令改正，处2万元以上5万元以下的罚款；有关责任人员构成违反治安管理行为的，由公安机关依法予以治安管理处罚；有关责任人员构成犯罪的，依法追究刑事责任。

破坏土地复垦工程、设施和设备，构成违反治安管理行为的，由公安机关依法予以治安管理处罚；构成犯罪的，依法追究刑事责任。

第七章　附　　则

第四十四条 本条例自公布之日起施行。1988年11月8日国务院发布的《土地复垦规定》同时废止。

土地复垦条例实施办法

（2012年12月27日国土资源部第56号令公布　2019年7月24日自然资源部令第5号修正）

第一章　总　　则

第一条　为保证土地复垦的有效实施，根据《土地复垦条例》（以下简称条例），制定本办法。

第二条　土地复垦应当综合考虑复垦后土地利用的社会效益、经济效益和生态效益。

生产建设活动造成耕地损毁的，能够复垦为耕地的，应当优先复垦为耕地。

第三条　县级以上自然资源主管部门应当明确专门机构并配备专职人员负责土地复垦监督管理工作。

县级以上自然资源主管部门应当加强与发展改革、财政、铁路、交通、水利、环保、农业、林业等部门的协同配合和行业指导监督。

上级自然资源主管部门应当加强对下级自然资源主管部门土地复垦工作的监督和指导。

第四条　除条例第六条规定外，开展土地复垦调查评价、编制土地复垦规划设计、确定土地复垦工程建设和造价、实施土地复垦工程质量控制、进行土地复垦评价等活动，也应当遵守有关国家标准和土地管理行业标准。

省级自然资源主管部门可以结合本地实际情况，补充制定本行政区域内土地复垦工程建设和造价等标准。

第五条　县级以上自然资源主管部门应当建立土地复垦信息管理系统，利用国土资源综合监管平台，对土地复垦情况进行动态监测，及时收集、汇总、分析和发布本行政区域内土地损毁、土地复垦等数据信息。

第二章　生产建设活动损毁土地的复垦

第六条　属于条例第十条规定的生产建设项目，土地复垦义务人应当在办理建设用地申请或者采矿权申请手续时，依据自然资源部《土地复垦方案编制规程》的要求，组织编制土地复垦方案，随有关报批材料报送有关自然资源主管部门审查。

具体承担相应建设用地审查和采矿权审批的自然资源主管部门负责对土地复垦义务人报送的土地复垦方案进行审查。

第七条　条例施行前已经办理建设用地手续或者领取采矿许可证，条例施行后继续从事生产建设活动造成土地损毁的，土地复垦义务人应当在本办法实施之日起一年内完成土地复垦方案的补充编制工作，报有关自然资源主管部门审查。

第八条　土地复垦方案分为土地复垦方案报告书和土地复垦方案报告表。

依法由省级以上人民政府审批建设用地的建设项目，以及由省级以上自然资源主管部门审批登记的采矿项目，应当编制土地复垦方案报告书。其他项目可以编制土地复垦方案报告表。

第九条　生产建设周期长、需要分阶段实施土地复垦的生产建设项目，土地复垦方案应当包含阶段土地复垦计划和年度实施计划。

跨县（市、区）域的生产建设项目，应当在土地复垦方案中附具以县（市、区）为单位的土地复垦实施方案。

阶段土地复垦计划和以县（市、区）为单位的土地复垦实施方案应当明确土地复垦的目标、任务、位置、主要措施、投资概算、工程规划设计等。

第十条　有关自然资源主管部门受理土地复垦方案审查申请后，应当组织专家进行论证。

根据论证所需专业知识结构，从土地复垦专家库中选取专家。专家与土地复垦方案申请人或者申请项目有利害关系的，应当主动要求回避。土地复垦方案申请人也可以向有关自然资源主管部门申请专家回避。

土地复垦方案申请人或者相关利害关系人可以按照《政府信息公开条例》的规定，向有关自然资源主管部门申请查询专家意见。有关自然资源主管部门应当依法提供查询结果。

第十一条 土地复垦方案经专家论证通过后，由有关自然资源主管部门进行最终审查。符合下列条件的，方可通过审查：

（一）土地利用现状明确；

（二）损毁土地的分析预测科学；

（三）土地复垦目标、任务和利用方向合理，措施可行；

（四）土地复垦费用测算合理，预存与使用计划清晰并符合本办法规定要求；

（五）土地复垦计划安排科学、保障措施可行；

（六）土地复垦方案已经征求意见并采纳合理建议。

第十二条 土地复垦方案通过审查的，有关自然资源主管部门应当向土地复垦义务人出具土地复垦方案审查意见书。土地复垦方案审查意见书应当包含本办法第十一条规定的有关内容。

土地复垦方案未通过审查的，有关自然资源主管部门应当书面告知土地复垦义务人补正。逾期不补正的，不予办理建设用地或者采矿审批相关手续。

第十三条 土地复垦义务人因生产建设项目的用地位置、规模等发生变化，或者采矿项目发生扩大变更矿区范围等重大内容变化的，应当在三个月内对原土地复垦方案进行修改，报原审查的自然资源主管部门审查。

第十四条 土地复垦义务人不按照本办法第七条、第十三条规定补充编制或者修改土地复垦方案的，依照条例第二十条规定处理。

第十五条 土地复垦义务人在实施土地复垦工程前，应当依据审查通过的土地复垦方案进行土地复垦规划设计，将土地复垦方案和土地复垦规划设计一并报所在地县级自然资源主管部门备案。

第十六条 土地复垦义务人应当按照条例第十五条规定的要求，

与损毁土地所在地县级自然资源主管部门在双方约定的银行建立土地复垦费用专门账户，按照土地复垦方案确定的资金数额，在土地复垦费用专门账户中足额预存土地复垦费用。

预存的土地复垦费用遵循“土地复垦义务人所有，自然资源主管部门监管，专户储存专款使用”的原则。

第十七条 土地复垦义务人应当与损毁土地所在地县级自然资源主管部门、银行共同签订土地复垦费用使用监管协议，按照本办法规定的原则明确土地复垦费用预存和使用的时间、数额、程序、条件和违约责任等。

土地复垦费用使用监管协议对当事人具有法律效力。

第十八条 土地复垦义务人应当在项目动工前一个月内预存土地复垦费用。

土地复垦义务人按照本办法第七条规定补充编制土地复垦方案的，应当在土地复垦方案通过审查后一个月内预存土地复垦费用。

土地复垦义务人按照本办法第十三条规定修改土地复垦方案后，已经预存的土地复垦费用不足的，应当在土地复垦方案通过审查后一个月内补齐差额费用。

第十九条 土地复垦费用预存实行一次性预存和分期预存两种方式。

生产建设周期在三年以下的项目，应当一次性全额预存土地复垦费用。

生产建设周期在三年以上的项目，可以分期预存土地复垦费用，但第一次预存的数额不得少于土地复垦费用总金额的百分之二十。余额按照土地复垦方案确定的土地复垦费用预存计划预存，在生产建设活动结束前一年预存完毕。

第二十条 采矿生产项目的土地复垦费用预存，统一纳入矿山地质环境治理恢复基金进行管理。

条例实施前，采矿生产项目按照有关规定向自然资源主管部门缴存的矿山地质环境治理恢复保证金中已经包含了土地复垦费用的，土地复垦义务人可以向所在地自然资源主管部门提出申请，经审核属实的，可以不再预存相应数额的土地复垦费用。

第二十一条 土地复垦义务人应当按照土地复垦方案确定的工作计划和土地复垦费用使用计划，向损毁土地所在地县级自然资源主管部门申请出具土地复垦费用支取通知书。县级自然资源主管部门应当在七日内出具土地复垦费用支取通知书。

土地复垦义务人凭土地复垦费用支取通知书，从土地复垦费用专门账户中支取土地复垦费用，专项用于土地复垦。

第二十二条 土地复垦义务人应当按照条例第十七条规定于每年12月31日前向所在地县级自然资源主管部门报告当年土地复垦义务履行情况，包括下列内容：

（一）年度土地损毁情况，包括土地损毁方式、地类、位置、权属、面积、程度等；

（二）年度土地复垦费用预存、使用和管理等情况；

（三）年度土地复垦实施情况，包括复垦地类、位置、面积、权属、主要复垦措施、工程量等；

（四）自然资源主管部门规定的其他年度报告内容。

县级自然资源主管部门应当加强对土地复垦义务人报告事项履行情况的监督核实，并可以根据情况将土地复垦义务履行情况年度报告在门户网站上公开。

第二十三条 县级自然资源主管部门应当加强对土地复垦义务人使用土地复垦费用的监督管理，发现有不按照规定使用土地复垦费用的，可以按照土地复垦费用使用监管协议的约定依法追究土地复垦义务人的违约责任。

第二十四条 土地复垦义务人在生产建设活动中应当遵循“保护、预防和控制为主，生产建设与复垦相结合”的原则，采取下列预防控制措施：

（一）对可能被损毁的耕地、林地、草地等，应当进行表土剥离，分层存放，分层回填，优先用于复垦土地的土壤改良。表土剥离厚度应当依据相关技术标准，根据实际情况确定。表土剥离应当在生产工艺和施工建设前进行或者同步进行；

（二）露天采矿、烧制砖瓦、挖沙取土、采石，修建铁路、公路、水利工程等，应当合理确定取土的位置、范围、深度和堆放的位置、高度等；

（三）地下采矿或者疏干抽排地下水等施工，对易造成地面塌陷或者地面沉降等特殊地段应当采取充填、设置保护支柱等工程技术方法以及限制、禁止开采地下水等措施；

（四）禁止不按照规定排放废气、废水、废渣、粉灰、废油等。

第二十五条 土地复垦义务人应当对生产建设活动损毁土地的规模、程度和复垦过程中土地复垦工程质量、土地复垦效果等实施全程控制，并对验收合格后的复垦土地采取管护措施，保证土地复垦效果。

第二十六条 土地复垦义务人依法转让采矿权或者土地使用权的，土地复垦义务同时转移。但原土地复垦义务人应当完成的土地复垦义务未履行完成的除外。

原土地复垦义务人已经预存的土地复垦费用以及未履行完成的土地复垦义务，由原土地复垦义务人与新的土地复垦义务人在转让合同中约定。

新的土地复垦义务人应当重新与损毁土地所在地自然资源主管部门、银行签订土地复垦费用使用监管协议。

第三章 历史遗留损毁土地和自然灾害损毁土地的复垦

第二十七条 历史遗留损毁土地和自然灾害损毁土地调查评价，应当包括下列内容：

（一）损毁土地现状调查，包括地类、位置、面积、权属、损毁类型、损毁特征、损毁原因、损毁时间、污染情况、自然条件、社会经济条件等；

（二）损毁土地复垦适宜性评价，包括损毁程度、复垦潜力、利用方向及生态环境影响等；

（三）土地复垦效益分析，包括社会、经济、生态等效益。

第二十八条 符合下列条件的土地，所在地的县级自然资源主管部门应当认定为历史遗留损毁土地：

（一）土地复垦义务人灭失的生产建设活动损毁的土地；

（二）《土地复垦规定》实施以前生产建设活动损毁的土地。

第二十九条 县级自然资源主管部门应当将历史遗留损毁土地认定结果予以公告，公告期间不少于三十日。土地复垦义务人对认定结果有异议的，可以向县级自然资源主管部门申请复核。

县级自然资源主管部门应当自收到复核申请之日起三十日内做出答复。土地复垦义务人不服的，可以向上一级自然资源主管部门申请裁定。

上一级自然资源主管部门发现县级自然资源主管部门做出的认定结果不符合规定的，可以责令县级自然资源主管部门重新认定。

第三十条 土地复垦专项规划应当包括下列内容：

（一）土地复垦潜力分析；

（二）土地复垦的原则、目标、任务和计划安排；

（三）土地复垦重点区域和复垦土地利用方向；

（四）土地复垦项目的划定，复垦土地的利用布局和工程布局；

（五）土地复垦资金的测算，资金筹措方式和资金安排；

（六）预期经济、社会和生态等效益；

（七）土地复垦的实施保障措施。

土地复垦专项规划可以根据实际情况纳入土地整治规划。

土地复垦专项规划的修改应当按照条例第二十二条的规定报本级人民政府批准。

第三十一条 县级以上地方自然资源主管部门应当依据土地复垦专项规划制定土地复垦年度计划，分年度、有步骤地组织开展土地复垦工作。

第三十二条 条例第二十三条规定的历史遗留损毁土地和自然灾害损毁土地的复垦资金来源包括下列资金：

（一）土地复垦费；
（二）耕地开垦费；
（三）新增建设用地土地有偿使用费；
（四）用于农业开发的土地出让收入；
（五）可以用于土地复垦的耕地占用税地方留成部分；
（六）其他可以用于土地复垦的资金。

第四章　土地复垦验收

第三十三条　土地复垦义务人完成土地复垦任务后，应当组织自查，向项目所在地县级自然资源主管部门提出验收书面申请，并提供下列材料：

（一）验收调查报告及相关图件；
（二）规划设计执行报告；
（三）质量评估报告；
（四）检测等其他报告。

第三十四条　生产建设周期五年以上的项目，土地复垦义务人可以分阶段提出验收申请，负责组织验收的自然资源主管部门实行分级验收

阶段验收由项目所在地县级自然资源主管部门负责组织，总体验收由审查通过土地复垦方案的自然资源主管部门负责组织或者委托有关自然资源主管部门组织。

第三十五条　负责组织验收的自然资源主管部门应当会同同级农业、林业、环境保护等有关部门，组织邀请有关专家和农村集体经济组织代表，依据土地复垦方案、阶段土地复垦计划，对下列内容进行验收：

（一）土地复垦计划目标与任务完成情况；
（二）规划设计执行情况；
（三）复垦工程质量和耕地质量等级；

（四）土地权属管理、档案资料管理情况；

（五）工程管护措施。

第三十六条 土地复垦阶段验收和总体验收形成初步验收结果后，负责组织验收的自然资源主管部门应当在项目所在地公告，听取相关权利人的意见。公告时间不少于三十日。

相关土地权利人对验收结果有异议的，可以在公告期内向负责组织验收的自然资源主管部门书面提出。

自然资源主管部门应当在接到书面异议之日起十五日内，会同同级农业、林业、环境保护等有关部门核查，形成核查结论反馈相关土地权利人。异议情况属实的，还应当向土地复垦义务人提出整改意见，限期整改。

第三十七条 土地复垦工程经阶段验收或者总体验收合格的，负责验收的自然资源主管部门应当依照条例第二十九条规定出具阶段或者总体验收合格确认书。验收合格确认书应当载明下列事项：

（一）土地复垦工程概况；

（二）损毁土地情况；

（三）土地复垦完成情况；

（四）土地复垦中存在的问题和整改建议、处理意见；

（五）验收结论。

第三十八条 土地复垦义务人在申请新的建设用地、申请新的采矿许可证或者申请采矿许可证延续、变更、注销时，应当一并提供按照本办法规定到期完工土地复垦项目的验收合格确认书或者土地复垦费缴费凭据。未提供相关材料的，按照条例第二十条规定，有关自然资源主管部门不得通过审查和办理相关手续。

第三十九条 政府投资的土地复垦项目竣工后，由负责组织实施土地复垦项目的自然资源主管部门进行初步验收，验收程序和要求除依照本办法规定外，按照资金来源渠道及相应的项目管理办法执行。

初步验收完成后，依照条例第三十条规定进行最终验收，并依照本办法第三十七条规定出具验收合格确认书。

自然资源主管部门代复垦的项目竣工后，依照本条规定进行验收。

第四十条 土地权利人自行复垦或者社会投资进行复垦的土地复垦项目竣工后，由项目所在地县级自然资源主管部门进行验收，验收程序和要求依照本办法规定执行。

第五章 土地复垦激励措施

第四十一条 土地复垦义务人将生产建设活动损毁的耕地、林地、牧草地等农用地复垦恢复为原用途的，可以依照条例第三十二条规定，凭验收合格确认书向所在地县级自然资源主管部门提出出具退还耕地占用税意见的申请。

经审核属实的，县级自然资源主管部门应当在十五日内向土地复垦义务人出具意见。土地复垦义务人凭自然资源主管部门出具的意见向有关部门申请办理退还耕地占用税手续。

第四十二条 由社会投资将历史遗留损毁和自然灾害损毁土地复垦为耕地的，除依照条例第三十三条规定办理外，对属于将非耕地复垦为耕地的，经验收合格并报省级自然资源主管部门复核同意后，可以作为本省、自治区、直辖市的补充耕地指标，市、县政府可以出资购买指标。

第四十三条 由县级以上地方人民政府投资将历史遗留损毁和自然灾害损毁的建设用地复垦为耕地的，经验收合格并报省级自然资源主管部门复核同意后，依照条例第三十五条规定可以作为本省、自治区、直辖市的补充耕地指标。但使用新增建设用地有偿使用费复垦的耕地除外。

属于农民集体所有的土地，复垦后应当交给农民集体使用。

第六章 土地复垦监督管理

第四十四条 县级以上自然资源主管部门应当采取年度检查、

专项核查、例行稽查、在线监管等形式，对本行政区域内的土地复垦活动进行监督检查，并可以采取下列措施：

（一）要求被检查当事人如实反映情况和提供相关的文件、资料和电子数据；

（二）要求被检查当事人就土地复垦有关问题做出说明；

（三）进入土地复垦现场进行勘查；

（四）责令被检查当事人停止违反条例的行为。

第四十五条 县级以上自然资源主管部门应当在门户网站上及时向社会公开本行政区域内的土地复垦管理规定、技术标准、土地复垦规划、土地复垦项目安排计划以及土地复垦方案审查结果、土地复垦工程验收结果等重大事项。

第四十六条 县级以上地方自然资源主管部门应当通过国土资源主干网等按年度将本行政区域内的土地损毁情况、土地复垦工作开展情况等逐级上报。

上级自然资源主管部门对下级自然资源主管部门落实土地复垦法律法规情况、土地复垦义务履行情况、土地复垦效果等进行绩效评价。

第四十七条 县级以上自然资源主管部门应当对土地复垦档案实行专门管理，将土地复垦方案、土地复垦资金使用监管协议、土地复垦验收有关材料和土地复垦项目计划书、土地复垦实施情况报告等资料和电子数据进行档案存储与管理。

第四十八条 复垦后的土地权属和用途发生变更的，应当依法办理土地登记相关手续。

第七章 法律责任

第四十九条 条例第三十六条第六项规定的其他徇私舞弊、滥用职权、玩忽职守行为，包括下列行为：

（一）违反本办法第二十一条规定，对不符合规定条件的土地复垦义务人出具土地复垦费用支取通知书，或者对符合规定条件的土地复垦义务人无正当理由未在规定期限内出具土地复垦费用支取通知书的；

（二）违反本办法第四十一条规定，对不符合规定条件的申请人出具退还耕地占用税的意见，或者对符合规定条件的申请人无正当理由未在规定期限内出具退还耕地占用税的意见的；

（三）其他违反条例和本办法规定的行为。

第五十条 土地复垦义务人未按照本办法第十五条规定将土地复垦方案、土地复垦规划设计报所在地县级自然资源主管部门备案的，由县级以上地方自然资源主管部门责令限期改正；逾期不改正的，依照条例第四十一条规定处罚。

第五十一条 土地复垦义务人未按照本办法第十六条、第十七条、第十八条、第十九条规定预存土地复垦费用的，由县级以上自然资源主管部门责令限期改正；逾期不改正的，依照条例第三十八条规定处罚。

第五十二条 土地复垦义务人未按照本办法第二十五条规定开展土地复垦质量控制和采取管护措施的，由县级以上地方自然资源主管部门责令限期改正；逾期不改正的，依照条例第四十一条规定处罚。

第五十三条 铀矿等放射性采矿项目的土地复垦具体办法，由自然资源部另行制定。

第五十四条 本办法自2013年3月1日起施行。

闲置土地处置办法

（2012年6月1日国土资源部令第53号公布　自2012年7月1日起施行）

第一章　总　　则

第一条 为有效处置和充分利用闲置土地，规范土地市场行为，促进节约集约用地，根据《中华人民共和国土地管理法》、《中华人民共和国城市房地产管理法》及有关法律、行政法规，制定本办法。

第二条　本办法所称闲置土地，是指国有建设用地使用权人超过国有建设用地使用权有偿使用合同或者划拨决定书约定、规定的动工开发日期满一年未动工开发的国有建设用地。

已动工开发但开发建设用地面积占应动工开发建设用地总面积不足三分之一或者已投资额占总投资额不足百分之二十五，中止开发建设满一年的国有建设用地，也可以认定为闲置土地。

第三条　闲置土地处置应当符合土地利用总体规划和城乡规划，遵循依法依规、促进利用、保障权益、信息公开的原则。

第四条　市、县国土资源主管部门负责本行政区域内闲置土地的调查认定和处置工作的组织实施。

上级国土资源主管部门对下级国土资源主管部门调查认定和处置闲置土地工作进行监督管理。

第二章　调查和认定

第五条　市、县国土资源主管部门发现有涉嫌构成本办法第二条规定的闲置土地的，应当在三十日内开展调查核实，向国有建设用地使用权人发出《闲置土地调查通知书》。

国有建设用地使用权人应当在接到《闲置土地调查通知书》之日起三十日内，按照要求提供土地开发利用情况、闲置原因以及相关说明等材料。

第六条　《闲置土地调查通知书》应当包括下列内容：

（一）国有建设用地使用权人的姓名或者名称、地址；

（二）涉嫌闲置土地的基本情况；

（三）涉嫌闲置土地的事实和依据；

（四）调查的主要内容及提交材料的期限；

（五）国有建设用地使用权人的权利和义务；

（六）其他需要调查的事项。

第七条 市、县国土资源主管部门履行闲置土地调查职责，可以采取下列措施：

（一）询问当事人及其他证人；

（二）现场勘测、拍照、摄像；

（三）查阅、复制与被调查人有关的土地资料；

（四）要求被调查人就有关土地权利及使用问题作出说明。

第八条 有下列情形之一，属于政府、政府有关部门的行为造成动工开发延迟的，国有建设用地使用权人应当向市、县国土资源主管部门提供土地闲置原因说明材料，经审核属实的，依照本办法第十二条和第十三条规定处置：

（一）因未按照国有建设用地使用权有偿使用合同或者划拨决定书约定、规定的期限、条件将土地交付给国有建设用地使用权人，致使项目不具备动工开发条件的；

（二）因土地利用总体规划、城乡规划依法修改，造成国有建设用地使用权人不能按照国有建设用地使用权有偿使用合同或者划拨决定书约定、规定的用途、规划和建设条件开发的；

（三）因国家出台相关政策，需要对约定、规定的规划和建设条件进行修改的；

（四）因处置土地上相关群众信访事项等无法动工开发的；

（五）因军事管制、文物保护等无法动工开发的；

（六）政府、政府有关部门的其他行为。

因自然灾害等不可抗力导致土地闲置的，依照前款规定办理。

第九条 经调查核实，符合本办法第二条规定条件，构成闲置土地的，市、县国土资源主管部门应当向国有建设用地使用权人下达《闲置土地认定书》。

第十条 《闲置土地认定书》应当载明下列事项：

（一）国有建设用地使用权人的姓名或者名称、地址；

（二）闲置土地的基本情况；

（三）认定土地闲置的事实、依据；

（四）闲置原因及认定结论；

（五）其他需要说明的事项。

第十一条 《闲置土地认定书》下达后，市、县国土资源主管部门应当通过门户网站等形式向社会公开闲置土地的位置、国有建设用地使用权人名称、闲置时间等信息；属于政府或者政府有关部门的行为导致土地闲置的，应当同时公开闲置原因，并书面告知有关政府或者政府部门。

上级国土资源主管部门应当及时汇总下级国土资源主管部门上报的闲置土地信息，并在门户网站上公开。

闲置土地在没有处置完毕前，相关信息应当长期公开。闲置土地处置完毕后，应当及时撤销相关信息。

第三章　处置和利用

第十二条 因本办法第八条规定情形造成土地闲置的，市、县国土资源主管部门应当与国有建设用地使用权人协商，选择下列方式处置：

（一）延长动工开发期限。签订补充协议，重新约定动工开发、竣工期限和违约责任。从补充协议约定的动工开发日期起，延长动工开发期限最长不得超过一年；

（二）调整土地用途、规划条件。按照新用途或者新规划条件重新办理相关用地手续，并按照新用途或者新规划条件核算、收缴或者退还土地价款。改变用途后的土地利用必须符合土地利用总体规划和城乡规划；

（三）由政府安排临时使用。待原项目具备开发建设条件，国有建设用地使用权人重新开发建设。从安排临时使用之日起，临时使用期限最长不得超过两年；

（四）协议有偿收回国有建设用地使用权；

（五）置换土地。对已缴清土地价款、落实项目资金，且因规划依法修改造成闲置的，可以为国有建设用地使用权人置换其他价值相当、用途相同的国有建设用地进行开发建设。涉及出让土地的，应当重新签订土地出让合同，并在合同中注明为置换土地；

（六）市、县国土资源主管部门还可以根据实际情况规定其他处置方式。

除前款第四项规定外，动工开发时间按照新约定、规定的时间重新起算。

符合本办法第二条第二款规定情形的闲置土地，依照本条规定的方式处置。

第十三条 市、县国土资源主管部门与国有建设用地使用权人协商一致后，应当拟订闲置土地处置方案，报本级人民政府批准后实施。

闲置土地设有抵押权的，市、县国土资源主管部门在拟订闲置土地处置方案时，应当书面通知相关抵押权人。

第十四条 除本办法第八条规定情形外，闲置土地按照下列方式处理：

（一）未动工开发满一年的，由市、县国土资源主管部门报经本级人民政府批准后，向国有建设用地使用权人下达《征缴土地闲置费决定书》，按照土地出让或者划拨价款的百分之二十征缴土地闲置费。土地闲置费不得列入生产成本；

（二）未动工开发满两年的，由市、县国土资源主管部门按照《中华人民共和国土地管理法》第三十七条和《中华人民共和国城市房地产管理法》第二十六条的规定，报经有批准权的人民政府批准后，向国有建设用地使用权人下达《收回国有建设用地使用权决定书》，无偿收回国有建设用地使用权。闲置土地设有抵押权的，同时抄送相关土地抵押权人。

第十五条 市、县国土资源主管部门在依照本办法第十四条规定作出征缴土地闲置费、收回国有建设用地使用权决定前，应当书面告知国有建设用地使用权人有申请听证的权利。国有建设用地使用权人要求举行听证的，市、县国土资源主管部门应当依照《国土资源听证规定》依法组织听证。

第十六条 《征缴土地闲置费决定书》和《收回国有建设用地使用权决定书》应当包括下列内容：

（一）国有建设用地使用权人的姓名或者名称、地址；

（二）违反法律、法规或者规章的事实和证据；

（三）决定的种类和依据；

（四）决定的履行方式和期限；

（五）申请行政复议或者提起行政诉讼的途径和期限；

（六）作出决定的行政机关名称和作出决定的日期；

（七）其他需要说明的事项。

第十七条 国有建设用地使用权人应当自《征缴土地闲置费决定书》送达之日起三十日内，按照规定缴纳土地闲置费；自《收回国有建设用地使用权决定书》送达之日起三十日内，到市、县国土资源主管部门办理国有建设用地使用权注销登记，交回土地权利证书。

国有建设用地使用权人对《征缴土地闲置费决定书》和《收回国有建设用地使用权决定书》不服的，可以依法申请行政复议或者提起行政诉讼。

第十八条 国有建设用地使用权人逾期不申请行政复议、不提起行政诉讼，也不履行相关义务的，市、县国土资源主管部门可以采取下列措施：

（一）逾期不办理国有建设用地使用权注销登记，不交回土地权利证书的，直接公告注销国有建设用地使用权登记和土地权利证书；

（二）申请人民法院强制执行。

第十九条 对依法收回的闲置土地，市、县国土资源主管部门可以采取下列方式利用：

（一）依据国家土地供应政策，确定新的国有建设用地使用权人开发利用；

（二）纳入政府土地储备；

（三）对耕作条件未被破坏且近期无法安排建设项目的，由市、县国土资源主管部门委托有关农村集体经济组织、单位或者个人组织恢复耕种。

第二十条 闲置土地依法处置后土地权属和土地用途发生变化的，应当依据实地现状在当年土地变更调查中进行变更，并依照有关规定办理土地变更登记。

第四章 预防和监管

第二十一条 市、县国土资源主管部门供应土地应当符合下列要求，防止因政府、政府有关部门的行为造成土地闲置：

（一）土地权利清晰；

（二）安置补偿落实到位；

（三）没有法律经济纠纷；

（四）地块位置、使用性质、容积率等规划条件明确；

（五）具备动工开发所必需的其他基本条件。

第二十二条 国有建设用地使用权有偿使用合同或者划拨决定书应当就项目动工开发、竣工时间和违约责任等作出明确约定、规定。约定、规定动工开发时间应当综合考虑办理动工开发所需相关手续的时限规定和实际情况，为动工开发预留合理时间。

因特殊情况，未约定、规定动工开发日期，或者约定、规定不明确的，以实际交付土地之日起一年为动工开发日期。实际交付土地日期以交地确认书确定的时间为准。

第二十三条 国有建设用地使用权人应当在项目开发建设期间，及时向市、县国土资源主管部门报告项目动工开发、开发进度、竣工等情况。

国有建设用地使用权人应当在施工现场设立建设项目公示牌，公布建设用地使用权人、建设单位、项目动工开发、竣工时间和土地开发利用标准等。

第二十四条 国有建设用地使用权人违反法律法规规定和合同约定、划拨决定书规定恶意囤地、炒地的，依照本办法规定处理完毕前，市、县国土资源主管部门不得受理该国有建设用地使用权人新的用地申请，不得办理被认定为闲置土地的转让、出租、抵押和变更登记。

第二十五条 市、县国土资源主管部门应当将本行政区域内的闲置土地信息按宗录入土地市场动态监测与监管系统备案。闲置土地按照规定处置完毕后，市、县国土资源主管部门应当及时更新该宗土地相关信息。

闲置土地未按照规定备案的，不得采取本办法第十二条规定的方式处置。

第二十六条 市、县国土资源主管部门应当将国有建设用地使用权人闲置土地的信息抄送金融监管等部门。

第二十七条 省级以上国土资源主管部门可以根据情况，对闲置土地情况严重的地区，在土地利用总体规划、土地利用年度计划、建设用地审批、土地供应等方面采取限制新增加建设用地、促进闲置土地开发利用的措施。

第五章 法律责任

第二十八条 市、县国土资源主管部门未按照国有建设用地使用权有偿使用合同或者划拨决定书约定、规定的期限、条件将土地交付给国有建设用地使用权人，致使项目不具备动工开发条件的，应当依法承担违约责任。

第二十九条 县级以上国土资源主管部门及其工作人员违反本办法规定，有下列情形之一的，依法给予处分；构成犯罪的，依法追究刑事责任：

（一）违反本办法第二十一条的规定供应土地的；

（二）违反本办法第二十四条的规定受理用地申请和办理土地登记的；

（三）违反本办法第二十五条的规定处置闲置土地的；

（四）不依法履行闲置土地监督检查职责，在闲置土地调查、认定和处置工作中徇私舞弊、滥用职权、玩忽职守的。

第六章　附　　则

第三十条　本办法中下列用语的含义：

动工开发：依法取得施工许可证后，需挖深基坑的项目，基坑开挖完毕；使用桩基的项目，打入所有基础桩；其他项目，地基施工完成三分之一。

已投资额、总投资额：均不含国有建设用地使用权出让价款、划拨价款和向国家缴纳的相关税费。

第三十一条　集体所有建设用地闲置的调查、认定和处置，参照本办法有关规定执行。

第三十二条　本办法自2012年7月1日起施行。

协议出让国有土地使用权规定

（2003年6月11日国土资源部令第21号公布　自2003年8月1日起施行）

第一条　为加强国有土地资产管理，优化土地资源配置，规范协议出让国有土地使用权行为，根据《中华人民共和国城市房地产管理法》、《中华人民共和国土地管理法》和《中华人民共和国土地管理法实施条例》，制定本规定。

第二条　在中华人民共和国境内以协议方式出让国有土地使用权的，适用本规定。

本规定所称协议出让国有土地使用权，是指国家以协议方式将国有土地使用权在一定年限内出让给土地使用者，由土地使用者向国家支付土地使用权出让金的行为。

第三条 出让国有土地使用权，除依照法律、法规和规章的规定应当采用招标、拍卖或者挂牌方式外，方可采取协议方式。

第四条 协议出让国有土地使用权，应当遵循公开、公平、公正和诚实信用的原则。

以协议方式出让国有土地使用权的出让金不得低于按国家规定所确定的最低价。

第五条 协议出让最低价不得低于新增建设用地的土地有偿使用费、征地（拆迁）补偿费用以及按照国家规定应当缴纳的有关税费之和；有基准地价的地区，协议出让最低价不得低于出让地块所在级别基准地价的70%。

低于最低价时国有土地使用权不得出让。

第六条 省、自治区、直辖市人民政府国土资源行政主管部门应当依据本规定第五条的规定拟定协议出让最低价，报同级人民政府批准后公布，由市、县人民政府国土资源行政主管部门实施。

第七条 市、县人民政府国土资源行政主管部门应当根据经济社会发展计划、国家产业政策、土地利用总体规划、土地利用年度计划、城市规划和土地市场状况，编制国有土地使用权出让计划，报同级人民政府批准后组织实施。

国有土地使用权出让计划经批准后，市、县人民政府国土资源行政主管部门应当在土地有形市场等指定场所，或者通过报纸、互联网等媒介向社会公布。

因特殊原因，需要对国有土地使用权出让计划进行调整的，应当报原批准机关批准，并按照前款规定及时向社会公布。

国有土地使用权出让计划应当包括年度土地供应总量、不同用途土地供应面积、地段以及供地时间等内容。

第八条 国有土地使用权出让计划公布后，需要使用土地的单位和个人可以根据国有土地使用权出让计划，在市、县人民政府国土资源行政主管部门公布的时限内，向市、县人民政府国土资源行政主管部门提出意向用地申请。

市、县人民政府国土资源行政主管部门公布计划接受申请的时间不得少于30日。

第九条 在公布的地段上，同一地块只有一个意向用地者的，市、县人民政府国土资源行政主管部门方可按照本规定采取协议方式出让；但商业、旅游、娱乐和商品住宅等经营性用地除外。

同一地块有两个或者两个以上意向用地者的，市、县人民政府国土资源行政主管部门应当按照《招标拍卖挂牌出让国有土地使用权规定》，采取招标、拍卖或者挂牌方式出让。

第十条 对符合协议出让条件的，市、县人民政府国土资源行政主管部门会同城市规划等有关部门，依据国有土地使用权出让计划、城市规划和意向用地者申请的用地项目类型、规模等，制订协议出让土地方案。

协议出让土地方案应当包括拟出让地块的具体位置、界址、用途、面积、年限、土地使用条件、规划设计条件、供地时间等。

第十一条 市、县人民政府国土资源行政主管部门应当根据国家产业政策和拟出让地块的情况，按照《城镇土地估价规程》的规定，对拟出让地块的土地价格进行评估，经市、县人民政府国土资源行政主管部门集体决策，合理确定协议出让底价。

协议出让底价不得低于协议出让最低价。

协议出让底价确定后应当保密，任何单位和个人不得泄露。

第十二条 协议出让土地方案和底价经有批准权的人民政府批准后，市、县人民政府国土资源行政主管部门应当与意向用地者就土地出让价格等进行充分协商，协商一致且议定的出让价格不低于出让底价的，方可达成协议。

第十三条 市、县人民政府国土资源行政主管部门应当根据协议结果，与意向用地者签订《国有土地使用权出让合同》。

第十四条 《国有土地使用权出让合同》签订后7日内，市、县人民政府国土资源行政主管部门应当将协议出让结果在土地有形市场等指定场所，或者通过报纸、互联网等媒介向社会公布，接受社会监督。

公布协议出让结果的时间不得少于15日。

第十五条 土地使用者按照《国有土地使用权出让合同》的约定，付清土地使用权出让金、依法办理土地登记手续后，取得国有土地使用权。

第十六条 以协议出让方式取得国有土地使用权的土地使用者，需要将土地使用权出让合同约定的土地用途改变为商业、旅游、娱乐和商品住宅等经营性用途的，应当取得出让方和市、县人民政府城市规划部门的同意，签订土地使用权出让合同变更协议或者重新签订土地使用权出让合同，按变更后的土地用途，以变更时的土地市场价格补交相应的土地使用权出让金，并依法办理土地使用权变更登记手续。

第十七条 违反本规定，有下列行为之一的，对直接负责的主管人员和其他直接责任人员依法给予行政处分：

（一）不按照规定公布国有土地使用权出让计划或者协议出让结果的；

（二）确定出让底价时未经集体决策的；

（三）泄露出让底价的；

（四）低于协议出让最低价出让国有土地使用权的；

（五）减免国有土地使用权出让金的。

违反前款有关规定，情节严重构成犯罪的，依法追究刑事责任。

第十八条 国土资源行政主管部门工作人员在协议出让国有土地使用权活动中玩忽职守、滥用职权、徇私舞弊的，依法给予行政处分；构成犯罪的，依法追究刑事责任。

第十九条 采用协议方式租赁国有土地使用权的，参照本规定执行。

第二十条 本规定自2003年8月1日起施行。原国家土地管理局1995年6月28日发布的《协议出让国有土地使用权最低价确定办法》同时废止。

招标拍卖挂牌出让国有建设用地使用权规定

（2002年5月9日国土资源部令第11号发布　2007年9月28日国土资源部令第39号修订发布）

第一条　为规范国有建设用地使用权出让行为，优化土地资源配置，建立公开、公平、公正的土地使用制度，根据《中华人民共和国物权法》、《中华人民共和国土地管理法》、《中华人民共和国城市房地产管理法》和《中华人民共和国土地管理法实施条例》，制定本规定。

第二条　在中华人民共和国境内以招标、拍卖或者挂牌出让方式在土地的地表、地上或者地下设立国有建设用地使用权的，适用本规定。

本规定所称招标出让国有建设用地使用权，是指市、县人民政府国土资源行政主管部门（以下简称出让人）发布招标公告，邀请特定或者不特定的自然人、法人和其他组织参加国有建设用地使用权投标，根据投标结果确定国有建设用地使用权人的行为。

本规定所称拍卖出让国有建设用地使用权，是指出让人发布拍卖公告，由竞买人在指定时间、地点进行公开竞价，根据出价结果确定国有建设用地使用权人的行为。

本规定所称挂牌出让国有建设用地使用权，是指出让人发布挂牌公告，按公告规定的期限将拟出让宗地的交易条件在指定的土地交易场所挂牌公布，接受竞买人的报价申请并更新挂牌价格，根据挂牌期限截止时的出价结果或者现场竞价结果确定国有建设用地使用权人的行为。

第三条　招标、拍卖或者挂牌出让国有建设用地使用权，应当遵循公开、公平、公正和诚信的原则。

第四条 工业、商业、旅游、娱乐和商品住宅等经营性用地以及同一宗地有两个以上意向用地者的，应当以招标、拍卖或者挂牌方式出让。

前款规定的工业用地包括仓储用地，但不包括采矿用地。

第五条 国有建设用地使用权招标、拍卖或者挂牌出让活动，应当有计划地进行。

市、县人民政府国土资源行政主管部门根据经济社会发展计划、产业政策、土地利用总体规划、土地利用年度计划、城市规划和土地市场状况，编制国有建设用地使用权出让年度计划，报经同级人民政府批准后，及时向社会公开发布。

第六条 市、县人民政府国土资源行政主管部门应当按照出让年度计划，会同城市规划等有关部门共同拟订拟招标拍卖挂牌出让地块的出让方案，报经市、县人民政府批准后，由市、县人民政府国土资源行政主管部门组织实施。

前款规定的出让方案应当包括出让地块的空间范围、用途、年限、出让方式、时间和其他条件等。

第七条 出让人应当根据招标拍卖挂牌出让地块的情况，编制招标拍卖挂牌出让文件。

招标拍卖挂牌出让文件应当包括出让公告、投标或者竞买须知、土地使用条件、标书或者竞买申请书、报价单、中标通知书或者成交确认书、国有建设用地使用权出让合同文本。

第八条 出让人应当至少在投标、拍卖或者挂牌开始日前20日，在土地有形市场或者指定的场所、媒介发布招标、拍卖或者挂牌公告，公布招标拍卖挂牌出让宗地的基本情况和招标拍卖挂牌的时间、地点。

第九条 招标拍卖挂牌公告应当包括下列内容：

（一）出让人的名称和地址；

（二）出让宗地的面积、界址、空间范围、现状、使用年期、用途、规划指标要求；

（三）投标人、竞买人的资格要求以及申请取得投标、竞买资格的办法；

（四）索取招标拍卖挂牌出让文件的时间、地点和方式；

（五）招标拍卖挂牌时间、地点、投标挂牌期限、投标和竞价方式等；

（六）确定中标人、竞得人的标准和方法；

（七）投标、竞买保证金；

（八）其他需要公告的事项。

第十条 市、县人民政府国土资源行政主管部门应当根据土地估价结果和政府产业政策综合确定标底或者底价。标底或者底价不得低于国家规定的最低价标准。

确定招标标底，拍卖和挂牌的起叫价、起始价、底价，投标、竞买保证金，应当实行集体决策。

招标标底和拍卖挂牌的底价，在招标开标前和拍卖挂牌出让活动结束之前应当保密。

第十一条 中华人民共和国境内外的自然人、法人和其他组织，除法律、法规另有规定外，均可申请参加国有建设用地使用权招标拍卖挂牌出让活动。

出让人在招标拍卖挂牌出让公告中不得设定影响公平、公正竞争的限制条件。挂牌出让的，出让公告中规定的申请截止时间，应当为挂牌出让结束日前 2 天。对符合招标拍卖挂牌公告规定条件的申请人，出让人应当通知其参加招标拍卖挂牌活动。

第十二条 市、县人民政府国土资源行政主管部门应当为投标人、竞买人查询拟出让土地的有关情况提供便利。

第十三条 投标、开标依照下列程序进行：

（一）投标人在投标截止时间前将标书投入标箱。招标公告允许邮寄标书的，投标人可以邮寄，但出让人在投标截止时间前收到的方为有效。

标书投入标箱后，不可撤回。投标人应当对标书和有关书面承诺承担责任。

（二）出让人按照招标公告规定的时间、地点开标，邀请所有投标人参加。由投标人或者其推选的代表检查标箱的密封情况，当众开启标箱，点算标书。投标人少于三人的，出让人应当终止招标活动。投标人不少于三人的，应当逐一宣布投标人名称、投标价格和投标文件的主要内容。

（三）评标小组进行评标。评标小组由出让人代表、有关专家组成，成员人数为五人以上的单数。

评标小组可以要求投标人对投标文件作出必要的澄清或者说明，但是澄清或者说明不得超出投标文件的范围或者改变投标文件的实质性内容。

评标小组应当按照招标文件确定的评标标准和方法，对投标文件进行评审。

（四）招标人根据评标结果，确定中标人。

按照价高者得的原则确定中标人的，可以不成立评标小组，由招标主持人根据开标结果，确定中标人。

第十四条 对能够最大限度地满足招标文件中规定的各项综合评价标准，或者能够满足招标文件的实质性要求且价格最高的投标人，应当确定为中标人。

第十五条 拍卖会依照下列程序进行：

（一）主持人点算竞买人；

（二）主持人介绍拍卖宗地的面积、界址、空间范围、现状、用途、使用年期、规划指标要求、开工和竣工时间以及其他有关事项；

（三）主持人宣布起叫价和增价规则及增价幅度。没有底价的，应当明确提示；

（四）主持人报出起叫价；

（五）竞买人举牌应价或者报价；

（六）主持人确认该应价或者报价后继续竞价；

（七）主持人连续三次宣布同一应价或者报价而没有再应价或者报价的，主持人落槌表示拍卖成交；

（八）主持人宣布最高应价或者报价者为竞得人。

第十六条 竞买人的最高应价或者报价未达到底价时，主持人应当终止拍卖。

拍卖主持人在拍卖中可以根据竞买人竞价情况调整拍卖增价幅度。

第十七条 挂牌依照以下程序进行:

(一) 在挂牌公告规定的挂牌起始日，出让人将挂牌宗地的面积、界址、空间范围、现状、用途、使用年期、规划指标要求、开工时间和竣工时间、起始价、增价规则及增价幅度等，在挂牌公告规定的土地交易场所挂牌公布;

(二) 符合条件的竞买人填写报价单报价;

(三) 挂牌主持人确认该报价后，更新显示挂牌价格;

(四) 挂牌主持人在挂牌公告规定的挂牌截止时间确定竞得人。

第十八条 挂牌时间不得少于10日。挂牌期间可根据竞买人竞价情况调整增价幅度。

第十九条 挂牌截止应当由挂牌主持人主持确定。挂牌期限届满，挂牌主持人现场宣布最高报价及其报价者，并询问竞买人是否愿意继续竞价。有竞买人表示愿意继续竞价的，挂牌出让转入现场竞价，通过现场竞价确定竞得人。挂牌主持人连续三次报出最高挂牌价格，没有竞买人表示愿意继续竞价的，按照下列规定确定是否成交:

(一) 在挂牌期限内只有一个竞买人报价，且报价不低于底价，并符合其他条件的，挂牌成交;

(二) 在挂牌期限内有两个或者两个以上的竞买人报价的，出价最高者为竞得人；报价相同的，先提交报价单者为竞得人，但报价低于底价者除外;

(三) 在挂牌期限内无应价者或者竞买人的报价均低于底价或者均不符合其他条件的，挂牌不成交。

第二十条 以招标、拍卖或者挂牌方式确定中标人、竞得人后，中标人、竞得人支付的投标、竞买保证金，转作受让地块的定金。出让人应当向中标人发出中标通知书或者与竞得人签订成交确认书。

中标通知书或者成交确认书应当包括出让人和中标人或者竞得

人的名称，出让标的，成交时间、地点、价款以及签订国有建设用地使用权出让合同的时间、地点等内容。

中标通知书或者成交确认书对出让人和中标人或者竞得人具有法律效力。出让人改变竞得结果，或者中标人、竞得人放弃中标宗地、竞得宗地的，应当依法承担责任。

第二十一条 中标人、竞得人应当按照中标通知书或者成交确认书约定的时间，与出让人签订国有建设用地使用权出让合同。中标人、竞得人支付的投标、竞买保证金抵作土地出让价款；其他投标人、竞买人支付的投标、竞买保证金，出让人必须在招标拍卖挂牌活动结束后5个工作日内予以退还，不计利息。

第二十二条 招标拍卖挂牌活动结束后，出让人应在10个工作日内将招标拍卖挂牌出让结果在土地有形市场或者指定的场所、媒介公布。

出让人公布出让结果，不得向受让人收取费用。

第二十三条 受让人依照国有建设用地使用权出让合同的约定付清全部土地出让价款后，方可申请办理土地登记，领取国有建设用地使用权证书。

未按出让合同约定缴清全部土地出让价款的，不得发放国有建设用地使用权证书，也不得按出让价款缴纳比例分割发放国有建设用地使用权证书。

第二十四条 应当以招标拍卖挂牌方式出让国有建设用地使用权而擅自采用协议方式出让的，对直接负责的主管人员和其他直接责任人员依法给予处分；构成犯罪的，依法追究刑事责任。

第二十五条 中标人、竞得人有下列行为之一的，中标、竞得结果无效；造成损失的，应当依法承担赔偿责任：

（一）提供虚假文件隐瞒事实的；

（二）采取行贿、恶意串通等非法手段中标或者竞得的。

第二十六条 国土资源行政主管部门的工作人员在招标拍卖挂牌出让活动中玩忽职守、滥用职权、徇私舞弊的，依法给予处分；构成犯罪的，依法追究刑事责任。

第二十七条 以招标拍卖挂牌方式租赁国有建设用地使用权的，参照本规定执行。

第二十八条 本规定自2007年11月1日起施行。

建设项目用地预审管理办法

（2001年7月25日国土资源部令第7号公布　2004年10月29日修订　2008年11月12日第一次修正　根据2016年11月29日《国土资源部关于修改〈建设项目用地预审管理办法〉的决定》第二次修正）

第一条 为保证土地利用总体规划的实施，充分发挥土地供应的宏观调控作用，控制建设用地总量，根据《中华人民共和国土地管理法》、《中华人民共和国土地管理法实施条例》和《国务院关于深化改革严格土地管理的决定》，制定本办法。

第二条 本办法所称建设项目用地预审，是指国土资源主管部门在建设项目审批、核准、备案阶段，依法对建设项目涉及的土地利用事项进行的审查。

第三条 预审应当遵循下列原则：

（一）符合土地利用总体规划；

（二）保护耕地，特别是基本农田；

（三）合理和集约节约利用土地；

（四）符合国家供地政策。

第四条 建设项目用地实行分级预审。

需人民政府或有批准权的人民政府发展和改革等部门审批的建设项目，由该人民政府的国土资源主管部门预审。

需核准和备案的建设项目，由与核准、备案机关同级的国土资源主管部门预审。

第五条 需审批的建设项目在可行性研究阶段，由建设用地单位提出预审申请。

需核准的建设项目在项目申请报告核准前，由建设单位提出用地预审申请。

需备案的建设项目在办理备案手续后，由建设单位提出用地预审申请。

第六条 依照本办法第四条规定应当由国土资源部预审的建设项目，国土资源部委托项目所在地的省级国土资源主管部门受理，但建设项目占用规划确定的城市建设用地范围内土地的，委托市级国土资源主管部门受理。受理后，提出初审意见，转报国土资源部。

涉密军事项目和国务院批准的特殊建设项目用地，建设用地单位可直接向国土资源部提出预审申请。

应当由国土资源部负责预审的输电线塔基、钻探井位、通讯基站等小面积零星分散建设项目用地，由省级国土资源主管部门预审，并报国土资源部备案。

第七条 申请用地预审的项目建设单位，应当提交下列材料：

（一）建设项目用地预审申请表；

（二）建设项目用地预审申请报告，内容包括拟建项目的基本情况、拟选址占地情况、拟用地是否符合土地利用总体规划、拟用地面积是否符合土地使用标准、拟用地是否符合供地政策等；

（三）审批项目建议书的建设项目提供项目建议书批复文件，直接审批可行性研究报告或者需核准的建设项目提供建设项目列入相关规划或者产业政策的文件。

前款规定的用地预审申请表样式由国土资源部制定。

第八条 建设单位应当对单独选址建设项目是否位于地质灾害易发区、是否压覆重要矿产资源进行查询核实；位于地质灾害易发区或者压覆重要矿产资源的，应当依据相关法律法规的规定，在办理用地预审手续后，完成地质灾害危险性评估、压覆矿产资源登记等。

第九条 负责初审的国土资源主管部门在转报用地预审申请时，应当提供下列材料：

（一）依据本办法第十一条有关规定，对申报材料作出的初步审查意见；

（二）标注项目用地范围的土地利用总体规划图、土地利用现状图及其他相关图件；

（三）属于《土地管理法》第二十六条规定情形，建设项目用地需修改土地利用总体规划的，应当出具规划修改方案。

第十条 符合本办法第七条规定的预审申请和第九条规定的初审转报件，国土资源主管部门应当受理和接收。不符合的，应当场或在五日内书面通知申请人和转报人，逾期不通知的，视为受理和接收。

受国土资源部委托负责初审的国土资源主管部门应当自受理之日起二十日内完成初审工作，并转报国土资源部。

第十一条 预审应当审查以下内容：

（一）建设项目用地是否符合国家供地政策和土地管理法律、法规规定的条件；

（二）建设项目选址是否符合土地利用总体规划，属《土地管理法》第二十六条规定情形，建设项目用地需修改土地利用总体规划的，规划修改方案是否符合法律、法规的规定；

（三）建设项目用地规模是否符合有关土地使用标准的规定；对国家和地方尚未颁布土地使用标准和建设标准的建设项目，以及确需突破土地使用标准确定的规模和功能分区的建设项目，是否已组织建设项目节地评价并出具评审论证意见。

占用基本农田或者其他耕地规模较大的建设项目，还应当审查是否已经组织踏勘论证。

第十二条 国土资源主管部门应当自受理预审申请或者收到转报材料之日起二十日内，完成审查工作，并出具预审意见。二十日内不能出具预审意见的，经负责预审的国土资源主管部门负责人批准，可以延长十日。

第十三条 预审意见应当包括对本办法第十一条规定内容的结论性意见和对建设用地单位的具体要求。

第十四条 预审意见是有关部门审批项目可行性研究报告、核准项目申请报告的必备文件。

第十五条 建设项目用地预审文件有效期为三年，自批准之日起计算。已经预审的项目，如需对土地用途、建设项目选址等进行重大调整的，应当重新申请预审。

未经预审或者预审未通过的，不得批复可行性研究报告、核准项目申请报告；不得批准农用地转用、土地征收，不得办理供地手续。预审审查的相关内容在建设用地报批时，未发生重大变化的，不再重复审查。

第十六条 本办法自2009年1月1日起施行。

建设用地审查报批管理办法

（1999年3月2日国土资源部令第3号公布 2010年11月30日第一次修正 根据2016年11月29日《国土资源部关于修改〈建设用地审查报批管理办法〉的决定》第二次修正）

第一条 为加强土地管理，规范建设用地审查报批工作，根据《中华人民共和国土地管理法》（以下简称《土地管理法》）、《中华人民共和国土地管理法实施条例》（以下简称《土地管理法实施条例》），制定本办法。

第二条 依法应当报国务院和省、自治区、直辖市人民政府批准的建设用地的申请、审查、报批和实施，适用本办法。

第三条 县级以上国土资源主管部门负责建设用地的申请受理、审查、报批工作。

第四条 在建设项目审批、核准、备案阶段，建设单位应当向建设项目批准机关的同级国土资源主管部门提出建设项目用地预审申请。

受理预审申请的国土资源主管部门应当依据土地利用总体规划、土地使用标准和国家土地供应政策，对建设项目的有关事项进行预审，出具建设项目用地预审意见。

第五条 在土地利用总体规划确定的城市建设用地范围外单独选址的建设项目使用土地的，建设单位应当向土地所在地的市、县国土资源主管部门提出用地申请。

建设单位提出用地申请时，应当填写《建设用地申请表》，并附具下列材料：

（一）建设项目用地预审意见；

（二）建设项目批准、核准或者备案文件；

（三）建设项目初步设计批准或者审核文件。

建设项目拟占用耕地的，还应当提出补充耕地方案；建设项目位于地质灾害易发区的，还应当提供地质灾害危险性评估报告。

第六条 国家重点建设项目中的控制工期的单体工程和因工期紧或者受季节影响急需动工建设的其他工程，可以由省、自治区、直辖市国土资源主管部门向国土资源部申请先行用地。

申请先行用地，应当提交下列材料：

（一）省、自治区、直辖市国土资源主管部门先行用地申请；

（二）建设项目用地预审意见；

（三）建设项目批准、核准或者备案文件；

（四）建设项目初步设计批准文件、审核文件或者有关部门确认工程建设的文件；

（五）国土资源部规定的其他材料。

经批准先行用地的，应当在规定期限内完成用地报批手续。

第七条 市、县国土资源主管部门对材料齐全、符合条件的建设用地申请，应当受理，并在收到申请之日起30日内拟订农用地转用方案、补充耕地方案、征收土地方案和供地方案，编制建设项目用地呈报说明书，经同级人民政府审核同意后，报上一级国土资源主管部门审查。

第八条 在土地利用总体规划确定的城市建设用地范围内，为实施城市规划占用土地的，由市、县国土资源主管部门拟订农用地转用方案、补充耕地方案和征收土地方案，编制建设项目用地呈报说明书，经同级人民政府审核同意后，报上一级国土资源主管部门审查。

在土地利用总体规划确定的村庄和集镇建设用地范围内，为实施村庄和集镇规划占用土地的，由市、县国土资源主管部门拟订农用地转用方案、补充耕地方案，编制建设项目用地呈报说明书，经同级人民政府审核同意后，报上一级国土资源主管部门审查。

报国务院批准的城市建设用地，农用地转用方案、补充耕地方案和征收土地方案可以合并编制，一年申报一次；国务院批准城市建设用地后，由省、自治区、直辖市人民政府对设区的市人民政府分期分批申报的农用地转用和征收土地实施方案进行审核并回复。

第九条 建设只占用国有农用地的，市、县国土资源主管部门只需拟订农用地转用方案、补充耕地方案和供地方案。

建设只占用农民集体所有建设用地的，市、县国土资源主管部门只需拟订征收土地方案和供地方案。

建设只占用国有未利用地，按照《土地管理法实施条例》第二十四条规定应由国务院批准的，市、县国土资源主管部门只需拟订供地方案；其他建设项目使用国有未利用地的，按照省、自治区、直辖市的规定办理。

第十条 建设项目用地呈报说明书应当包括用地安排情况、拟使用土地情况等，并应附具下列材料：

（一）经批准的市、县土地利用总体规划图和分幅土地利用现状图，占用基本农田的，同时提供乡级土地利用总体规划图；

（二）有资格的单位出具的勘测定界图及勘测定界技术报告书；

（三）地籍资料或者其他土地权属证明材料；

（四）为实施城市规划和村庄、集镇规划占用土地的，提供城市规划图和村庄、集镇规划图。

第十一条 农用地转用方案，应当包括占用农用地的种类、面积、质量等，以及符合规划计划、基本农田占用补划等情况。

补充耕地方案，应当包括补充耕地的位置、面积、质量，补充的期限，资金落实情况等，以及补充耕地项目备案信息。

征收土地方案，应当包括征收土地的范围、种类、面积、权属，土地补偿费和安置补助费标准，需要安置人员的安置途径等。

供地方案，应当包括供地方式、面积、用途等。

第十二条 有关国土资源主管部门收到上报的建设项目用地呈报说明书和有关方案后，对材料齐全、符合条件的，应当在5日内报经同级人民政府审核。同级人民政府审核同意后，逐级上报有批准权的人民政府，并将审查所需的材料及时送该级国土资源主管部门审查。

对依法应由国务院批准的建设项目用地呈报说明书和有关方案，省、自治区、直辖市人民政府必须提出明确的审查意见，并对报送材料的真实性、合法性负责。

省、自治区、直辖市人民政府批准农用地转用、国务院批准征收土地的，省、自治区、直辖市人民政府批准农用地转用方案后，应当将批准文件和下级国土资源主管部门上报的材料一并上报。

第十三条 有批准权的国土资源主管部门应当自收到上报的农用地转用方案、补充耕地方案、征收土地方案和供地方案并按规定征求有关方面意见后30日内审查完毕。

建设用地审查应当实行国土资源主管部门内部会审制度。

第十四条 农用地转用方案和补充耕地方案符合下列条件的，国土资源主管部门方可报人民政府批准：

（一）符合土地利用总体规划；

（二）确属必需占用农用地且符合土地利用年度计划确定的控制指标；

（三）占用耕地的，补充耕地方案符合土地整理开发专项规划且面积、质量符合规定要求；

（四）单独办理农用地转用的，必须符合单独选址条件。

第十五条 征收土地方案符合下列条件的，国土资源主管部门方可报人民政府批准：

（一）被征收土地界址、地类、面积清楚，权属无争议的；

（二）被征收土地的补偿标准符合法律、法规规定的；

（三）被征收土地上需要安置人员的安置途径切实可行。

建设项目施工和地质勘查需要临时使用农民集体所有的土地的，依法签订临时使用土地合同并支付临时使用土地补偿费，不得办理土地征收。

第十六条 供地方案符合下列条件的，国土资源主管部门方可报人民政府批准：

（一）符合国家的土地供应政策；

（二）申请用地面积符合建设用地标准和集约用地的要求；

（三）只占用国有未利用地的，符合规划、界址清楚、面积准确。

第十七条 农用地转用方案、补充耕地方案、征收土地方案和供地方案经有批准权的人民政府批准后，同级国土资源主管部门应当在收到批件后 5 日内将批复发出。

未按规定缴纳新增建设用地土地有偿使用费的，不予批复建设用地。其中，报国务院批准的城市建设用地，省、自治区、直辖市人民政府在设区的市人民政府按照有关规定缴纳新增建设用地土地有偿使用费后办理回复文件。

第十八条 经批准的农用地转用方案、补充耕地方案、征收土地方案和供地方案，由土地所在地的市、县人民政府组织实施。

第十九条 建设项目补充耕地方案经批准下达后，在土地利用总体规划确定的城市建设用地范围外单独选址的建设项目，由市、县国土资源主管部门负责监督落实；在土地利用总体规划确定的城市和村庄、集镇建设用地范围内，为实施城市规划和村庄、集镇规划占用土地的，由省、自治区、直辖市国土资源主管部门负责监督落实。

第二十条 征收土地公告和征地补偿、安置方案公告，按照《征收土地公告办法》的有关规定执行。

征地补偿、安置方案确定后，市、县国土资源主管部门应当依照征地补偿、安置方案向被征收土地的农村集体经济组织和农民支付土地补偿费、地上附着物和青苗补偿费，并落实需要安置农业人口的安置途径。

第二十一条 在土地利用总体规划确定的城市建设用地范围内，

为实施城市规划占用土地的，经依法批准后，市、县国土资源主管部门应当公布规划要求，设定使用条件，确定使用方式，并组织实施。

第二十二条 以有偿使用方式提供国有土地使用权的，由市、县国土资源主管部门与土地使用者签订土地有偿使用合同，并向建设单位颁发《建设用地批准书》。土地使用者缴纳土地有偿使用费后，依照规定办理土地登记。

以划拨方式提供国有土地使用权的，由市、县国土资源主管部门向建设单位颁发《国有土地划拨决定书》和《建设用地批准书》，依照规定办理土地登记。《国有土地划拨决定书》应当包括划拨土地面积、土地用途、土地使用条件等内容。

建设项目施工期间，建设单位应当将《建设用地批准书》公示于施工现场。

市、县国土资源主管部门应当将提供国有土地的情况定期予以公布。

第二十三条 各级国土资源主管部门应当对建设用地进行跟踪检查。

对违反本办法批准建设用地或者未经批准非法占用土地的，应当依法予以处罚。

第二十四条 本办法自发布之日起施行。

土地征收成片开发标准（试行）

（2020 年 11 月 5 日　自然资规〔2020〕5 号）

一、根据《土地管理法》第 45 条的规定，制定本标准。

本标准所称成片开发，是指在国土空间规划确定的城镇开发边界内的集中建设区，由县级以上地方人民政府组织的对一定范围的土地进行的综合性开发建设活动。

二、土地征收成片开发应当坚持新发展理念，以人民为中心，注重保护耕地，注重维护农民合法权益，注重节约集约用地，注重生态环境保护，促进当地经济社会可持续发展。

三、县级以上地方人民政府应当按照《土地管理法》第45条规定，依据当地国民经济和社会发展规划、国土空间规划，组织编制土地征收成片开发方案，纳入当地国民经济和社会发展年度计划，并报省级人民政府批准。

土地征收成片开发方案应当包括下列内容：

（一）成片开发的位置、面积、范围和基础设施条件等基本情况；

（二）成片开发的必要性、主要用途和实现的功能；

（三）成片开发拟安排的建设项目、开发时序和年度实施计划；

（四）依据国土空间规划确定的一个完整的土地征收成片开发范围内基础设施、公共服务设施以及其他公益性用地比例；

（五）成片开发的土地利用效益以及经济、社会、生态效益评估。

前款第（四）项规定的比例一般不低于40%，各市县的具体比例由省级人民政府根据各地情况差异确定。

县级以上地方人民政府编制土地征收成片开发方案时，应当充分听取人大代表、政协委员、社会公众和有关专家学者的意见。

四、土地征收成片开发方案应当充分征求成片开发范围内农村集体经济组织和农民的意见，并经集体经济组织成员的村民会议三分之二以上成员或者三分之二以上村民代表同意。未经集体经济组织的村民会议三分之二以上成员或者三分之二以上村民代表同意，不得申请土地征收成片开发。

五、省级人民政府应当组织人大代表、政协委员和土地、规划、经济、法律、环保、产业等方面的专家组成专家委员会，对土地征收成片开发方案的科学性、必要性进行论证。论证结论应当作为批准土地征收成片开发方案的重要依据。

国家自然资源督察机构、自然资源部、省级人民政府应当加强对土地征收成片开发工作的监管。

六、有下列情形之一的，不得批准土地征收成片开发方案：

（一）涉及占用永久基本农田的；

（二）市县区域内存在大量批而未供或者闲置土地的；

（三）各类开发区、城市新区土地利用效率低下的；

（四）已批准实施的土地征收成片开发连续两年未完成方案安排的年度实施计划的。

七、本标准自公布之日施行，有效期三年。

确定土地所有权和使用权的若干规定

（1995年3月11日〔1995〕国土〔籍〕字第26号　根据2010年12月3日《国土资源部关于修改部分规范性文件的决定》修订）

第一章　总　　则

第一条　为了确定土地所有权和使用权，依法进行土地登记，根据有关的法律、法规和政策，制订本规定。

第二条　土地所有权和使用权由县级以上人民政府确定，土地管理部门具体承办。

土地权属争议，由土地管理部门提出处理意见，报人民政府下达处理决定或报人民政府批准后由土地管理部门下达处理决定。

第二章　国家土地所有权

第三条　城市市区范围内的土地属于国家所有。

第四条　依据1950年《中华人民共和国土地改革法》及有关规定，凡当时没有将土地所有权分配给农民的土地属于国家所有；实施1962年《农村人民公社工作条例修正草案》（以下简称《六十条》）未划入农民集体范围内的土地属于国家所有。

第五条　国家建设征收的土地，属于国家所有。

第六条　开发利用国有土地，开发利用者依法享有土地使用权，土地所有权仍属国家。

第七条　国有铁路线路、车站、货场用地以及依法留用的其他铁路用地属于国家所有。土改时已分配给农民所有的原铁路用地和新建铁路两侧未经征收的农民集体所有土地属于农民集体所有。

第八条　县级以上（含县级）公路线路用地属于国家所有。公路两侧保护用地和公路其他用地凡未经征收的农民集体所有的土地仍属于农民集体所有。

第九条　国有电力、通讯设施用地属于国家所有。但国有电力通讯杆塔占用农民集体所有的土地，未办理征收手续的，土地仍属于农民集体所有，对电力通讯经营单位可确定为他项权利。

第十条　军队接收的敌伪地产及解放后经人民政府批准征收、划拨的军事用地属于国家所有。

第十一条　河道堤防内的土地和堤防外的护堤地，无堤防河道历史最高洪水位或者设计洪水位以下的土地，除土改时已将所有权分配给农民，国家未征收，且迄今仍归农民集体使用的外，属于国家所有。

第十二条　县级以上（含县级）水利部门直接管理的水库、渠道等水利工程用地属于国家所有。水利工程管理和保护范围内未经征收的农民集体土地仍属于农民集体所有。

第十三条　国家建设对农民集体全部进行移民安置并调剂土地后，迁移农民集体原有土地转为国家所有。但移民后原集体仍继续使用的集体所有土地，国家未进行征收的，其所有权不变。

第十四条　因国家建设征收土地，农民集体建制被撤销或其人口全部转为非农业人口，其未经征收的土地，归国家所有。继续使用原有土地的原农民集体及其成员享有国有土地使用权。

第十五条　全民所有制单位和城镇集体所有制单位兼并农民集体企业的，办理有关手续后，被兼并的原农民集体企业使用的集体所有土地转为国家所有。乡（镇）企业依照国家建设征收土地的审批程序和补偿标准使用的非本乡（镇）村农民集体所有的土地，转为国家所有。

第十六条 1962年9月《六十条》公布以前，全民所有制单位，城市集体所有制单位和集体所有制的华侨农场使用的原农民集体所有的土地（含合作化之前的个人土地），迄今没有退给农民集体的，属于国家所有。

《六十条》公布时起至1982年5月《国家建设征用土地条例》公布时止，全民所有制单位、城市集体所有制单位使用的原农民集体所有的土地，有下列情形之一的，属于国家所有：

1. 签订过土地转移等有关协议的；
2. 经县级以上人民政府批准使用的；
3. 进行过一定补偿或安置劳动力的；
4. 接受农民集体馈赠的；
5. 已购买原集体所有的建筑物的；
6. 农民集体所有制企事业单位转为全民所有制或者城市集体所有制单位的。

1982年5月《国家建设征用土地条例》公布时起至1987年《土地管理法》开始施行时止，全民所有制单位、城市集体所有制单位违反规定使用的农民集体土地，依照有关规定进行了清查处理后仍由全民所有制单位、城市集体所有制单位使用的，确定为国家所有。

凡属上述情况以外未办理征地手续使用的农民集体土地，由县级以上地方人民政府根据具体情况，按当时规定补办征地手续，或退还农民集体。1987年《土地管理法》施行后违法占用的农民集体土地，必须依法处理后，再确定土地所有权。

第十七条 1986年3月中共中央、国务院《关于加强土地管理、制止乱占耕地的通知》发布之前，全民所有制单位、城市集体所有制单位租用农民集体所有的土地，按照有关规定处理后，能够恢复耕种的，退还农民集体耕种，所有权仍属于农民集体；已建成永久性建筑物的，由用地单位按租用时的规定，补办手续，土地归国家所有。凡已经按照有关规定处理了的，可按处理决定确定所有权和使用权。

第十八条 土地所有权有争议，不能依法证明争议土地属于农民集体所有的，属于国家所有。

第三章 集体土地所有权

第十九条 土地改革时分给农民并颁发了土地所有证的土地，属于农民集体所有；实施《六十条》时确定为集体所有的土地，属农民集体所有。依照第二章规定属于国家所有的除外。

第二十条 村农民集体所有的土地，按目前该村农民集体实际使用的本集体土地所有权界线确定所有权。

根据《六十条》确定的农民集体土地所有权，由于下列原因发生变更的，按变更后的现状确定集体土地所有权。

（一）由于村、队、社、场合并或分割等管理体制的变化引起土地所有权变更的；

（二）由于土地开发、国家征地、集体兴办企事业或者自然灾害等原因进行过土地调整的；

（三）由于农田基本建设和行政区划变动等原因重新划定土地所有权界线的。行政区划变动未涉及土地权属变更的，原土地权属不变。

第二十一条 农民集体连续使用其他农民集体所有的土地已满20年的，应视为现使用者所有；连续使用不满20年，或者虽满20年但在20年期满之前所有者曾向现使用者或有关部门提出归还的，由县级以上人民政府根据具体情况确定土地所有权。

第二十二条 乡（镇）或村在集体所有的土地上修建并管理的道路、水利设施用地，分别属于乡（镇）或村农民集体所有。

第二十三条 乡（镇）或村办企事业单位使用的集体土地，《六十条》公布以前使用的，分别属于该乡（镇）或村农民集体所有；《六十条》公布时起至1982年国务院《村镇建房用地管理条例》发布时止使用的，有下列情况之一的，分别属于该乡（镇）或村农民集体所有：

1. 签订过用地协议的（不含租借）；

2. 经县、乡（公社）、村（大队）批准或同意，并进行了适当的土地调整或者经过一定补偿的；

3. 通过购买房屋取得的；

4. 原集体企事业单位体制经批准变更的。

1982 年国务院《村镇建房用地管理条例》发布时起至 1987 年《土地管理法》开始施行时止，乡（镇）、村办企事业单位违反规定使用的集体土地按照有关规定清查处理后，乡（镇）、村集体单位继续使用的，可确定为该乡（镇）或村集体所有。

乡（镇）、村办企事业单位采用上述以外的方式占用的集体土地，或虽采用上述方式，但目前土地利用不合理的，如荒废、闲置等，应将其全部或部分土地退还原村或乡农民集体，或按有关规定进行处理。1987 年《土地管理法》施行后违法占用的土地，须依法处理后再确定所有权。

第二十四条 乡（镇）企业使用本乡（镇）、村集体所有的土地，依照有关规定进行补偿和安置的，土地所有权转为乡（镇）农民集体所有。经依法批准的乡（镇）、村公共设施、公益事业使用的农民集体土地，分别属于乡（镇）、村农民集体所有。

第二十五条 农民集体经依法批准以土地使用权作为联营条件与其他单位或个人举办联营企业的，或者农民集体经依法批准以集体所有的土地的使用权作价入股，举办外商投资企业和内联乡镇企业的，集体土地所有权不变。

第四章 国有土地使用权

第二十六条 土地使用权确定给直接使用土地的具有法人资格的单位或个人。但法律、法规、政策和本规定另有规定的除外。

第二十七条 土地使用者经国家依法划拨、出让或解放初期接收、沿用，或通过依法转让、继承、接受地上建筑物等方式使用国有土地的，可确定其国有土地使用权。

第二十八条 土地公有制之前，通过购买房屋或土地及租赁土地方式使用私有的土地，土地转为国有后迄今仍继续使用的，可确定现使用者国有土地使用权。

第二十九条 因原房屋拆除、改建或自然坍塌等原因，已经变更了实际土地使用者的，经依法审核批准，可将土地使用权确定给实际土地使用者；空地及房屋坍塌或拆除后两年以上仍未恢复使用的土地，由当地县级以上人民政府收回土地使用权。

第三十条 原宗教团体、寺观教堂宗教活动用地，被其他单位占用，原使用单位因恢复宗教活动需要退还使用的，应按有关规定予以退还。确属无法退还或土地使用权有争议的，经协商、处理后确定土地使用权。

第三十一条 军事设施用地（含靶场、试验场、训练场）依照解放初土地接收文件和人民政府批准征收或划拨土地的文件确定土地使用权。土地使用权有争议的，按照国务院、中央军委有关文件规定处理后，再确定土地使用权。

国家确定的保留或地方代管的军事设施用地的土地使用权确定给军队，现由其他单位使用的，可依照有关规定确定为他项权利。

经国家批准撤销的军事设施，其土地使用权依照有关规定由当地县级以上人民政府收回并重新确定使用权。

第三十二条 依法接收、征收、划拨的铁路线路用地及其他铁路设施用地，现仍由铁路单位使用的，其使用权确定给铁路单位。铁路线路路基两侧依法取得使用权的保护用地，使用权确定给铁路单位。

第三十三条 国家水利、公路设施用地依照征收、划拨文件和有关法律、法规划定用地界线。

第三十四条 驻机关、企事业单位内的行政管理和服务性单位，经政府批准使用的土地，可以由土地管理部门商被驻单位规定土地的用途和其他限制条件后分别确定实际土地使用者的土地使用权。但租用房屋的除外。

第三十五条 原由铁路、公路、水利、电力、军队及其他单位和个人使用的土地，1982 年 5 月《国家建设征用土地条例》公布之前，已经转由其他单位或个人使用的，除按照国家法律和政策应当退还的外，其国有土地使用权可确定给实际土地使用者，但严重影响上述部门的设施安全和正常使用的，暂不确定土地使用权，按照有关规定处理后，再确定土地使用权。1982 年 5 月以后非法转让的，经依法处理后再确定使用权。

第三十六条 农民集体使用的国有土地，其使用权按县级以上人民政府主管部门审批、划拨文件确定；没有审批、划拨文件的，依照当时规定补办手续后，按使用现状确定；过去未明确划定使用界线的，由县级以上人民政府参照土地实际使用情况确定。

第三十七条 未按规定用途使用的国有土地，由县级以上人民政府收回重新安排使用，或者按有关规定处理后确定使用权。

第三十八条 1987 年 1 月《土地管理法》施行之前重复划拨或重复征收的土地，可按目前实际使用情况或者根据最后一次划拨或征收文件确定使用权。

第三十九条 以土地使用权为条件与其他单位或个人合建房屋的，根据批准文件、合建协议或者投资数额确定土地使用权，但 1982 年《国家建设征用土地条例》公布后合建的，应依法办理土地转让手续后再确定土地使用权。

第四十条 以出让方式取得的土地使用权或以划拨方式取得的土地使用权补办出让手续后作为资产入股的，土地使用权确定给股份制企业。

国家以土地使用权作价入股的，土地使用权确定给股份制企业。

国家将土地使用权租赁给股份制企业的，土地使用权确定给股份制企业。企业以出让方式取得的土地使用权或以划拨方式取得的土地使用权补办出让手续后，出租给股份制企业的，土地使用权不变。

第四十一条 企业以出让方式取得的土地使用权，企业破产后，经依法处置，确定给新的受让人；企业通过划拨方式取得的土地使用权，企业破产时，其土地使用权由县级以上人民政府收回后，根据有关规定进行处置。

第四十二条 法人之间合并，依法属于应当以有偿方式取得土地使用权的，原土地使用权应当办理有关手续，有偿取得土地使用权；依法可以以划拨形式取得土地使用权的，可以办理划拨土地权属变更登记，取得土地使用权。

第五章 集体土地建设用地使用权

第四十三条 乡（镇）村办企业事业单位和个人依法使用农民集体土地进行非农业建设的，可依法确定使用者集体土地建设用地使用权。对多占少用、占而不用的，其闲置部分不予确定使用权，并退还农民集体，另行安排使用。

第四十四条 依照本规定第二十五条规定的农民集体土地，集体土地建设用地使用权确定给联营或股份企业。

第四十五条 1982 年 2 月国务院发布《村镇建房用地管理条例》之前农村居民建房占用的宅基地，超过当地政府规定的面积，在《村镇建房用地管理条例》施行后未经拆迁、改建、翻建的，可以暂按现有实际使用面积确定集体土地建设用地使用权。

第四十六条 1982 年 2 月《村镇建房用地管理条例》发布时起至 1987 年 1 月《土地管理法》开始施行时止，农村居民建房占用的宅基地，其面积超过当地政府规定标准的，超过部分按 1986 年 3 月中共中央、国务院《关于加强土地管理、制止乱占耕地的通知》及地方人民政府的有关规定处理后，按处理后实际使用面积确定集体土地建设用地使用权。

第四十七条 符合当地政府分户建房规定而尚未分户的农村居民，其现有的宅基地没有超过分户建房用地合计面积标准的，可按现有宅基地面积确定集体土地建设用地使用权。

第四十八条 非农业户口居民（含华侨）原在农村的宅基地，房屋产权没有变化的，可依法确定其集体土地建设用地使用权。房屋拆除后没有批准重建的，土地使用权由集体收回。

第四十九条 接受转让、购买房屋取得的宅基地，与原有宅基地合计面积超过当地政府规定标准，按照有关规定处理后允许继续使用的，可暂确定其集体土地建设用地使用权。继承房屋取得的宅基地，可确定集体土地建设用地使用权。

第五十条 农村专业户宅基地以外的非农业建设用地与宅基地分别确定集体土地建设用地使用权。

第五十一条 按照本规定第四十五条至第四十九条的规定确定农村居民宅基地集体土地建设用地使用权时，其面积超过当地政府规定标准的，可在土地登记卡和土地证书内注明超过标准面积的数量。以后分户建房或现有房屋拆迁、改建、翻建或政府依法实施规划重新建设时，按当地政府规定的面积标准重新确定使用权，其超过部分退还集体。

第五十二条 空闲或房屋坍塌、拆除两年以上未恢复使用的宅基地，不确定土地使用权。已经确定使用权的，由集体报经县级人民政府批准，注销其土地登记，土地由集体收回。

第六章 附　　则

第五十三条 一宗地由两个以上单位或个人共同使用的，可确定为共有土地使用权。共有土地使用权面积可以在共有使用人之间分摊。

第五十四条 地面与空中、地面与地下立体交叉使用土地的（楼房除外），土地使用权确定给地面使用者，空中和地下可确定为他项权利。

平面交叉使用土地的，可以确定为共有土地使用权；也可以将土地使用权确定给主要用途或优先使用单位，次要和服从使用单位可确定为他项权利。

上述两款中的交叉用地，如属合法批准征收、划拨的，可按批准文件确定使用权，其他用地单位确定为他项权利。

第五十五条 依法划定的铁路、公路、河道、水利工程、军事设施、危险品生产和储存地、风景区等区域的管理和保护范围内的土地，其土地的所有权和使用权依照土地管理有关法规确定。但对上述范围内的土地的用途，可以根据有关的规定增加适当的限制条件。

第五十六条 土地所有权或使用权证明文件上的四至界线与实地一致，但实地面积与批准面积不一致的，按实地四至界线计算土地面积，确定土地的所有权或使用权。

第五十七条 他项权利依照法律或当事人约定设定。他项权利可以与土地所有权或使用权同时确定，也可在土地所有权或使用权确定之后增设。

第五十八条 各级人民政府或人民法院已依法处理的土地权属争议，按处理决定确定土地所有权或使用权。

第五十九条 本规定由国家土地管理局负责解释。

第六十条 本规定自1995年5月1日起施行。1989年7月5日国家土地管理局印发的《关于确定土地权属问题的若干意见》同时停止执行。

土地权属争议调查处理办法

（2003年1月3日国土资源部令第17号公布　根据2010年11月30日《国土资源部关于修改部分规章的决定》修正）

第一条 为依法、公正、及时地做好土地权属争议的调查处理工作，保护当事人的合法权益，维护土地的社会主义公有制，根据《中华人民共和国土地管理法》，制定本办法。

第二条 本办法所称土地权属争议，是指土地所有权或者使用权归属争议。

第三条 调查处理土地权属争议，应当以法律、法规和土地管理规章为依据。从实际出发，尊重历史，面对现实。

第四条 县级以上国土资源行政主管部门负责土地权属争议案

件（以下简称争议案件）的调查和调解工作；对需要依法作出处理决定的，拟定处理意见，报同级人民政府作出处理决定。

县级以上国土资源行政主管部门可以指定专门机构或者人员负责办理争议案件有关事宜。

第五条 个人之间、个人与单位之间、单位与单位之间发生的争议案件，由争议土地所在地的县级国土资源行政主管部门调查处理。

前款规定的个人之间、个人与单位之间发生的争议案件，可以根据当事人的申请，由乡级人民政府受理和处理。

第六条 设区的市、自治州国土资源行政主管部门调查处理下列争议案件：

（一）跨县级行政区域的；

（二）同级人民政府、上级国土资源行政主管部门交办或者有关部门转送的。

第七条 省、自治区、直辖市国土资源行政主管部门调查处理下列争议案件：

（一）跨设区的市、自治州行政区域的；

（二）争议一方为中央国家机关或者其直属单位，且涉及土地面积较大的；

（三）争议一方为军队，且涉及土地面积较大的；

（四）在本行政区域内有较大影响的；

（五）同级人民政府、国土资源部交办或者有关部门转送的。

第八条 国土资源部调查处理下列争议案件：

（一）国务院交办的；

（二）在全国范围内有重大影响的。

第九条 当事人发生土地权属争议，经协商不能解决的，可以依法向县级以上人民政府或者乡级人民政府提出处理申请，也可以依照本办法第五、六、七、八条的规定，向有关的国土资源行政主管部门提出调查处理申请。

第十条 申请调查处理土地权属争议的，应当符合下列条件：

（一）申请人与争议的土地有直接利害关系；

（二）有明确的请求处理对象、具体的处理请求和事实根据。

第十一条 当事人申请调查处理土地权属争议，应当提交书面申请书和有关证据材料，并按照被申请人数提交副本。

申请书应当载明以下事项：

（一）申请人和被申请人的姓名或者名称、地址、邮政编码、法定代表人姓名和职务；

（二）请求的事项、事实和理由；

（三）证人的姓名、工作单位、住址、邮政编码。

第十二条 当事人可以委托代理人代为申请土地权属争议的调查处理。委托代理人申请的，应当提交授权委托书。授权委托书应当写明委托事项和权限。

第十三条 对申请人提出的土地权属争议调查处理的申请，国土资源行政主管部门应当依照本办法第十条的规定进行审查，并在收到申请书之日起 7 个工作日内提出是否受理的意见。

认为应当受理的，在决定受理之日起 5 个工作日内将申请书副本发送被申请人。被申请人应当在接到申请书副本之日起 30 日内提交答辩书和有关证据材料。逾期不提交答辩书的，不影响案件的处理。

认为不应当受理的，应当及时拟定不予受理建议书，报同级人民政府作出不予受理决定。

当事人对不予受理决定不服的，可以依法申请行政复议或者提起行政诉讼。

同级人民政府、上级国土资源行政主管部门交办或者有关部门转办的争议案件，按照本条有关规定审查处理。

第十四条 下列案件不作为争议案件受理：

（一）土地侵权案件；

（二）行政区域边界争议案件；

（三）土地违法案件；

（四）农村土地承包经营权争议案件；

（五）其他不作为土地权属争议的案件。

第十五条 国土资源行政主管部门决定受理后，应当及时指定承办人，对当事人争议的事实情况进行调查。

第十六条 承办人与争议案件有利害关系的，应当申请回避；当事人认为承办人与争议案件有利害关系的，有权请求该承办人回避。承办人是否回避，由受理案件的国土资源行政主管部门决定。

第十七条 承办人在调查处理土地权属争议过程中，可以向有关单位或者个人调查取证。被调查的单位或者个人应当协助，并如实提供有关证明材料。

第十八条 在调查处理土地权属争议过程中，国土资源行政主管部门认为有必要对争议的土地进行实地调查的，应当通知当事人及有关人员到现场。必要时，可以邀请有关部门派人协助调查。

第十九条 土地权属争议双方当事人对各自提出的事实和理由负有举证责任，应当及时向负责调查处理的国土资源行政主管部门提供有关证据材料。

第二十条 国土资源行政主管部门在调查处理争议案件时，应当审查双方当事人提供的下列证据材料：

（一）人民政府颁发的确定土地权属的凭证；

（二）人民政府或者主管部门批准征收、划拨、出让土地或者以其他方式批准使用土地的文件；

（三）争议双方当事人依法达成的书面协议；

（四）人民政府或者司法机关处理争议的文件或者附图；

（五）其他有关证明文件。

第二十一条 对当事人提供的证据材料，国土资源行政主管部门应当查证属实，方可作为认定事实的根据。

第二十二条 在土地所有权和使用权争议解决之前，任何一方不得改变土地利用的现状。

第二十三条 国土资源行政主管部门对受理的争议案件，应当在查清事实、分清权属关系的基础上先行调解，促使当事人以协商方式达成协议。调解应当坚持自愿、合法的原则。

第二十四条 调解达成协议的，应当制作调解书。调解书应当载明以下内容：

（一）当事人的姓名或者名称、法定代表人姓名、职务；

（二）争议的主要事实；

（三）协议内容及其他有关事项。

第二十五条 调解书经双方当事人签名或者盖章，由承办人署名并加盖国土资源行政主管部门的印章后生效。

生效的调解书具有法律效力，是土地登记的依据。

第二十六条 国土资源行政主管部门应当在调解书生效之日起15日内，依照民事诉讼法的有关规定，将调解书送达当事人，并同时抄报上一级国土资源行政主管部门。

第二十七条 调解未达成协议的，国土资源行政主管部门应当及时提出调查处理意见，报同级人民政府作出处理决定。

第二十八条 国土资源行政主管部门应当自受理土地权属争议之日起6个月内提出调查处理意见。因情况复杂，在规定时间内不能提出调查处理意见的，经该国土资源行政主管部门的主要负责人批准，可以适当延长。

第二十九条 调查处理意见应当包括以下内容：

（一）当事人的姓名或者名称、地址、法定代表人的姓名、职务；

（二）争议的事实、理由和要求；

（三）认定的事实和适用的法律、法规等依据；

（四）拟定的处理结论。

第三十条 国土资源行政主管部门提出调查处理意见后，应当在5个工作日内报送同级人民政府，由人民政府下达处理决定。

国土资源行政主管部门的调查处理意见在报同级人民政府的同时，抄报上一级国土资源行政主管部门。

第三十一条 当事人对人民政府作出的处理决定不服的，可以依法申请行政复议或者提起行政诉讼。

在规定的时间内，当事人既不申请行政复议，也不提起行政诉讼，处理决定即发生法律效力。

生效的处理决定是土地登记的依据。

第三十二条 在土地权属争议调查处理过程中，国土资源行政主管部门的工作人员玩忽职守、滥用职权、徇私舞弊，构成犯罪的，依法追究刑事责任；不构成犯罪的，由其所在单位或者其上级机关依法给予行政处分。

第三十三条 乡级人民政府处理土地权属争议，参照本办法执行。

第三十四条 调查处理争议案件的文书格式，由国土资源部统一制定。

第三十五条 调查处理争议案件的费用，依照国家有关规定执行。

第三十六条 本办法自2003年3月1日起施行。1995年12月18日原国家土地管理局发布的《土地权属争议处理暂行办法》同时废止。

自然资源违法行为立案查处工作规程（试行）

（2022年9月23日　自然资发〔2022〕165号）

为规范自然资源违法行为立案查处工作，明确立案查处工作程序，提高执法查处水平，提升执法查处效能，根据《中华人民共和国土地管理法》《中华人民共和国矿产资源法》《中华人民共和国测绘法》《中华人民共和国城乡规划法》《中华人民共和国行政处罚法》《中华人民共和国行政强制法》等法律法规，制定本规程。

1　总则

1.1　适用范围

自然资源主管部门立案查处自然资源违法行为，适用本规程，法律法规另有规定的除外。

综合行政执法部门、乡镇人民政府、街道办事处等依法履行立案查处自然资源违法行为职责的，可以参照本规程。

1.2 自然资源违法行为立案查处的基本内容

自然资源违法行为立案查处，是指自然资源主管部门，依照法定职权和程序，对自然人、法人或者其他组织违反土地、矿产、测绘地理信息、国土空间规划法律法规的行为，进行调查处理，实施行政处罚或者行政处理的执法行为。

1.3 自然资源违法行为立案查处的原则与要求

自然资源违法行为立案查处，应当遵循严格、规范、公正、文明的原则，做到事实清楚、证据确凿、定性准确、依据正确、程序合法、处罚适当、文书规范。

1.4 自然资源违法行为立案查处的实施主体与分工

自然资源主管部门组织实施自然资源违法行为立案查处工作，具体工作依法由其执法工作机构和其他业务职能工作机构（以下统称承办机构）按照部门内部确定的职责分工承担。无明确职责分工的，执法工作机构主要承担未经审批的自然资源违法行为的立案查处，其他业务职能工作机构主要承担与其行政许可等密切相关违法行为的立案查处。

经依法书面委托的自然资源主管部门执法队伍（执法总队、支队、大队、中心等）可以在委托范围内，以委托部门的名义进行立案查处工作。

自然资源主管部门可以根据需要依法明确自然资源所、执法中队等承担相应的自然资源执法工作。

1.5 自然资源执法人员

自然资源执法人员应当熟悉土地、矿产、测绘地理信息、国土空间规划等法律法规，经过培训，考核合格，取得执法证件。

执法人员在自然资源违法行为立案查处过程中，应当主动出示执法证件，向当事人或者相关人员表明身份。

在自然资源违法行为立案查处过程中知悉的国家秘密、商业秘密或者个人隐私，执法人员应当依法予以保密。

1.6 自然资源违法行为立案查处的工作保障

自然资源主管部门应当加强与财政等相关部门的沟通协调，将执法工作经费纳入年度部门预算，提供车辆、记录仪等必要装备保障，并为执法人员提供人身意外伤害保险等职业风险保障。

自然资源主管部门可以根据执法工作需要，统筹多方技术力量，或者采取购买第三方服务等方式，加强执法工作技术保障；可以聘请执法工作辅助人员，加强执法工作人力资源保障；充分利用信息化手段，加强执法工作的信息化建设，提升执法查处效能。

1.7 自然资源违法行为立案查处的基本流程

（1）立案

（2）调查取证

（3）案情分析与调查报告起草

（4）案件审理

（5）重大执法决定法制审核

（6）作出处理决定（行政处罚决定或者行政处理决定）

（7）执行

（8）结案

（9）立卷归档

涉及需要移送公安、纪检监察、任免机关追究刑事责任、党纪政务责任的，应当依照有关规定移送。

1.8 规范行使行政处罚裁量权

自然资源主管部门应当规范行使行政处罚裁量权。省级自然资源主管部门应当依据法律法规规定的违法行为和相应法律责任，结合当地社会经济发展的实际情况，依法制定行政处罚裁量基准，细化量化本地区自然资源行政处罚的裁量范围、种类、幅度等并向社会公布。市（地）级、县级自然资源主管部门可以根据省级行政处罚裁量基准制定实施细则。

省级自然资源主管部门可以根据实际情况，制定并公布轻微违法行为依法不予行政处罚清单。

1.9 全面落实行政执法“三项制度”

自然资源主管部门应当全面落实行政执法公示制度、执法全过程记录制度和重大执法决定法制审核制度（统称行政执法“三项制度”）的相关规定。

1.10 补充说明

地方自然资源主管部门可以依据本规程制定实施细则或者补充规定，报上一级自然资源主管部门备案。

在国土空间规划实施前，继续执行经依法批准的土地利用总体规划和城乡规划。在国土空间规划实施后，按照国土空间规划执行。

行政处理案件的立案查处程序适用本规程。

2 立案

2.1 案件管辖

2.1.1 地域管辖

自然资源违法案件由自然资源违法行为发生地的自然资源主管部门管辖，法律、行政法规、部门规章另有规定的，从其规定。

土地、矿产、国土空间规划违法案件一般由不动产所在地的自然资源主管部门管辖；测绘地理信息违法案件一般由单位注册地、办公场所所在地、个人户籍所在地的自然资源主管部门管辖。

两个以上自然资源主管部门都有管辖权的，由最先立案的自然资源主管部门管辖。

2.1.2 级别管辖

县级自然资源主管部门管辖本行政区域内发生的自然资源违法案件。

市级、省级自然资源主管部门管辖本行政区域内重大、复杂和法律法规规定应当由其管辖的自然资源违法案件。

自然资源部管辖全国范围内重大、复杂和法律法规规定应当由其管辖的自然资源违法案件。

有下列情形之一的，上级自然资源主管部门有权管辖下级自然资源主管部门管辖的案件：

（1）下级自然资源主管部门应当立案调查而不予立案调查的；

（2）案情复杂，情节恶劣，有重大影响的。

必要时，上级自然资源主管部门可以将本级管辖的案件交由下级自然资源主管部门立案调查，但是法律法规规定应当由其管辖的除外。

2.1.3　指定管辖

有管辖权的自然资源主管部门由于特殊原因不能行使管辖权的，可以报请上一级自然资源主管部门指定管辖；自然资源主管部门之间因管辖权发生争议的，报请共同的上一级自然资源主管部门指定管辖。上一级自然资源主管部门应当在接到指定管辖申请之日起七个工作日内，作出管辖决定。

自然资源主管部门与其他部门之间因管辖权发生争议，经协商无法达成一致意见的，应当报请本级人民政府指定管辖。

2.1.4　移送管辖

自然资源主管部门发现违法行为不属于本级或者本部门管辖的，应当填报《案件管辖移送书》，移送有管辖权的自然资源主管部门或者其他部门。受移送的自然资源主管部门对管辖权有异议的，应当报请上一级自然资源主管部门指定管辖，不得再自行移送。

2.2　核查与制止

核查人员应当按照要求及时核查涉嫌自然资源违法行为，核查后根据是否符合立案条件，提出立案或者不予立案的建议。

2.2.1　核查的主要内容

（1）涉嫌违法当事人的基本情况；

（2）涉嫌违法的基本事实；

（3）违反自然资源法律法规的情况；

（4）是否属于本级本部门管辖。

核查过程中，可以采取现场勘验、摄像、拍照、询问、复印资料等方式收集相关材料。

2.2.2　违法行为制止

经核查存在自然资源违法行为，执法人员应当向违法当事人宣传自然资源法律法规和政策，告知其行为违法及可能承担的法律责任，采取措施予以制止。

2.2.2.1　责令停止违法行为

对正在实施的违法行为，自然资源主管部门应当依法及时下达

《责令停止违法行为通知书》。《责令停止违法行为通知书》应当记载下列内容：

（1）违法行为人的姓名或者名称；

（2）简要违法事实和法律依据；

（3）其他应当记载的事项。

2.2.2.2 其他制止措施

对自然资源违法行为书面制止无效、当事人拒不停止违法行为的，自然资源主管部门应当及时将违法事实书面报告本级人民政府和上一级自然资源主管部门；可以根据情况将涉嫌违法的事实及制止违法行为的情况抄告发展改革、城乡建设、农业农村、电力、金融、市场监管等部门，提请相关部门按照共同责任机制等要求履行部门职责，采取联合执法等措施，共同制止违法行为。

2.3 立案条件

符合下列条件的，自然资源主管部门应当予以立案：

（1）有明确的行为人；

（2）有违反自然资源法律法规的事实；

（3）依照自然资源法律法规应当追究法律责任；

（4）属于本级本部门管辖；

（5）违法行为没有超过追诉时效。

2.4 立案呈批

核查后，应当根据立案或者不予立案的建议填写《立案（不予立案）呈批表》，报自然资源主管部门负责人审批。符合立案条件的，自然资源主管部门应当在十个工作日内予以立案。

《立案（不予立案）呈批表》应当载明案件来源、当事人基本情况、涉嫌违法事实、相关建议等内容。必要时，一并提出暂停办理与案件相关的自然资源审批、登记等手续的建议。

2.5 案由

案由应当结合违法行为具体情况确定，一般表述为“违法主体+违法行为类型或者情形+行为结果”。其中，违法主体应当使用全称或者规范简称，违法行为类型或者情形可参照本规程附录，无行为结果可以不表述。

2.6 确定承办人员

批准立案后，承办机构应当确定具有行政执法资格的执法人员作为案件承办人员，承办人员不得少于二人。

承办人员具体组织实施案件调查取证，起草相关法律文书，提出处理建议，撰写案件调查报告等。

2.7 回避

承办人员与案件有直接利害关系或者有其他关系可能影响公正执法的，应当主动申请回避。当事人认为承办人员与案件有直接利害关系或者有其他关系可能影响公正执法的，可以申请承办人员回避。

承办人员主动申请回避的，由承办机构负责人决定；当事人提出回避申请或者涉及承办机构负责人的回避，由自然资源主管部门负责人决定。决定回避的，应当对之前的调查行为是否有效一并决定。决定回避前，被要求回避的承办人员不停止对案件的调查。

其他与案件有直接利害关系或者有其他关系可能影响公正执法的人员，不得参与案件的调查、讨论、审理、重大执法决定法制审核和决定。

3 调查取证

承办人员应当对违法事实进行调查，并收集相关证据。调查取证时，不得少于二人，并应当主动向被调查人出示执法证件。

3.1 调查措施

3.1.1 一般调查措施

调查取证时，承办人员依法有权采取下列措施：

（1）下达《接受调查通知书》，要求被调查的单位或者个人提供有关文件和资料，并就与案件有关的问题作出说明；

（2）询问当事人以及相关人员，进入违法现场进行检查、勘验、拍照、录音、摄像，查阅和复印相关材料；

（3）责令当事人停止违法行为，限期改正；

（4）根据需要可以对有关证据先行登记保存；

（5）对涉嫌自然资源违法的单位或者个人，在调查期间暂停办理与该违法案件相关的审批、登记等手续；

（6）责令涉嫌土地违法的单位或者个人在调查期间不得变卖、转移与案件有关的财物，对可能被转移、销毁、隐匿或者篡改的文件、资料予以封存；

（7）查封、扣押与涉嫌测绘违法行为直接相关的设备、工具、原材料、测绘成果、地图产品等；

（8）责令停止城乡规划违法建设，当事人不停止的，申请县级以上地方人民政府责成有关部门查封施工现场；

（9）可以采取的其他措施。

3.1.2 调查遇阻措施

被调查人拒绝、逃避调查取证或者采取暴力、威胁等方式阻碍调查取证时，依法可以采取下列措施：

（1）商请当事人所在单位或者违法行为发生地所在基层组织协助调查；

（2）向本级人民政府或者上一级自然资源主管部门报告；

（3）提请公安、检察、监察等相关部门协助；

（4）其他措施。

3.2 调查实施与证据收集

3.2.1 调查前期准备

（1）研究确定调查的主要内容、方法、步骤及拟收集的证据清单等；

（2）收集内业资料；

（3）准备调查装备、设备；

（4）准备其他材料。

3.2.2 证据种类

（1）书证；

（2）物证；

（3）视听资料；

（4）电子数据；

（5）证人证言；

（6）当事人的陈述；

（7）询问笔录；

（8）现场勘验笔录；

（9）认定意见、鉴定意见；

（10）其他。

3.2.3 证据范围

3.2.3.1 土地违法案件证据范围

（1）当事人身份证明材料；

（2）询问笔录；

（3）地类及权属证明材料；

（4）土地利用现状图、土地利用总体规划图、国家永久基本农田数据库等；

（5）现场勘验材料，包括现场勘验笔录、勘测定界图、勘测报告等；

（6）违法地块现状材料，包括现场照片、视听资料等；

（7）土地来源材料，包括预审、先行用地、临时用地、土地征收、农用地转用、供地等相关审批材料、设施农用地备案材料、土地取得协议或者合同、骗取批准的证明材料等；

（8）项目立项、规划、环评、建设等审批材料；

（9）破坏耕地等农用地涉嫌犯罪的相关认定意见、鉴定意见材料；

（10）违法转让的证明材料，包括转让协议、实际交付价款凭证、土地已实际交付证明材料、违法所得认定材料；

（11）违法批地的证明材料，包括批准用地的文件、协议、会议纪要、记录等；

（12）需要收集的其他证据材料。

3.2.3.2 矿产违法案件证据范围

（1）当事人身份证明材料；

（2）询问笔录；

（3）勘查、开采等审批登记相关材料；

（4）证明矿产品种类、开采量、价格等的材料；

（5）违法所得证据及认定材料，包括生产记录、销售凭据等；

（6）违法勘查、开采等证明材料，包括现场勘验笔录、现场照片、视听资料等；

（7）违法转让（出租、承包）矿产资源、矿业权的证明材料，包括协议、转让价款凭证、往来账目等；

（8）违法采矿、破坏性采矿涉嫌犯罪的相关认定意见、鉴定意见；

（9）需要收集的其他证据材料。地质灾害、矿山环境等违法案件参照上述证据范围要求收集相关证据材料。

3.2.3.3　测绘地理信息违法案件证据范围

（1）当事人身份证明材料；

（2）询问笔录；

（3）资质证书、资格证书、相关行政许可或者审批等材料；

（4）现场勘验材料，包括现场勘验笔录、照片、相关数据、视听资料等；

（5）相关项目、人员用工等合同或者协议性文件材料；

（6）相关交易凭据、账簿、登记台账及其他有关文件材料；

（7）测绘资料、成果、地图、附着地图图形物品、图件和电子数据等材料；

（8）测绘相关设施、设备、工具、原材料等；

（9）弄虚作假、伪造、欺骗、冒用、以其他人名义执业等材料；

（10）相关审查意见、检验或者检测报告以及专家结论等材料；

（11）需要收集的其他证据材料。

3.2.3.4　国土空间规划违法案件证据范围

（1）当事人身份证明材料；

（2）询问笔录；

（3）土地权属证明材料；

（4）项目立项、土地、规划、环评、建设等审批材料；

（5）现场勘验材料，包括现场勘验笔录、勘测定界图、勘测报告等；

（6）违法项目现状材料，包括现场照片、视听资料、设计文本、施工图纸、竣工测量报告等；

（7）国土空间规划编制单位资质等级许可文件及项目承揽合同、编制成果等；

（8）规划审批部门关于项目规划情况的认定意见材料；

（9）项目施工合同、建设工程造价认定意见材料；

（10）违法收入证明材料；

（11）违法审批的证明材料，包括规划审批的文件、协议、会议纪要、记录等；

（12）需要收集的其他证据材料。

3.2.4　证据要求

3.2.4.1　书证、物证

书证和物证为原件原物的，制作证据交接单，注明证据名称（品名）、编号（型号）、数量等内容。经核对无误后，双方签字，一式二份，各持一份。

书证为复印件的，应当由保管书证原件的单位或者个人在复印件上注明出处和“本复印件与原件一致”等字样，签名、盖章，并签署时间。单项书证较多的，加盖骑缝章。

收集物证原物确有困难的，可以收集与原物核对无误的复制件或者证明该物证的照片、录像等其他证据。

3.2.4.2　视听资料、电子数据

录音、录像、计算机数据等视听资料、电子数据应当符合下列要求：

（1）收集视听资料、电子数据的原始载体。收集原始载体确有困难的，可以收集复制件；

（2）收集视听资料、电子数据，应当制作笔录，记录案由、对象、内容，收集的时间、地点、方法、过程，并附清单，注明类别、文件格式等，由承办人员和视听资料、电子数据持有人（提供人）

签名或者盖章；持有人（提供人）无法签名或者拒绝签名的，应当在笔录中注明，由见证人签名或者盖章。有条件的，可以对相关活动进行录像；

（3）声音资料应当附有该声音内容的文字记录。

3.2.4.3　证人证言

证人证言应当符合下列要求：

（1）写明证人的姓名、年龄、性别、职业、住址、联系方式等基本情况；

（2）有与案件相关的事实；

（3）有证人签名，证人不能签名的，应当按手印或者盖章；

（4）注明出具日期；

（5）附有身份证复印件等证明证人身份的文件。

3.2.4.4　当事人的陈述

当事人请求自行提供陈述材料的，应当准许。必要时，承办人员也可以要求当事人自行书写。当事人应当在其提供的陈述材料上签名、按手印或者盖章。

3.2.4.5　询问笔录

对当事人、证人等询问时，应当个别进行，并制作《询问笔录》。《询问笔录》包括基本情况和询问记录等内容。

基本情况包括：询问时间、询问地点、询问人、记录人、被询问人基本信息等。

询问记录包括：询问告知情况、案件相关事实和被询问人补充内容。

（1）询问开始时，承办人员应当表明身份，出示执法证件，核实被询问人身份，并告知被询问人诚实作证和配合调查的法律义务，隐瞒事实、作伪证的法律责任以及申请承办人员回避的权利。

（2）案件相关事实包括：时间、地点、原貌与现状、地类、面积、权属、矿种、采出量、违法所得、实施主体、实施目的、实施过程、后果、相关手续办理情况、其他单位或者部门处理情况、相关资料保存情况以及其他需要询问的内容。

询问结束，应当将《询问笔录》交被询问人核对。被询问人阅读有困难的，应当向其宣读。笔录如有差错、遗漏，应当允许被询问人更正或者补充，涂改部分应当由被询问人按手印。经核对无误后，由被询问人在《询问笔录》上逐页签名、按手印，在尾页空白处写明“以上笔录经本人核对无异议”等被询问人认可性语言，签署姓名和时间，并按手印。《询问笔录》应当注明总页数和页码。

被询问人拒绝签名的，承办人员应当在《询问笔录》中注明。有其他见证人在场的，可以由见证人签名。

询问时，在文字记录的同时，根据需要可以在告知被询问人后录音、录像。

3.2.4.6　现场勘验笔录

现场勘验应当告知当事人参加。当事人拒绝参加的，不影响现场勘验进行，但可以邀请案件发生地村（居）委会等基层组织相关人员作为见证人参加。必要时，可以采取拍照、录像等方式记录现场勘验情况。

现场勘验应当制作《现场勘验笔录》。《现场勘验笔录》应当记载当事人、案由、勘验内容、勘验时间、勘验地点、勘验人、勘验情况等内容，并附勘测图。《现场勘验笔录》应当由勘验人员、承办人员、当事人或者见证人签名。当事人拒绝签名或者不能签名的，应当注明原因。

委托有关机构进行鉴定的，被委托的鉴定机构不得单独进行现场勘验。

3.2.4.7　认定意见、鉴定意见

涉及耕地破坏程度认定或者鉴定的，由市（地）级或省级自然资源主管部门组织实施，根据实际情况出具认定意见；也可委托具有法定资质的机构出具鉴定意见；没有具有法定资质的机构的，可以委托其他具备条件的机构出具鉴定意见。

涉及违法开采的矿产品价值认定的，根据销赃数额认定；无销赃数额，销赃数额难以查证或者根据销赃数额认定明显不合理的，根据矿产品价格和数量认定。矿产品价格和数量难以确定的，依据价格认证机构和省级以上自然资源主管部门出具的报告，并结合其他证据作出认定意见。

涉及测绘地理信息违法行为认定的，由市（地）级以上自然资源主管部门组织实施，根据需要出具认定意见，也可以委托有关机构出具鉴定意见。

3.2.5 证据先行登记保存

调查中发现证据可能灭失或者以后难以取得的情况下，经自然资源主管部门负责人批准，可以先行登记保存。证据先行登记保存期间，任何人不得销毁或者转移证据。

证据先行登记保存，应当制作《证据先行登记保存通知书》，附具《证据保存清单》，向当事人下达。制作《证据保存清单》，应当有当事人在场，当事人不在场可以邀请其他见证人参加，并由当事人或者见证人核对，确定无误后签字。

先行登记保存的证据，可以交由当事人自己保存，也可以由自然资源主管部门或者其指定单位保存。证据在原地保存可能妨害公共秩序、公共安全或者对证据保存不利的，也可以异地保存。

自然资源主管部门应当自发出《证据先行登记保存通知书》之日起七个工作日内，根据情况分别作出如下处理决定，向当事人下达《先行登记保存证据处理通知书》：

（1）采取记录、复制、复印、拍照、录像等方式收集证据；

（2）送交具有资质的专门机构进行鉴定、认定等；

（3）违法事实不成立的，解除证据先行登记保存；

（4）其他应当作出的决定。

3.3 行政强制措施

经自然资源主管部门负责人批准，自然资源主管部门可以依法查封、扣押与涉嫌违法测绘行为直接相关的设备、工具、原材料、测绘成果资料等；可以依法查封、扣押涉嫌违法的地图、附着地图图形的产品以及用于实施地图违法行为的设备、工具、原材料等。

3.3.1 一般规定

查封、扣押等直接涉及重大财产权益的行政强制措施应当全程音像记录。

承办人员应当主动出示执法证件，通知当事人到场，当场告知当事人采取行政强制措施的理由、依据以及当事人依法享有的权利、救济途径，听取当事人的陈述和申辩，制作现场笔录，并由当事人和承办人员签名或者盖章，当事人拒绝的，在笔录中予以注明。当事人不到场的，邀请见证人到场，由见证人和承办人员在现场笔录上签名或者盖章。

情况紧急，需要当场实施行政强制措施的，承办人员应当在24小时内向自然资源主管部门负责人报告，并补办批准手续。自然资源主管部门负责人认为不应当采取行政强制措施的，应当立即解除。

3.3.2 审查决定

实施查封、扣押，应当填写《行政强制措施事项审批表》，经自然资源主管部门负责人批准，制作《行政强制措施决定书》，附具《物品清单》，向当事人下达。制作《物品清单》应当有当事人在场，当事人不在场可以邀请其他见证人参加，并由当事人或者见证人核对，确定无误后签字。对查封的设施或者财物，可以委托第三人保管，第三人不得损毁或者擅自转移、处置。

3.3.3 强制措施处理

采取查封、扣押措施后，应当及时查清事实，自发出《行政强制措施决定书》之日起三十日内作出处理决定，情况复杂的，经自然资源主管部门负责人批准，可以延长，但是延长期限不得超过三十日。对违法事实清楚，依法应当没收的非法财物予以没收；应当解除查封、扣押的，作出解除查封、扣押的决定。

对物品需要进行检测、检验、检疫或者技术鉴定的，查封、扣押期限不包括检测、检验、检疫或者技术鉴定期限。

3.4 调查中止

因不可抗力、意外事件或者其他情形，致使案件暂时无法调查的，承办人员应当填写《中止调查决定呈批表》，报自然资源主管部门负责人批准后，中止调查。案件中止调查的情形消除后，应当及时恢复调查。

3.5 调查终止

有下列情形之一的，承办人员应当填写《终止调查决定呈批表》并提出处理建议，报自然资源主管部门负责人批准后，终止调查。

（1）调查过程中，发现违法事实不成立的；

（2）违法行为已过行政处罚追诉时效的；

（3）不属本部门管辖，需要向其他部门移送的；

（4）因不可抗力致使案件无法调查处理的；

（5）需要终止调查的其他情形。

4 案情分析与调查报告起草

在调查取证的基础上，承办人员应当对收集的证据、案件事实进行认定，确定违法的性质和法律适用，研究提出处理建议，并起草调查报告。

4.1 证据认定

4.1.1 证据审查

承办人员应当对证据的真实性、关联性和合法性进行审查。

（1）真实性审查主要审查证据是否为原件、原物，复制件、复制品是否符合要求等；

（2）关联性审查主要审查证据与案件的待证事实之间是否具有内在的联系，证据之间能否互相支撑形成证据链等；

（3）合法性审查主要审查证据取得程序及相关手续是否合法等。

4.1.2 证据的证明效力认定

认定各类证据的证明效力应当遵循以下原则：

（1）国家机关以及其他职能部门依职权制作的公文文书优于其他书证；

（2）认定意见、鉴定意见、现场勘验笔录、档案材料以及经过公证或者登

记的书证优于其他书证、视听资料和证人证言；

（3）原件、原物优于复制件、复制品；

（4）法定鉴定部门的鉴定意见优于其他鉴定部门的鉴定意见；

（5）原始证据优于传来证据；

（6）其他证人证言优于与当事人有亲属关系或者其他密切关系的证人提供的对该当事人有利的证言；

（7）数个种类不同、内容一致的证据优于一个孤立的证据。

4.1.3 辅助证据

下列证据不能单独作为认定案件事实的依据，但可以作为辅助证据。

（1）未成年人的证言；

（2）与当事人有亲属关系或者其他密切关系的证人所作的对该当事人有利的证言，或者与当事人有不利关系的证人所作的对该当事人不利的证言；

（3）难以识别是否经过修改的视听资料；

（4）无法与原件、原物核对的复制件或者复制品；

（5）其他不能单独作为定案依据的证据材料。

4.2 事实认定

4.2.1 违法责任主体认定

违法责任主体应当是实施违法行为并且能够独立承担法律责任的自然人、法人或者其他组织。

（1）当事人是自然人的，该自然人为违法责任主体。

（2）当事人是法人的（企业法人、机关法人、事业单位法人、社会团体法人、农村经济组织法人、合作经济组织法人、基层群众性自治组织法人等），该法人为违法责任主体；不具有独立法人资格的分公司、内设机构、派出机构、临时机构等实施违法行为的，设立该分公司、内设机构、派出机构、临时机构的法人为违法责任主体。

（3）当事人是其他组织的，能够独立承担法律责任的，该组织为违法责任主体；不能独立承担法律责任的，创办该组织的单位或者个人为违法责任主体。

（4）受委托或者雇佣的自然人、法人或者其他组织在受委托或者雇佣的工作范围内，实施自然资源违法行为，并且能够证明委托或者雇佣关系及委托或者雇佣工作范围的，应当认定委托人或者雇佣人为违法责任主体。

（5）同一违法行为有两个以上当事人的，应当认定为共同违法责任主体。

4.2.2　违法用地占用地类认定

判定违法用地占用地类，应当将违法用地的界址范围或者勘测定界坐标数据套合到违法用地行为发生时最新或者上一年度土地利用现状图或者土地利用现状数据库及国家永久基本农田数据库上，对照标示的现状地类进行判定。违法用地发生时，该用地已经批准转为建设用地的，应当按照建设用地判定。

承办机构可以提请自然资源调查监测管理工作机构进行认定。

4.2.3　是否符合土地利用总体规划的认定

判定违法用地是否符合土地利用总体规划，应当将违法用地的界址范围（或者界址坐标）与违法用地行为发生时乡（镇）土地利用总体规划纸质图件（或者数据库矢量图件）套合比对、对照，将项目名称与土地利用总体规划文本对照。

与乡（镇）土地利用总体规划纸质图件（或者数据库矢量图件）进行套合比对，违法用地位于规划城乡建设允许建设区或属于规划建设用地地类的，应当判定为符合土地利用总体规划；与乡（镇）土地利用总体规划纸质图件（或者数据库矢量图件）进行对照，违法用地位于土地利用总体规划确定的交通廊道内、独立工矿用地区域的，应当判定为符合土地利用总体规划；与土地利用总体规划文本进行对照，用地项目已列入土地利用总体规划重点建设项目清单的，应当判定为符合土地利用总体规划。

在作出处罚决定前，土地利用总体规划依法作出了重大调整，违法用地的规划土地用途发生重大变更的，可以按照从轻原则判定是否符合土地利用总体规划。

承办机构可以提请自然资源规划管理工作机构进行认定。

4.2.4　占用永久基本农田的认定

判定违法用地是否占用永久基本农田或者原基本农田，应当根据违法行为发生的时间，将违法用地的界址范围（或者界址坐标）与国家永久基本农田数据库或者乡（镇）土地利用总体规划纸质图件（或者数据库矢量图件）进行套合比对，对照所标示的永久基本农田保护地块范围进行判定。

违法行为发生在永久基本农田划定（2017 年 6 月）之前的，违法用地位于土地利用总体规划图上标示的原基本农田保护地块范围的，应当判定为占用原基本农田。但已列入土地利用总体规划确定的交通廊道或者已列入土地利用总体规划重点建设项目清单的民生、环保等特殊项目，在未超出规划多划原基本农田面积额度的前提下，占用规划多划的原基本农田时，按照占用一般耕地进行判定，不视为占用原基本农田。

违法行为发生在永久基本农田划定（2017 年 6 月）之后的，应将违法用地界址范围（或者界址坐标）与国家永久基本农田数据库进行套合比对，经套合显示所涉地块为永久基本农田的，应当认定为占用永久基本农田。

承办机构可以提请自然资源规划管理和耕地保护工作机构进行认定。

4.2.5　违法开采矿产品价值认定

违法开采矿产品的价值认定，根据违法所得（销赃数额）直接确定。无违法所得、违法所得难以查证或者违法所得认定明显不合理的，可以根据矿产品数量和价格确定。

违法开采矿产品的数量认定，可以采取计重或者测算体积等方式得出。对于找不到现场堆放的矿产品的，可以通过测量采空区计算或者通过查阅违法当事人销售矿产品的相关台账计算。案情复杂，难以认定的，可以依照省级以上自然资源主管部门出具的违法采出矿产品数量的认定报告确定。

违法开采矿产品的价格认定，按照价格认证机构出具的关于违法采出的矿产品价格的认定报告确定，也可以参照违法行为发生时当地合法矿山企业同类矿产品的销售价格予以认定。

4.2.6　城乡规划违法建设中尚可采取改正措施情形的认定

《中华人民共和国城乡规划法》规定的违法建设，下列情形构成尚可采取改正措施：

（1）取得建设工程规划许可证，但未按建设工程规划许可证的规定进行建设，在限期内采取局部拆除等整改措施，能够使建设工程符合建设工程规划许可证要求的；

（2）未取得建设工程规划许可证即开工建设，但已取得城乡规划主管部门的建设工程设计方案审核决定，且建设内容符合或采取局部拆除等整改措施后能够符合审核决定要求的；

（3）其他可以采取改正措施的情形。

4.2.7 城乡规划违法建设中涉及工程造价罚款基数的认定

对《中华人民共和国城乡规划法》规定的违法建设行为处以罚款，应当以新建、扩建、改建的存在违反城乡规划事实的建筑物、构筑物违法部分造价作为罚款基数。

已经完成竣工结算的违法建设，应当以竣工结算价作为罚款基数；尚未完成竣工结算的违法建设，可以根据工程已完工部分的施工合同价确定罚款基数；未依法签订施工合同或者当事人提供的施工合同价明显低于市场价格的，应当委托有资质的造价咨询机构评估确定。

4.2.8 违法所得、违法收入的认定

4.2.8.1 违法转让土地使用权的违法所得的认定

依法取得的土地使用权违法转让的，当事人依法取得土地使用权的成本和对土地的合法投入，不作为违法所得认定；违法取得的土地使用权违法转让的，违法所得为当事人转让全部所得。

转让全部所得数额按照转让合同及交易凭据所列价款确定。没有转让合同及交易凭据、当事人拒不提供或者提供的转让合同及交易凭据所列价款明显不符合实际的，可以按照评估价认定。

对土地的合法投入包括土地开发、新建建筑物和构筑物的建设投入等，但是违法新建建筑物和构筑物的建设投入除外。

4.2.8.2 矿产违法所得的认定

无证开采和越界开采的，违法所得数额应当按照销售凭据确定；没有销售凭据的，价值按照已经销售或者已经利用的违法采出矿产品的数量和价格认定。

买卖、出租或者以其他方式转让矿产资源的，违法所得数额应当为买卖、出租或者以其他方式转让的全部所得。

违法转让矿业权的，违法所得为转让矿业权全部所得。

4.2.8.3　测绘地理信息违法所得的认定

违法从事测绘地理信息活动、生产、销售商品或者提供服务的，其合法成本与投入不作为违法所得认定。

4.2.8.4　城乡规划违法收入的认定

按照新建、扩建、改建的存在违反城乡规划事实的建筑物、构筑物违法部分出售所得价款计算；未出售或者出售所得价款明显低于同类房地产市场价格的，应当委托有资质的房地产评估机构评估确定。

4.3　法律适用和处理建议

承办人员应当依据调查掌握的证据和认定的违法事实，确定违法的性质和适用的法律法规，对照行政处罚裁量基准，研究提出处理建议。

自然资源违法行为主要类型、法律依据与法律责任见附录A、附录B、附录C、附录D。

4.3.1　不予处罚

违法行为轻微并及时改正，没有造成危害后果的，不予行政处罚。初次违法且危害后果轻微并及时改正的，可以不予行政处罚。

当事人有证据足以证明没有主观过错的，不予行政处罚。法律、行政法规另有规定的，从其规定。

对当事人的违法行为依法不予行政处罚的，自然资源主管部门应当对当事人进行教育。

4.3.2　从轻或者减轻处罚

有下列情形之一的，应当从轻或者减轻处罚：

（1）行政处罚决定下达前，主动消除或者减轻违法行为危害后果的；

（2）受他人胁迫或者诱骗实施违法行为的；

（3）主动供述自然资源主管部门尚未掌握的违法行为的；

（4）配合自然资源主管部门查处违法行为有立功表现的；

（5）法律、法规、规章规定其他应当从轻或者减轻的情形。

4.3.3　提出处理建议

承办人员应当在证据认定和事实认定的基础上，严格依照法律法规的规定，综合考虑历史遗留建筑物处置等有关文件要求，提出处理建议：

（1）事实清楚、证据确凿、属于本级本部门管辖的，应当提出明确的处理建议。其中，对于依法应当给予行政处罚的，根据情节轻重及具体情况，按照本地区行政处罚裁量基准，提出给予行政处罚的建议，并明确行政处罚的具体内容；对依法可以不予行政处罚的，提出不予行政处罚的建议，并明确不予行政处罚的理由；对于单位、个人违法批准征收、使用土地或者违法批准勘查、开采矿产资源等行为，应当提出确认相关批准文件、协议、纪要、批示等无效及撤销批准文件、废止违法内容、依法收回土地等建议；

（2）依法需要追究当事人及有关责任人员党纪政务责任的，应当提出将问题线索向纪检监察、任免机关移送建议；

（3）涉嫌犯罪，依法需要追究刑事责任的，应当提出将案件向公安、监察机关移送的建议；

（4）经批准终止调查的，应当提出撤案或者结案的建议。对于违法事实不成立、违法行为已过行政处罚追诉时效的，建议撤案；对不属本部门管辖、因不可抗力致使案件无法调查处理的，建议结案；

（5）其他处理建议。

4.4　调查报告起草

案件调查结束后，承办人员应当起草《违法案件调查报告》。

《违法案件调查报告》包括首部、正文、尾部和证据清单。

4.4.1　首部

首部应当包括案由、承办机构、承办人员、调查时间、当事人基本情况等内容。

4.4.2　正文

正文应当包括调查情况、基本事实、案件定性、责任认定、处理建议等。

4.4.2.1　调查情况

简要介绍案件来源，立案及调查工作开展情况。

4.4.2.2　基本事实

基本事实应当包括违法行为当事人、发生时间、地点、违法事实及造成的后果。叙述一般应当按照事件发生的时间顺序客观、全面、真实地反映案情，要注意重点，详细表述主要情节、证据和关联关系。对可能影响量罚的不予处罚、从轻或者减轻处罚的事实，应当作出具体说明。有中止调查的，应当记录中止调查的原因、中止时间、恢复时间。

（1）土地违法案件基本要素：违法主体、违法行为发生、发现、制止及立案查处的时间、用地及建设情况、占用地类、规划用途、相关审批情况、征地补偿安置标准、程序、支付情况等；

（2）矿产违法案件基本要素：违法主体、勘查开采地点、勘查开采时间、矿区范围、勘查开采方式、矿种、数量、矿产品价值、违法所得、认定意见、鉴定意见、已批准勘查、开采以及登记发证情况等；

（3）测绘地理信息违法案件基本要素：违法主体、违法行为及认定、违法行为发生、发现、制止及立案查处的时间、认定意见、鉴定意见、资质资格证书、地图违法图件数量、违法所得认定、互联网地图、测绘成果资料及电子地图等；

（4）国土空间规划违法案件基本要素：违法主体、违法行为发生、发现、制止及立案查处的时间、规划审批及建设情况、项目规划用途、相关立项审批情况、施工合同及造价情况、违法收入情况等。

4.4.2.3　案件定性

认定调查发现存在的主要问题，对案件的法律适用进行分析，明确认定当事人违法的法律依据以及违反的具体法律法规，提出认定违法行为性质的结论。

4.4.2.4　处理建议

根据法律法规的有关规定，认定相关责任，结合违法事实、性质、情节、社会危害程度以及是否主动消除违法行为后果等因素，对照行政处罚裁量基准，提出处理建议。

4.4.3 尾部

承办人员签名，并注明时间。

4.4.4 证据清单

列明案件调查报告涉及的证据。清单所列证据作为调查报告的附件。

5 案件审理

5.1 审理基本要求

承办人员提交《违法案件调查报告》后，承办机构应当组织审理人员对案件调查报告和证据等相关材料进行审理。审理人员不能为同一案件的承办人员。

5.2 审理内容

审理内容包括：

（1）是否符合立案条件；

（2）违法主体是否认定准确；

（3）事实是否清楚，证据是否合法、确实、充分；

（4）定性是否准确，理由是否充分；

（5）适用法律法规是否正确；

（6）程序是否合法；

（7）拟定的处理建议是否适当，行政处罚是否符合裁量基准；

（8）其他需要审理的内容和事项。

5.3 审理方式

案件审理应当由承办机构负责人或者其指定的审理人员负责组织，采用书面或者会议方式进行审理，提出审理意见。

5.4 审理程序

（1）承办人员提交案件调查报告和证据等相关材料，并作出说明；

（2）审理人员进行审理，就有关问题提问；

（3）承办人员解答问题，进行补充说明；

（4）审理人员形成审理意见，制作《违法案件审理记录》。

5.5　审理意见

根据审理情况，分别提出以下审理意见：

（1）违法主体认定准确、事实清楚、证据合法确实充分、定性准确、适用法律正确、程序合法、处理建议适当的，同意处理建议；

（2）有下列情形之一的，应当提出明确的修改、纠正意见，要求承办人员重新调查或者补充调查：

①不符合立案条件的；

②违法主体认定不准确的；

③案件事实不清楚，证据不确实充分的；

④定性不准确，理由不充分的；

⑤适用法律法规不正确的；

⑥程序不合法的；

⑦处理建议不适当、行政处罚不符合裁量基准的。

承办人员应当按照审理意见进行修改、纠正，并重新提请审理。

承办人员对审理意见有异议的，可以提出理由，连同调查报告、审理意见及证据等相关材料报自然资源主管部门负责人决定。

6　重大执法决定法制审核

在作出重大执法决定前，自然资源主管部门法制机构应当对重大执法决定的法定权限、法律依据、法定程序等的合法性进行审核。审核通过的，出具《重大执法决定法制审核意见书》；审核不通过的，承办机构应当根据法制机构提出的意见办理。涉及需要补充完善的应当补充完善后，视情况经审理后，提交法制机构重新审核。

自然资源重大执法决定法制审核程序和要求，按照《自然资源部关于印发<关于全面推行行政执法公示制度执法全过程记录制度重大执法决定法制审核制度的实施方案>的通知》相关规定执行。

7　处理决定

7.1　作出处理决定

案件经审理、重大执法决定法制审核，通过后，承办人员应当填写《违法案件处理决定呈批表》，附具《违法案件调查报告》《违法案件审理记录》《重大执法决定法制审核意见书》，报自然资源主管部门负责人审查，根据不同情况，分别作出如下处理决定：

（1）确有应当予以行政处罚的违法行为的，根据情节轻重及具体情况，作出行政处罚决定；

（2）对于单位、个人违法批准征收、使用土地或者违法批准勘查、开采矿产资源，应当根据情节轻重及具体情况，作出行政处理决定；

（3）违法行为轻微，依法可以不予行政处罚的，作出不予行政处罚决定，予以结案；

（4）不属于本部门管辖的，移送有管辖权的机关，予以结案；

（5）因不可抗力终止调查的，予以结案；

（6）对于违法事实不成立、违法行为已过行政处罚追诉时效的，予以撤案；

（7）依法需要追究当事人及有关责任人党纪政务责任的，移送纪检监察、任免机关；

（8）涉嫌犯罪，依法需要追究刑事责任的，移送公安、监察机关。

对情节复杂或者重大违法行为给予行政处罚，自然资源主管部门负责人应当集体讨论决定。

7.2 实施处理决定

（1）决定给予行政处罚的，按照本规程 8 的规定办理；

（2）决定给予行政处理的，参照本规程 8 的有关规定办理。应当明确违法批准征收、使用土地，违法批准勘查、开采矿产资源等相关文件无效，提出撤销批准文件、废止违法内容、依法收回土地等具体要求和追究党纪政务责任的建议。有关当事人拒不归还土地的，以违法占用土地论处；

（3）决定撤销案件的，填写《撤销立案决定呈批表》，报自然资源主管部门负责人批准后，予以撤案；

（4）决定不予行政处罚的，填写《违法案件处理决定呈批表》，报自然资源主管部门负责人批准后，予以结案；

（5）决定移送案件的，按照本规程 11 的规定办理；

（6）决定结案的，按照本规程 12 的规定办理。

8　行政处罚

8.1　自然资源行政处罚的种类

自然资源行政处罚主要包括：

（1）警告、通报批评；

（2）罚款；

（3）没收违法所得、没收非法财物；

（4）吊销勘查许可证、采矿许可证；

（5）暂扣测绘资质证书、降低测绘资质等级、吊销测绘资质证书；

（6）降低城乡规划资质等级、吊销城乡规划资质证书；

（7）停业整顿；

（8）法律、行政法规规定的其他行政处罚。

8.2　告知

作出行政处罚之前，自然资源主管部门应当制作《行政处罚告知书》，按照本规程 9 规定的方式，送达当事人，当事人有权进行陈述和申辩。

《行政处罚告知书》应当载明作出行政处罚的事实、理由、依据和处罚、处理内容，并告知当事人依法享有的陈述和申辩权利。陈述和申辩应当由当事人在收到《行政处罚告知书》后五个工作日内提出。口头形式提出的，应当制作笔录。

自然资源主管部门对当事人提出的事实、理由和证据应当进行复核。当事人提出的事实、理由或者证据成立的，应当予以采纳。

自然资源主管部门不得因当事人的申辩而加重处罚。

8.3　听证

自然资源主管部门在作出以下行政处罚决定前，应当制作《行政处罚听证告知书》，按照本规程 9 规定的方式，送达当事人。听证告知和处罚告知可以一并下达或者合并下达。

（1）较大数额罚款；

（2）没收违法用地上的新建建筑物和其他设施；

（3）没收较大数额违法所得、没收较大价值非法财物；

（4）限期拆除违法用地上的新建建筑物和其他设施，恢复原状；

（5）暂扣资质证书、降低资质等级、吊销资质证书、许可证件；

（6）责令停业整顿；

（7）法律法规规定的其他情形。

《行政处罚听证告知书》应当载明作出行政处罚的事实、理由、依据和处罚内容，并告知当事人有要求举行听证的权利。

当事人要求听证的，应当在收到《行政处罚听证告知书》后五个工作日内，提出书面申请，口头形式提出的，应当制作笔录。

听证应当制作《听证笔录》，听证结束后，自然资源主管部门应当根据《听证笔录》，区分不同情况作出处理决定。

自然资源行政处罚听证适用相关法律法规的规定及《自然资源听证规定》。

8.4 行政处罚决定

当事人未在规定时间内陈述、申辩、要求听证的，或者陈述、申辩、听证中提出的事实、理由或者证据不成立的，自然资源主管部门应当进行书面记录并依法制作《行政处罚决定书》；陈述、申辩或者听证中提出的事实、理由或者证据成立，需要修改拟作出的处理决定的，自然资源主管部门应当按照本规程 7.1 的规定，调整或者重新作出处理决定，依法制作《行政处罚决定书》。《行政处罚决定书》应当按照本规程 9 规定的方式送达当事人。

法律法规规定的责令改正或者责令限期改正，可以与行政处罚决定一并作出，也可以在作出行政处罚决定之前单独作出。

8.4.1 《行政处罚决定书》的内容

（1）自然资源主管部门名称、文书标题及文号；

（2）当事人的姓名或者名称、地址等基本情况；

（3）违反法律、法规、规章的事实和证据；

（4）告知、听证的情况；

（5）行政处罚的具体依据和内容；

（6）履行方式和期限；

（7）不服行政处罚决定，申请行政复议或者提起行政诉讼的途径和期限；

（8）拒不执行行政处罚决定的法律后果；

（9）作出决定的日期及印章。

8.4.2 制作《行政处罚决定书》的注意事项

（1）《行政处罚决定书》应当由具有行政处罚权的自然资源主管部门制作并加盖其印章，派出机构、内设机构不能以自己的名义制作。

（2）认定的违法事实应当客观真实，明确违法行为的性质。列举的证据应当全面具体，充分支撑所认定的违法事实。有从轻或者减轻情节的，应当一并说明。

（3）行政处罚前的告知、听证情况应当包括告知、听证程序的履行情况和当事人意见采纳情况。

（4）行政处罚的依据应当结合具体违法事实，分别说明定性和处罚适用的具体法律条款；引用法律条款应当根据条、款、项、目的顺序写明。

（5）行政处罚的内容应当明确、具体，有明确的履行方式和期限。例如：

①责令退还、交还违法占用土地的，应当写明退还、交还土地的对象、范围、期限等。

②责令当事人限期履行的，应当写明履行的具体内容和期限。责令限期改正的，应当表述为“责令限××日内改正××行为”；责令限期拆除、恢复土地原状的，应当写明拆除地上建筑物和其他设施的范围、内容，恢复场地平整或者耕地种植条件，并明确履行的具体期限；责令停业整顿的，应当写明停业整顿的具体期限。

③责令缴纳复垦费、处以罚款、没收违法所得的，应当写明违法所得的金额和币种、交款的期限、指定银行或者电子支付系统账户等。

④没收地上建筑物和其他设施的，应当写明没收建筑物的范围、内容等。

⑤吊销勘查许可证、采矿许可证的，应当写明矿业权人、勘查许可证或者采矿许可证的证号等。

⑥暂扣测绘资质证书、降低测绘资质等级、吊销测绘资质证书的，应当写明资质证书的证号、等级，暂扣具体期限等；

⑦降低城乡规划资质等级、吊销城乡规划资质证书的，应当写明资质证书的证号、等级等；

⑧没收矿产品的，应当写明矿产品的种类、数量和堆放地点等。

（6）申请行政复议或者提起行政诉讼的途径和期限，应当具体明确。当事人申请行政复议的时限为自收到《行政处罚决定书》之日起六十日内，复议机关一般为作出行政处罚决定的本级人民政府或者上一级自然资源主管部门。当事人提起行政诉讼的时限为自收到《行政处罚决定书》之日起六个月内。对依据《中华人民共和国土地管理法》作出责令限期拆除处罚决定不服的，提起行政诉讼的时限为自收到《行政处罚决定书》之日起十五日内，诉讼机关为有管辖权的人民法院。

（7）当事人有两个以上自然资源违法行为的，自然资源主管部门可以制作一份《行政处罚决定书》，合并执行。《行政处罚决定书》中应当明确对每个违法行为的处罚内容和合并执行的内容。

（8）自然资源违法行为有两个以上当事人的，可以分别作出行政处罚决定，制作一式多份《行政处罚决定书》，分别送达当事人。

（9）有条件的地方，可以使用说理式《行政处罚决定书》。

8.5 作出行政处罚决定的期限

作出行政处罚决定的期限为立案之日起九十日内。案情复杂不能在规定期限内作出行政处罚决定的，报本级自然资源主管部门负责人批准，可以适当延长，但延长期限原则上不超过三十日，案情特别复杂的除外。

立案查处过程中不计入前款期限的情形，依照相关法律法规的规定执行。

8.6 行政处罚决定公示

具有一定社会影响的自然资源行政处罚决定应当依法公开。行政处罚决定生效后，自然资源主管部门应当在七个工作日内将相关信息在门户网站等平台公开，督促违法当事人自觉履行，接受社会监督。

涉及国家秘密，法律、行政法规禁止公开，以及公开后可能危及国家安全、公共安全、经济安全、社会稳定的，不予公开。

涉及商业秘密、个人隐私等公开会对第三方合法权益造成损害的政府信息，不得公开。但是，第三方同意公开或者自然资源主管部门认为不公开会对公共利益造成重大影响的，予以公开。

涉及国家秘密、商业秘密、个人隐私等不宜公开的信息，依法确需公开的，要作适当处理后公开。

已公开的行政处罚决定被依法撤销、确认违法或者要求重新作出的，应当及时从公示信息平台撤下原决定信息。发现公开的行政执法信息不准确的，要及时予以更正。

9　送达

自然资源法律文书作出后，应当及时送达当事人，并制作《法律文书送达回证》，送达人应当为两人以上。

自然资源法律文书一经送达，即发生法律效力。

自然资源法律文书应当采用直接送达方式。直接送达有困难的，可以采用留置送达、委托送达、传真或者电子信息送达、委托或者邮寄送达、转交送达和公告送达等方式。

9.1　直接送达

直接送达的应当直接送交受送达人。受送达人是自然人的，本人不在交其同住成年家属签收；受送达人是法人或者其他组织的，应当由法人的法定代表人、其他组织的主要负责人或者该法人、组织负责收件的人签收；受送达人有代理人的，可以送交其代理人签收；受送达人已向自然资源主管部门指定代收人的，送交代收人签收。

送达回证上签收的日期为送达日期。

9.2　留置送达

受送达人或者其同住成年家属拒绝接收法律文书的，送达人可以邀请有关基层组织或者所在单位的代表到场，说明情况，在送达回证上记明拒收事由和日期，由送达人、见证人签名或者盖章，把法律文书留在受送达人的住所或者张贴在违法用地现场，并采用拍照、录像等方式记录送达过程，即视为送达。

影像中应当体现送达文书内容、明确的送达日期、当事人住所等现场情况。

送达回证上记明的日期为送达日期。

9.3　传真或者电子信息送达

经受送达人同意并签订《送达地址确认书》的，可以采用传真、电子邮件、手机信息等方式，将《行政处罚决定书》等法律文书送达当事人。传真、电子邮件、手机信息等到达当事人特定系统的日期为送达日期。

9.4　委托或者邮寄送达

直接送达法律文书有困难的，可以委托其他自然资源主管部门或者其他机关代为送达，或者邮寄送达。

委托送达，以受送达人在送达回证上签收的日期为送达日期。邮寄送达，应当附有送达回证，回执上注明的收件日期与送达回证上注明的收件日期不一致的，或者送达回证没有寄回的，以回执上注明的收件日期为送达日期。

通过邮寄送达的，应当取得受送达人签订的《送达地址确认书》，受送达人拒绝签订《送达地址确认书》的除外。

9.5　转交送达

当事人是军人的，通过其所在部队团以上单位的政治机关转交；当事人被监禁的，通过其所在监所转交；当事人被采取强制性教育措施的，通过其所在强制性教育机构转交，以在送达回证上的签收日期，为送达日期。

9.6　公告送达

当事人下落不明或者上述方式无法送达的，公告送达。公告送达，可以在当地主要媒体上予以公告或者在本部门公告栏、当事人所在基层组织公告栏、当事人住所地等地张贴公告并拍照，并在本部门或者本系统门户网站上公告。

自发出公告之日起，经过三十日，即视为送达。公告送达，应当在案卷中记明原因和经过，并应保存公告的有关材料。

10　执行

10.1　当事人履行

当事人收到行政处罚决定后，应当在行政处罚决定规定的期限内自行履行。

10.2　催告履行

自然资源主管部门申请人民法院强制执行前，应当制作《履行行政处罚决定催告书》送达当事人，催告其履行义务。

10.3　申请人民法院强制执行

《履行行政处罚决定催告书》送达十个工作日后，当事人仍未履行行政处罚决定的，自然资源主管部门可以向有管辖权的人民法院申请强制执行。

当事人在法定期限内不申请行政复议或者提起行政诉讼，又不履行行政处罚决定的，自然资源主管部门可以自期限届满之日起三个月内，申请人民法院强制执行。

自然资源主管部门对土地违法行为依法作出责令限期拆除的行政处罚决定后，当事人拒不履行，需要申请人民法院强制执行的，按照《自然资源部办公厅关于印发〈申请人民法院强制执行流程图〉的通知》执行。

10.3.1　申请人民法院强制执行程序

申请人民法院强制执行，应当填写《强制执行申请书》，由自然资源主管部门负责人签名，加盖自然资源主管部门印章，注明日期，并附下列材料：

（1）《行政处罚决定书》及作出决定的事实、理由和依据；

（2）当事人意见及催告情况；

（3）申请强制执行标的情况；

（4）法律法规规定的其他材料。

递交《强制执行申请书》时，应当取得人民法院接收人员签字或者盖章的回执；接收人员拒收或者拒绝签字、盖章的，应当记录申请书是否递交、拒收或者拒签情形。

人民法院裁定不予受理强制执行申请或者受理后裁定不予执行，自然资源主管部门对裁定有异议的，可以自收到裁定之日起十五日内向上一级人民法院申请复议；对裁定无异议或者有异议但经复议维持原裁定的，自然资源主管部门应当纠正存在的问题。

10.3.2 财产保全

自然资源主管部门申请人民法院强制执行前，有充分理由认为被执行人可能逃避执行的，可以依法申请人民法院采取财产保全措施。

10.3.3 协作配合

自然资源主管部门应当加强与人民法院的协作配合，申请人民法院强制执行时，严格按照“法院裁定准予执行、政府组织实施、法院到场监督”的拆除违法用地地上建筑物强制执行机制执行。

自然资源主管部门应当积极配合同级检察机关探索自然资源执法领域行政非诉执行监督工作。在行政非诉执行受理、审查、执行等环节，发现人民法院应受理不受理、怠于执行、不规范执行、不送达文书等线索，及时移交同级检察机关开展行政非诉执行监督。

10.4 申请人民政府强制执行

依据《中华人民共和国城乡规划法》作出限期拆除的决定后，当事人逾期不拆除的，自然资源主管部门应当及时书面申请建设工程所在地县级以上地方人民政府责成有关部门强制拆除。

10.5 督促履行

行政处罚决定生效后，当事人逾期不履行的，自然资源主管部门除采取法律法规规定的措施外，还可以采取以下措施督促其履行：

（1）向本级人民政府和上一级自然资源主管部门报告；

（2）向当事人所在单位或者其上级主管部门抄送；

（3）停止办理或者告知相关部门停止办理当事人与本案有关的许可、审批、登记等手续。

10.6 执行要求

（1）给予没收违法所得、罚款处罚的，罚没款足额缴入指定的银行或者电子支付系统账户，并取得缴款凭证。

当事人确有经济困难，需要延期或者分期缴纳罚款的，当事人应当提出申请，报自然资源主管部门主管负责人批准后，可以暂缓或者分期缴纳，且不再计收加处罚款。

（2）给予拆除新建建筑物和其他设施、恢复土地原状处罚的，新建建筑物和其他设施已拆除，建筑垃圾已清理运出违法占地现场，恢复场地平整，涉及耕地的要恢复种植条件。

（3）给予没收新建建筑物和其他设施、矿产品等实物处罚的，作出行政处罚决定的自然资源主管部门填写《非法财物移交书》，连同《行政处罚决定书》移交县级以上人民政府或者其指定的部门处理。涉及没收新建建筑物和其他设施的，应当于九十日内交由本级人民政府或者其指定的部门依法管理和处置，可以根据情况决定拆除或保留。

（4）责令退还、交还土地的，将土地退还、交还至土地权利人或者管理人。

（5）责令限期履行义务，治理、改正、采取补救措施的，当事人在限定期限内履行义务、改正违法行为或者达到治理要求、采取相应的补救措施。

（6）给予吊销勘查许可证、采矿许可证处罚的，由颁发许可证的自然资源主管部门予以吊销，并公告。

（7）给予降低资质等级、吊销资质证书处罚的，由颁发资质的自然资源主管部门予以降级、吊销，并公告。

（8）给予行政处理的，撤销或者废止违法批准征收、使用土地，违法批准勘查、开采矿产资源的相关文件，依法收回土地，将责任人涉嫌违纪、违法、犯罪情况依法进行移送。

当事人对行政处罚决定不服申请行政复议或者提起行政诉讼的，在行政复议或者行政诉讼期间，行政处罚决定不停止执行，法律另有规定的除外。

10.7　终结执行

有下列情形之一的，终结执行：

（1）自然人死亡，无遗产可供执行，又无义务承受人的；

（2）法人或者其他组织终止，无财产可供执行，又无义务承受人的；

（3）执行标的灭失的；

（4）据以执行的行政处罚决定被撤销的；

（5）需要终结执行的其他情形。

10.8 执行记录

自然资源主管部门应当根据执行情况制作《行政处罚决定执行记录》。

《行政处罚决定执行记录》中应当载明案由、当事人、行政处罚事项、行政处罚内容的执行方式、执行结果等情况。其中，申请人民法院强制执行的，应当记录申请、受理、裁定执行情况等。

11 移送

自然资源主管部门在查处违法行为过程中，发现违法行为涉嫌犯罪依法应当追究刑事责任的，或者当事人及有关责任人员违法违纪应当追究党纪政务责任的，应当依照有关规定移送有关机关。

11.1 移送公安机关

11.1.1 移送情形

自然资源主管部门在依法立案查处违法行为过程中，发现单位或者个人违法转让倒卖土地使用权、违法占用农用地、违法采矿、破坏性采矿、损毁测量标志等行为，达到刑事追诉标准、涉嫌非职务犯罪的，在调查终结后，应当依法及时将案件移送公安机关。

11.1.2 移送程序

（1）依法需要移送公安机关追究刑事责任的，承办人员应当制作《违法案件处理决定呈批表》，提出移送公安机关的建议。

（2）自然资源主管部门负责人收到《违法案件处理决定呈批表》后，应当在三个工作日内作出是否批准移送的决定。决定不移送的，应当写明不予批准的理由。

（3）决定移送公安机关的，应当制作《涉嫌犯罪案件移送书》，附具案件调查报告、涉案物品清单、认定意见、鉴定意见及其他有关涉嫌犯罪的材料，在移送决定批准后二十四小时内办理移送手续。自然资源主管部门在移送案件时已经作出行政处罚决定的，应当同时移送《行政处罚决定书》和作出行政处罚决定的证据材料。

（4）公安机关对移送的案件决定不予立案，自然资源主管部门有异议的，可以在收到不予立案通知之日起三个工作日内，提请作出决定的公安机关复议，也可以建议检察机关依法进行立案监督。

（5）移送时，自然资源主管部门未作出行政处罚决定，违法状态仍未消除的，自然资源主管部门应当依法作出行政处罚，其中，人民法院判决已给予罚金处罚的，不再给予罚款的行政处罚。

11.2 移送纪检监察、任免机关

11.2.1 移送情形

自然资源主管部门在依法立案查处违法行为过程中，发现下列问题线索，本部门无权处理，应当及时移送纪检监察机关：

（1）党员涉嫌违犯党纪，依照《中国共产党纪律处分条例》《中国共产党纪律检查机关监督执纪工作规则》等有关规定，应当由纪检机关处置的；

（2）监察对象涉嫌职务违法，有违法批准、占用土地、违法低价出让国有土地使用权、违法批矿等行为，依照《中华人民共和国监察法》和政务处分有关规定，应当由监察机关调查处置的；

（3）监察对象涉嫌职务犯罪，有违法批准、占用土地、违法低价出让国有土地使用权以及其他贪污贿赂、渎职等行为，依照《中华人民共和国监察法》《中华人民共和国刑法》以及监察机关管辖的有关规定，应当由监察机关调查处置的。

自然资源主管部门认定党员和监察对象存在其他违法犯罪问题，依照《中国共产党纪律处分条例》《中华人民共和国监察法》和政务处分有关规定，应当由纪检监察机关给予党纪处分、政务处分的，参照对涉嫌违法犯罪党员作出纪律处分工作的有关规定及时向纪检监察机关通报，并提供相关材料。

11.2.2 移送程序

（1）需要移送纪检监察、任免机关追究责任的，承办人员应当制作《违法案件处理决定呈批表》，提出移送纪检监察、任免机关的建议。

（2）自然资源主管部门负责人收到《违法案件处理决定呈批表》后，应当作出是否批准移送的决定。决定不移送的，应当写明不予批准的理由。

（3）决定移送的，应当在作出行政处罚决定后十五个工作日内，制作《问题线索移送书》，附具案件来源及立案材料、案件调查报告、处罚或者处理决定、有关证据材料及其他需要移送的材料。确有特殊情况不能在规定时间内移送的，应当在特殊情况消除后十个工作日内移送。

11.3 移送送达回证

自然资源主管部门向有关机关移送案件，应当制作《法律文书送达回证》。受送达人接受移送的案件材料，并在送达回证上签字、盖章。受送达人拒收或者拒签的，送达人详细填写送达回证中的拒收、拒签的情况和理由。

12 结案

12.1 结案条件

符合下列条件之一的，可以结案：

（1）案件已经移送管辖的；

（2）终止调查的；

（3）决定不予行政处罚的；

（4）行政处罚决定执行完毕的；

（5）行政处罚决定终结执行的；

（6）已经依法申请人民法院或者人民政府强制执行的；

涉及需要移送有关部门追究刑事责任、党纪政务责任的，结案前应当已经依法移送。

12.2 结案呈批

符合结案条件的，承办人员应当填写《结案呈批表》，报自然资源主管部门负责人批准后结案。

《结案呈批表》应当载明案由、立案时间、立案编号、调查时间、当事人、主要违法事实、执行情况、相关建议等内容。

对终止调查或者终结执行但地上违法新建建筑物或者其它设施

尚未处置的，结案呈批时，可以建议将有关情况报告或者函告地上违法新建建筑物或者其他设施所在地政府，由其依法妥善处置。

12.3 后续工作

结案后，有关部门开展与本案相关的强制执行、刑事责任、党纪政务责任追究等工作，需要自然资源主管部门配合的，自然资源主管部门应当予以配合。

13 立卷归档

承办人员应当将办案过程中形成的全部材料，及时整理装订成卷，并按照规定归档。

13.1 归档材料

卷宗内的归档材料应当包括：

（1）封面、目录；

（2）案件来源材料；

（3）责令停止违法行为通知书、责令改正违法行为通知书；

（4）立案（不予立案）呈批表；

（5）证据材料；

（6）调查报告；

（7）审理记录；

（8）重大执法决定法制审核意见；

（9）案件处理决定呈批表；

（10）行政处罚告知书；

（11）当事人陈述申辩材料、复核意见书；

（12）行政处罚听证告知书、听证通知书、听证笔录等；

（13）行政处罚决定书或者行政处理决定；

（14）党纪政务处分决定、问题线索移送书、刑事判决书、涉嫌犯罪案件移送书、案件管辖移送书；

（15）履行处罚决定催告书；

（16）强制执行申请书、申请送达情况记录；

（17）行政处罚决定执行记录、罚没收据、缴纳相关费用收据、暂缓或者分期缴纳罚款的审批材料、吊销许可证件公告、非法财物移交书、非法财物清单、撤销批准文件的决定及相关材料；

（18）经行政复议机关复议的应当附具行政复议决定书、经人民法院审理的应当附具人民法院裁判文书副本；

（19）案件结案呈批表；

（20）有关法律文书送达回证；

（21）其他需要归档的材料。

13.2 归档要求

（1）所有归档的材料，应当合法、完整、真实、准确，文字清楚，日期完备。应当保证归档材料之间的有机联系，同一案件形成的档案应当作为一个整体统一归档，不得分散归档，案卷较厚的可分卷归档。案卷应当标注总页码和分页码，加盖档号章。

（2）卷内各类材料的排列，应当按照结论、决定、裁决性文件在前，依据性材料在后的原则，即批复在前、请示在后，正文在前、附件在后，印件在前、

草稿在后的顺序组卷。

（3）案卷资料归档应当按照档案管理要求统一归档保存或者交本部门档案室保存。

14 监督与责任追究

14.1 监督

自然资源主管部门应当通过定期或者不定期检查等方式，加强对本级和下级自然资源主管部门实施立案查处工作的监督，及时发现、纠正存在的问题。

自然资源主管部门发现作出的行政处罚有错误的，应当主动改正。

自然资源主管部门应当建立违法案件错案追究制度。行政处罚决定错误并造成严重后果的，作出处罚决定的机关应当承担相应的责任。

自然资源主管部门应当建立重大违法案件挂牌督办制度，明确提出办理要求，公开督促下级自然资源主管部门限期办理并接受社会监督。

自然资源主管部门应当建立重大违法案件公开通报制度，将案情和处理结果向社会公开通报并接受社会监督。

自然资源主管部门应当建立执法查处案卷评查制度，按照相关程序和标准组织开展案卷评查工作，定期内部通报评查工作情况。

自然资源主管部门应当建立违法案件统计制度。下级自然资源主管部门应当定期将本行政区域内的违法形势分析、案件发生情况、查处情况等逐级上报。

14.2 责任追究

自然资源执法人员应当在法定权限范围内依照法定程序行使职权，做到严格规范公正文明执法，不得玩忽职守、超越职权、滥用职权。依法履行法定职责受法律保护，非因法定事由、非经法定程序，不受处分。因故意或者重大过失，不履行或者违法履行行政执法职责，造成危害后果或者不良影响的，应当依法承担责任。

14.2.1 追责情形

有下列情形之一，且造成危害后果或者不良影响的，应当追究责任：

（1）应当依法立案查处，无正当理由未依法立案查处的；

（2）在制止以及查处违法案件中受阻，依照有关规定应当向本级人民政府或者上级自然资源主管部门报告而未报告的；

（3）应当予以制止、处罚的违法行为不予制止、处罚，致使公民、法人或者其他组织的合法权益或者公共利益、社会秩序遭受损害的；

（4）应当依法申请强制执行或者移送有权机关追究党纪政务或者刑事责任，而未依法申请强制执行、移送有权机关的；

（5）使用或损毁查封、扣押的财物对当事人造成损失的；

（6）违法实施行政强制措施，给公民人身或者财产造成损害、给法人或者其他组织造成损失的；

（7）法律法规规定的其他应当追究责任的情形。

14.2.2 不予追究责任情形

具有下列情形之一的，可以不予追究责任：

（1）因行政执法依据不明确，致使行政执法行为出现偏差的，但故意违法的除外；

（2）执法人员已经依法下达责令停止违法行为通知书，制止无效后按规定报告本级人民政府和上级自然资源主管部门，仍未能制止违法行为的；

（3）执法人员已经依法作出、送达行政处罚决定，并按照规定催告执行、申请人民法院强制执行，但因相关部门、当事人的原因导致违法状态持续的；

（4）因行政相对人的隐瞒、造假等行为，致使自然资源主管部门及其执法人员无法作出正确行政执法行为的；

（5）依据认定意见、鉴定意见、勘验报告等作出错误行政执法决定，且已按规定履行审查职责的；

（6）对违法或者不当的行政处罚或者行政强制决定，在案件审理、集体讨论时明确提出了反对意见，或者出具了书面反对意见的；

（7）依法不予追究责任的其他情形。

15 附则

15.1 期间

期间以时、日、月、年计算。期间开始的时和日不计算在期间内。工作日不包括法定节假日。

期间届满的最后一日是节假日的，以节假日后的第一日为期间届满的日期。

期间不包括在途时间。法律文书在期满前交邮的，不算过期。

15.2 数量关系的规范

本规程中的“以上”“以下”“内”“前”，均包括本数；“后”不包括本数。

15.3 行政处罚追诉时效

自然资源违法行为在两年内未被发现的，不再给予行政处罚。法律另有规定的除外。

前款规定的期限，从违法行为发生之日起计算；违法行为有连续或者继续状态的，从行为终了之日起计算。

违法占用土地的行为恢复原状前，违法建设行为违反城乡规划的事实存续期间，应视为具有继续状态；破坏耕地的违法行为是否具有连续或继续状态，应根据案件的具体情况区别对待。

15.4 法律竞合处理

同一个违法行为违反两个以上自然资源法律法规，自然资源主管部门均有权进行行政处罚的，可以制作一份《行政处罚决定书》，多个行政处罚合并执行。

15.5 责令类法律责任

法律法规规定的责令退还土地、责令交还土地、责令限期改正或者治理等责令类法律责任，可以与行政处罚决定一并作出，也可以在作出行政处罚决定之前单独作出。

15.6 文书编号

自然资源主管部门应当根据立案查处工作实际，建立并规范本辖区违法案件法律文书的编号规则。

15.7 解释机关

本规程由自然资源部负责解释。

附录 A 主要土地违法行为、法律依据与法律责任（略）

附录 B 主要矿产违法行为、法律依据与法律责任（略）

附录 C 主要测绘地理信息违法行为、法律依据与法律责任（略）

附录 D 主要国土空间规划违法行为、法律依据与法律责任（略）

附录 E 自然资源违法行为立案查处法律文书参考格式（略）

附录 F 自然资源违法行为立案查处工作流程图（略）

违反土地管理规定行为处分办法

（2008 年 5 月 9 日监察部、人力资源和社会保障部、国土资源部令第 15 号公布　自 2008 年 6 月 1 日起施行）

第一条　为了加强土地管理，惩处违反土地管理规定的行为，根据《中华人民共和国土地管理法》、《中华人民共和国行政监察法》、《中华人民共和国公务员法》、《行政机关公务员处分条例》及其他有关法律、行政法规，制定本办法。

第二条 有违反土地管理规定行为的单位，其负有责任的领导人员和直接责任人员，以及有违反土地管理规定行为的个人，应当承担纪律责任，属于下列人员的（以下统称有关责任人员），由任免机关或者监察机关按照管理权限依法给予处分：

（一）行政机关公务员；

（二）法律、法规授权的具有公共事务管理职能的事业单位中经批准参照《中华人民共和国公务员法》管理的工作人员；

（三）行政机关依法委托的组织中除工勤人员以外的工作人员；

（四）企业、事业单位中由行政机关任命的人员。

法律、行政法规、国务院决定和国务院监察机关、国务院人力资源和社会保障部门制定的处分规章对违反土地管理规定行为的处分另有规定的，从其规定。

第三条 有下列行为之一的，对县级以上地方人民政府主要领导人员和其他负有责任的领导人员，给予警告或者记过处分；情节较重的，给予记大过或者降级处分；情节严重的，给予撤职处分：

（一）土地管理秩序混乱，致使一年度内本行政区域违法占用耕地面积占新增建设用地占用耕地总面积的比例达到15%以上或者虽然未达到15%，但造成恶劣影响或者其他严重后果的；

（二）发生土地违法案件造成严重后果的；

（三）对违反土地管理规定行为不制止、不组织查处的；

（四）对违反土地管理规定行为隐瞒不报、压案不查的。

第四条 行政机关在土地审批和供应过程中不执行或者违反国家土地调控政策，有下列行为之一的，对有关责任人员，给予记大过处分；情节较重的，给予降级或者撤职处分；情节严重的，给予开除处分：

（一）对国务院明确要求暂停土地审批仍不停止审批的；

（二）对国务院明确禁止供地的项目提供建设用地的。

第五条 行政机关及其公务员违反土地管理规定，滥用职权，非法批准征收、占用土地的，对有关责任人员，给予记过或者记大过处分；情节较重的，给予降级或者撤职处分；情节严重的，给予开除处分。

有前款规定行为，且有徇私舞弊情节的，从重处分。

第六条 行政机关及其公务员有下列行为之一的，对有关责任人员，给予记过或者记大过处分；情节较重的，给予降级或者撤职处分；情节严重的，给予开除处分：

（一）不按照土地利用总体规划确定的用途批准用地的；

（二）通过调整土地利用总体规划，擅自改变基本农田位置，规避建设占用基本农田由国务院审批规定的；

（三）没有土地利用计划指标擅自批准用地的；

（四）没有新增建设占用农用地计划指标擅自批准农用地转用的；

（五）批准以“以租代征”等方式擅自占用农用地进行非农业建设的。

第七条 行政机关及其公务员有下列行为之一的，对有关责任人员，给予警告或者记过处分；情节较重的，给予记大过或者降级处分；情节严重的，给予撤职处分：

（一）违反法定条件，进行土地登记、颁发或者更换土地证书的；

（二）明知建设项目用地涉嫌违反土地管理规定，尚未依法处理，仍为其办理用地审批、颁发土地证书的；

（三）在未按照国家规定的标准足额收缴新增建设用地土地有偿使用费前，下发用地批准文件的；

（四）对符合规定的建设用地申请或者土地登记申请，无正当理由不予受理或者超过规定期限未予办理的；

（五）违反法定程序批准征收、占用土地的。

第八条 行政机关及其公务员违反土地管理规定，滥用职权，非法低价或者无偿出让国有建设用地使用权的，对有关责任人员，给予记过或者记大过处分；情节较重的，给予降级或者撤职处分；情节严重的，给予开除处分。

有前款规定行为，且有徇私舞弊情节的，从重处分。

第九条 行政机关及其公务员在国有建设用地使用权出让中，有下列行为之一的，对有关责任人员，给予警告或者记过处分；情节较重的，给予记大过或者降级处分；情节严重的，给予撤职处分：

（一）应当采取出让方式而采用划拨方式或者应当招标拍卖挂牌出让而协议出让国有建设用地使用权的；

（二）在国有建设用地使用权招标拍卖挂牌出让中，采取与投标人、竞买人恶意串通，故意设置不合理的条件限制或者排斥潜在的投标人、竞买人等方式，操纵中标人、竞得人的确定或者出让结果的；

（三）违反规定减免或者变相减免国有建设用地使用权出让金的；

（四）国有建设用地使用权出让合同签订后，擅自批准调整土地用途、容积率等土地使用条件的；

（五）其他违反规定出让国有建设用地使用权的行为。

第十条 未经批准或者采取欺骗手段骗取批准，非法占用土地的，对有关责任人员，给予警告、记过或者记大过处分；情节较重的，给予降级或者撤职处分；情节严重的，给予开除处分。

第十一条 买卖或者以其他形式非法转让土地的，对有关责任人员，给予警告、记过或者记大过处分；情节较重的，给予降级或者撤职处分；情节严重的，给予开除处分。

第十二条 行政机关侵占、截留、挪用被征收土地单位的征地补偿费用和其他有关费用的，对有关责任人员，给予记大过处分；情节较重的，给予降级或者撤职处分；情节严重的，给予开除处分。

第十三条 行政机关在征收土地过程中，有下列行为之一的，对有关责任人员，给予警告或者记过处分；情节较重的，给予记大过或者降级处分；情节严重的，给予撤职处分：

（一）批准低于法定标准的征地补偿方案的；

（二）未按规定落实社会保障费用而批准征地的；

（三）未按期足额支付征地补偿费用的。

第十四条 县级以上地方人民政府未按期缴纳新增建设用地土地有偿使用费的，责令限期缴纳；逾期仍不缴纳的，对有关责任人员，给予记大过处分；情节较重的，给予降级或者撤职处分；情节严重的，给予开除处分。

第十五条 行政机关及其公务员在办理农用地转用或者土地征

收申报、报批等过程中，有谎报、瞒报用地位置、地类、面积等弄虚作假行为，造成不良后果的，对有关责任人员，给予记过或者记大过处分；情节较重的，给予降级或者撤职处分；情节严重的，给予开除处分。

第十六条 国土资源行政主管部门及其工作人员有下列行为之一的，对有关责任人员，给予记过或者记大过处分；情节较重的，给予降级或者撤职处分；情节严重的，给予开除处分：

（一）对违反土地管理规定行为按规定应报告而不报告的；

（二）对违反土地管理规定行为不制止、不依法查处的；

（三）在土地供应过程中，因严重不负责任，致使国家利益遭受损失的。

第十七条 有下列情形之一的，应当从重处分：

（一）致使土地遭受严重破坏的；

（二）造成财产严重损失的；

（三）影响群众生产、生活，造成恶劣影响或者其他严重后果的。

第十八条 有下列情形之一的，应当从轻处分：

（一）主动交代违反土地管理规定行为的；

（二）保持或者恢复土地原貌的；

（三）主动纠正违反土地管理规定行为，积极落实有关部门整改意见的；

（四）主动退还违法违纪所得或者侵占、挪用的征地补偿安置费等有关费用的；

（五）检举他人重大违反土地管理规定行为，经查证属实的。

主动交代违反土地管理规定行为，并主动采取措施有效避免或者挽回损失的，应当减轻处分。

第十九条 任免机关、监察机关和国土资源行政主管部门建立案件移送制度。

任免机关、监察机关查处的土地违法违纪案件，依法应当由国土资源行政主管部门给予行政处罚的，应当将有关案件材料移送国土资源行政主管部门。国土资源行政主管部门应当依法及时查处，并将处理结果书面告知任免机关、监察机关。

国土资源行政主管部门查处的土地违法案件，依法应当给予处分，且本部门无权处理的，应当在作出行政处罚决定或者其他处理决定后10日内将有关案件材料移送任免机关或者监察机关。任免机关或者监察机关应当依法及时查处，并将处理结果书面告知国土资源行政主管部门。

第二十条 任免机关、监察机关和国土资源行政主管部门移送案件时要做到事实清楚、证据齐全、程序合法、手续完备。

移送的案件材料应当包括以下内容：

（一）本单位有关领导或者主管单位同意移送的意见；

（二）案件的来源及立案材料；

（三）案件调查报告；

（四）有关证据材料；

（五）其他需要移送的材料。

第二十一条 任免机关、监察机关或者国土资源行政主管部门应当移送而不移送案件的，由其上一级机关责令其移送。

第二十二条 有违反土地管理规定行为，应当给予党纪处分的，移送党的纪律检查机关处理；涉嫌犯罪的，移送司法机关依法追究刑事责任。

第二十三条 本办法由监察部、人力资源和社会保障部、国土资源部负责解释。

第二十四条 本办法自2008年6月1日起施行。

自然资源行政复议规定

（2019年7月19日自然资源部令第3号公布　自2019年9月1日起施行）

第一条 为规范自然资源行政复议工作，及时高效化解自然资源行政争议，保护公民、法人和其他组织的合法权益，推进自然资源法治建设，根据《中华人民共和国行政复议法》和《中华人民共和国行政复议法实施条例》，制定本规定。

第二条 县级以上自然资源主管部门依法办理行政复议案件，履行行政复议决定，指导和监督行政复议工作，适用本规定。

第三条 自然资源部对全国自然资源行政复议工作进行指导和监督。

上级自然资源主管部门对下级自然资源主管部门的行政复议工作进行指导和监督。

第四条 本规定所称行政复议机关，是指依据法律法规规定履行行政复议职责的自然资源主管部门。

本规定所称行政复议机构，是指自然资源主管部门的法治工作机构。

行政复议机关可以委托所属事业单位承担有关行政复议的事务性工作。

第五条 行政复议机关可以根据工作需要设立行政复议委员会，审议重大、复杂、疑难的行政复议案件，研究行政复议工作中的重大问题。

第六条 行政复议工作人员应当具备与履行职责相适应的政治素质、法治素养和业务能力，忠于宪法和法律，清正廉洁，恪尽职守。

初次从事行政复议的人员，应当通过国家统一法律职业资格考试取得法律职业资格。

第七条 行政复议机关应当依照有关规定配备专职行政复议人员，并定期组织培训，保障其每年参加专业培训的时间不少于三十六个学时。

行政复议机关应当保障行政复议工作经费、装备和其他必要的工作条件。

第八条 行政复议机关应当定期对行政复议工作情况、行政复议决定履行情况以及典型案例等进行统计、分析、通报，并将有关情况向上一级自然资源主管部门报告。

行政复议机关应当建立行政复议信息管理系统，提高案件办理、卷宗管理、统计分析、便民服务的信息化水平。

第九条 县级以上自然资源主管部门应当将行政复议工作情况纳入本部门考核内容，考核结果作为评价领导班子、评先表彰、干部使用的重要依据。

第十条 行政复议机构统一受理行政复议申请。

行政复议机关的其他机构收到行政复议申请的，应当自收到之日起 1 个工作日内将申请材料转送行政复议机构。

行政复议机构应当对收到的行政复议申请进行登记。

第十一条 行政复议机构收到申请人提出的批评、意见、建议、控告、检举、投诉等信访请求的，应当将相关材料转交信访纪检等工作机构处理，告知申请人并做好记录。

第十二条 行政复议机构认为行政复议申请材料不齐全、表述不清楚或者不符合法定形式的，应当自收到该行政复议申请书之日起 5 个工作日内，一次性书面通知申请人补正。

补正通知书应当载明下列事项：

（一）需要更改、补充的具体内容；

（二）需要补正的材料、证据；

（三）合理的补正期限；

（四）无正当理由逾期未补正的法律后果。

无正当理由逾期未提交补正材料的，视为申请人放弃行政复议申请。补正申请材料所用时间不计入复议审理期限。

第十三条 有下列情形之一的，行政复议机关不予受理：

（一）未按照本规定第十二条规定的补正通知要求提供补正材料的；

（二）对下级自然资源主管部门作出的行政复议决定或者行政复议告知不服，申请行政复议的；

（三）其他不符合法定受理条件的。

对同一申请人以基本相同的事实和理由重复提出同一行政复议申请的，行政复议机关不再重复受理。

第十四条 对政府信息公开答复不服申请行政复议，有下列情形之一，被申请人已经履行法定告知义务或者说明理由的，行政复议机关可以驳回行政复议申请：

（一）要求提供已经主动公开的政府信息，或者要求公开申请人已经知晓的政府信息，自然资源主管部门依法作出处理、答复的；

（二）要求自然资源主管部门制作、搜集政府信息和对已有政府信息进行汇总、分析、加工等，自然资源主管部门依法作出处理、答复的；

（三）申请人以政府信息公开申请的形式进行信访、投诉、举报等活动，自然资源主管部门告知申请人不作为政府信息公开申请处理的；

（四）申请人的政府信息公开申请符合《中华人民共和国政府信息公开条例》第三十六条第三、五、六、七项规定，自然资源主管部门依法作出处理、答复的；

（五）法律法规规定的其他情形。

符合前款规定情形的，行政复议机关可以不要求被申请人提供书面答复及证据、依据。

第十五条 对投诉、举报、检举和反映问题等事项的处理不服申请行政复议的，属于下列情形之一，自然资源主管部门已经将处理情况予以告知，且告知行为未对申请人的实体权利义务产生不利影响的，行政复议机关可以不予受理或者受理审查后驳回行政复议申请：

（一）信访处理意见、复查意见、复核意见，或者未履行信访法定职责的行为；

（二）履行内部层级监督职责作出的处理、答复，或者未履行该职责的行为；

（三）对明显不具有事务、地域或者级别管辖权的投诉举报事项作出的处理、答复，或者未作处理、答复的行为；

（四）未设定申请人权利义务的重复处理行为、说明性告知行为及过程性行为。

第十六条 行政复议机构应当自受理行政复议申请之日起 7 个工作日内，向被申请人发出答复通知书，并将行政复议申请书副本或者申请笔录复印件一并发送被申请人。

第十七条 行政复议机构认为申请人以外的公民、法人或者其他组织与被复议的行政行为有利害关系的，可以通知其作为第三人参加行政复议。

申请人以外的公民、法人或者其他组织也可以向行政复议机构提出申请，并提交有利害关系的证明材料，经审查同意后作为第三人参加行政复议。

第十八条 自然资源部为被申请人的，由行政行为的承办机构提出书面答复，报分管部领导审定。

地方自然资源主管部门为被申请人的，由行政行为的承办机构提出书面答复，报本部门负责人签发，并加盖本部门印章。

难以确定行政复议答复承办机构的，由本部门行政复议机构确定。承办机构有异议的，由行政复议机构报本部门负责人确定。

行政行为的承办机构应当指定 1 至 2 名代理人参加行政复议。

第十九条 被申请人应当提交行政复议答复书及作出原行政行为的证据、依据和其他有关材料，并对其提交的证据材料分类编号，对证据材料的来源、证明对象和内容作简要说明。涉及国家秘密的，应当作出明确标识。

被申请人未按期提交行政复议答复书及证据材料的，视为原行政行为没有证据、依据，行政复议机关应当作出撤销该行政行为的行政复议决定。

第二十条 被申请人应当自收到答复通知书之日起 10 日内，提交行政复议答复书。

行政复议答复书应当载明下列事项：

（一）被申请人的名称、地址、法定代表人的姓名、职务；

（二）委托代理人的姓名、单位、职务、联系方式；

（三）作出行政行为的事实和有关证据；

（四）作出行政行为所依据的法律、法规、规章和规范性文件的具体条款和内容；

（五）对申请人复议请求的意见和理由；

（六）作出答复的日期。

第二十一条 行政复议机关应当为申请人、第三人及其代理人查阅行政复议案卷材料提供必要的便利条件。

申请人、第三人申请查阅行政复议案卷材料的，应当出示身份证件；代理人申请查阅行政复议案卷材料的，应当出示身份证件及授权委托书。申请人、第三人及其代理人查阅行政复议案卷材料时，行政复议机构工作人员应当在场。

第二十二条 对受理的行政复议案件，行政复议机构可以根据案件审理的需要，征求本行政复议机关相关机构的意见。

相关机构应当按照本机构职责范围，按期对行政复议案件提出明确意见，并说明理由。

第二十三条 行政复议案件以书面审理为主。必要时，行政复议机构可以采取实地调查、审查会、听证会、专家论证等方式审理行政复议案件。

重大、复杂、疑难的行政复议案件，行政复议机构应当提请行政复议委员会审议。

第二十四条 申请人对自然资源主管部门作出的同一行政行为或者内容基本相同的行政行为，提出多个行政复议申请的，行政复议机构可以合并审理。

已经作出过行政复议决定，其他申请人以基本相同的事实和理由，对同一行政行为再次提出行政复议申请的，行政复议机构可以简化审理程序。

第二十五条 行政复议期间有下列情形之一的，行政复议中止：

（一）双方当事人书面提出协商解决申请，行政复议机构认为有利于实质性解决纠纷，维护申请人合法权益的；

（二）申请人不以保护自身合法权益为目的，反复提起行政复议申请，扰乱复议机关行政管理秩序的；

（三）法律法规规定需要中止审理的其他情形。

属于前款第一项规定情形的，双方当事人应当明确协商解决的期限。期限届满未能协商解决的，案件恢复审理。

属于前款第二项规定情形，情节严重的，行政复议机关应当及时向有关国家机关通报。

行政复议机构中止行政复议案件审理的，应当书面通知当事人，并告知中止原因；行政复议中止的原因消除后，应当及时恢复行政复议案件的审理。

第二十六条 行政复议机关作出行政复议决定，应当制作行政复议决定书。

行政复议决定书应当符合法律法规的规定，并加盖行政复议机关的印章或者行政复议专用章。

行政复议决定书应当载明申请人不服行政复议决定的法律救济途径和期限。

第二十七条 被复议行政行为的处理结果正确，且不损害申请人的实体权利，但在事实认定、引用依据、证据提交方面有轻微错误的，行政复议机关可以作出驳回复议申请或者维持原行政行为的决定，但应当在行政复议决定书中对被申请人予以指正。

被申请人应当在收到行政复议决定书之日起 60 日内，向行政复议机关作出书面说明，并报告改正情况。

第二十八条 行政行为被行政复议机关撤销、变更、确认违法的，或者行政复议机关责令履行法定职责的，行政行为的承办机构应当适时制作行政复议决定分析报告，向本机关负责人报告，并抄送法治工作机构。

第二十九条 行政复议机关在行政复议过程中，发现被申请人相关行政行为的合法性存在问题，或者需要做好善后工作的，应当制发行政复议意见书，向被申请人指出存在的问题，提出整改要求。

被申请人应当责成行政行为的承办机构在收到行政复议意见书之日起 60 日内完成整改工作，并将整改情况书面报告行政复议机关。

被申请人拒不整改或者整改不符合要求，情节严重的，行政复议机关应当报请有关国家机关依法处理。

行政复议期间，行政复议机构发现法律、法规、规章实施中带有普遍性的问题，可以制作行政复议建议书，向有关机关提出完善制度和改进行政执法的建议。相关机关应当及时向行政复议机构反馈落实情况。

第三十条　有下列情形之一，在整改期限内拒不整改或整改不符合要求的，上级自然资源主管部门可以约谈下级自然资源主管部门负责人，通报有关地方人民政府：

（一）不依法履行行政复议职责，故意将行政复议案件上交的；

（二）反复发生群体性行政复议案件的；

（三）同类行政复议案件反复发生，未采取措施解决的；

（四）逾期不履行行政复议决定、不反馈行政复议意见书和建议书的；

（五）提交虚假证据材料的；

（六）其他事项需要约谈的。

第三十一条　行政复议机关应当将行政复议申请受理情况等信息在本机关门户网站、官方微信等媒体上向社会公开。

推行行政复议决定书网上公开，加强社会对行政复议决定履行情况的监督。

第三十二条　被申请人应当在法定期限内履行生效的行政复议决定，并在履行行政复议决定后30日内将履行情况及相关法律文书送达情况书面报告行政复议机关。

第三十三条　行政复议决定履行期满，被申请人不履行行政复议决定的，申请人可以向行政复议机关提出责令履行申请。

第三十四条　行政复议机关收到责令履行申请书，应当向被申请人进行调查或者核实，依照下列规定办理：

（一）被申请人已经履行行政复议决定，并将履行情况相关法律文书送达申请人的，应当联系申请人予以确认，并做好记录；

（二）被申请人已经履行行政复议决定，但尚未将履行情况相关法律文书送达申请人的，应当督促被申请人将相关法律文书送达申请人；

（三）被申请人逾期未履行行政复议决定的，应当责令被申请人在规定的期限内履行。被申请人拒不履行的，行政复议机关可以将有关材料移送纪检监察机关。

属于本条第一款第二项规定情形的，被申请人应当将相关法律文书送达情况及时报告行政复议机关。

属于本条第一款第三项规定情形的，被申请人应当在收到书面通知之日起 30 日内履行完毕，并书面报告行政复议机关。被申请人认为没有条件履行的，应当说明理由并提供相关证据、依据。

第三十五条　有下列情形之一，行政复议机关可以决定被申请人中止履行行政复议决定：

（一）有新的事实和证据，足以影响行政复议决定履行的；

（二）行政复议决定履行需要以其他案件的审理结果为依据，而其他案件尚未审结的；

（三）被申请人与申请人达成中止履行协议，双方提出中止履行申请的；

（四）因不可抗力等其他原因需要中止履行的。

本条前款第三项规定的中止履行协议不得损害国家利益、社会公共利益和他人的合法权益。

第三十六条　决定中止履行行政复议决定的，行政复议机关应当向当事人发出行政复议决定中止履行通知书。

行政复议决定中止履行通知书应当载明中止履行的理由和法律依据。中止履行期间，不计算在履行期限内。

中止履行的情形消除后，行政复议机关应当向当事人发出行政复议决定恢复履行通知书。

第三十七条　经审查，被申请人不履行行政复议决定的理由不成立的，行政复议机关应当作出责令履行行政复议决定通知书，并送达被申请人。

第三十八条　被责令重新作出行政行为的，被申请人不得以同一事实和理由作出与原行政行为相同或者基本相同的行为，因违反法定程序被责令重新作出行政行为的除外。

第三十九条　行政复议机关工作人员违反本规定，有下列情形之一，情节严重的，对直接负责的责任人员依法给予处分：

（一）未登记行政复议申请，导致记录不全或者遗漏的；

（二）未按时将行政复议申请转交行政复议机构的；

（三）未保障行政复议当事人、代理人阅卷权的；

（四）未妥善保管案卷材料，或者未按要求将行政复议案卷归档，导致案卷不全或者遗失的；

（五）未对收到的责令履行申请书进行调查核实的；

（六）未履行行政复议职责，导致矛盾上交或者激化的。

第四十条 被申请人及其工作人员违反本规定，有下列情形之一，情节严重的，对直接负责的责任人员依法给予处分：

（一）不提出行政复议答复或者无正当理由逾期答复的；

（二）不提交作出原行政行为的证据、依据和其他有关材料的；

（三）不配合行政复议机关开展行政复议案件审理工作的；

（四）不配合行政复议机关调查核实行政复议决定履行情况的；

（五）不履行或者无正当理由拖延履行行政复议决定的；

（六）不与行政复议机关在共同应诉工作中沟通、配合，导致不良后果的；

（七）对收到的行政复议意见书无正当理由，不予书面答复或者逾期作出答复的。

第四十一条 行政复议案件审结后，案件承办机构应当及时将案件材料立卷归档。

第四十二条 申请人对国家林业和草原局行政行为不服的，应当向国家林业和草原局提起行政复议。

申请人对地方林业和草原主管部门的行政行为不服，选择向其上一级主管部门申请行政复议的，应当向上一级林业和草原主管部门提起行政复议。

自然资源主管部门对不属于本机关受理的行政复议申请，能够明确属于同级林业和草原主管部门职责范围的，应当将该申请转送同级林业和草原主管部门，并告知申请人。

第四十三条 本规定自2019年9月1日起施行。原国土资源部2017年11月21日发布的《国土资源行政复议规定》（国土资源部令第76号）同时废止。

自然资源行政处罚办法

（2014 年 4 月 10 日国土资源部令第 60 号公布　根据 2020 年 3 月 20 日《自然资源部关于第二批废止和修改的部门规章的决定》修订）

第一章　总　　则

第一条　为规范自然资源行政处罚的实施，保障和监督自然资源主管部门依法履行职责，保护自然人、法人或者其他组织的合法权益，根据《中华人民共和国行政处罚法》以及《中华人民共和国土地管理法》、《中华人民共和国矿产资源法》等自然资源管理法律法规，制定本办法。

第二条　县级以上自然资源主管部门依照法定职权和程序，对自然人、法人或者其他组织违反自然资源管理法律法规的行为实施行政处罚，适用本办法。

第三条　自然资源主管部门实施行政处罚，遵循公正、公开的原则，做到事实清楚，证据确凿，定性准确，依据正确，程序合法，处罚适当。

第四条　自然资源行政处罚包括：

（一）警告；

（二）罚款；

（三）没收违法所得、没收非法财物；

（四）限期拆除；

（五）吊销勘查许可证和采矿许可证；

（六）法律法规规定的其他行政处罚。

第二章　管　　辖

第五条　自然资源违法案件由土地、矿产资源所在地的县级自然资源主管部门管辖，但法律法规以及本办法另有规定的除外。

第六条 省级、市级自然资源主管部门管辖本行政区域内重大、复杂和法律法规规定应当由其管辖的自然资源违法案件。

第七条 自然资源部管辖全国范围内重大、复杂和法律法规规定应当由其管辖的自然资源违法案件。

全国范围内重大、复杂的自然资源违法案件是指：

（一）国务院要求自然资源部管辖的自然资源违法案件；

（二）跨省级行政区域的自然资源违法案件；

（三）自然资源部认为应当由其管辖的其他自然资源违法案件。

第八条 有下列情形之一的，上级自然资源主管部门有权管辖下级自然资源主管部门管辖的案件：

（一）下级自然资源主管部门应当立案调查而不予立案调查的；

（二）案情复杂，情节恶劣，有重大影响的。

上级自然资源主管部门可以将本级管辖的案件交由下级自然资源主管部门管辖，但是法律法规规定应当由其管辖的除外。

第九条 有管辖权的自然资源主管部门由于特殊原因不能行使管辖权的，可以报请上一级自然资源主管部门指定管辖。

自然资源主管部门之间因管辖权发生争议的，报请共同的上一级自然资源主管部门指定管辖。

上一级自然资源主管部门应当在接到指定管辖申请之日起 7 个工作日内，作出管辖决定。

第十条 自然资源主管部门发现违法案件不属于本部门管辖的，应当移送有管辖权的自然资源主管部门或者其他部门。受移送的自然资源主管部门对管辖权有异议的，应当报请上一级自然资源主管部门指定管辖，不得再自行移送。

第三章 立案、调查和审理

第十一条 自然资源主管部门发现自然人、法人或者其他组织行为涉嫌违法的，应当及时核查。对正在实施的违法行为，应当依法及时下达《责令停止违法行为通知书》予以制止。

《责令停止违法行为通知书》应当记载下列内容：

（一）违法行为人的姓名或者名称；

（二）违法事实和依据；

（三）其他应当记载的事项。

第十二条 符合下列条件的，自然资源主管部门应当在10个工作日内予以立案：

（一）有明确的行为人；

（二）有违反自然资源管理法律法规的事实；

（三）依照自然资源管理法律法规应当追究法律责任；

（四）属于本部门管辖；

（五）违法行为没有超过追诉时效。

违法行为轻微并及时纠正，没有造成危害后果的，可以不予立案。

第十三条 立案后，自然资源主管部门应当指定案件承办人员，及时组织调查取证。调查取证时，案件调查人员应当不少于2人，并应当向被调查人出示执法证件。

第十四条 调查人员与案件有直接利害关系的，应当回避。

第十五条 自然资源主管部门进行调查取证，有权采取下列措施：

（一）要求被调查的单位或者个人提供有关文件和资料，并就与案件有关的问题作出说明；

（二）询问当事人以及相关人员，进入违法现场进行检查、勘测、拍照、录音、摄像，查阅和复印相关材料；

（三）依法可以采取的其他措施。

第十六条 当事人拒绝调查取证或者采取暴力、威胁的方式阻碍自然资源主管部门调查取证的，自然资源主管部门可以提请公安机关、检察机关、监察机关或者相关部门协助，并向本级人民政府或者上一级自然资源主管部门报告。

第十七条 依法取得并能够证明案件事实情况的书证、物证、视听资料、计算机数据、证人证言、当事人陈述、询问笔录、现场勘测笔录、鉴定结论、认定结论等，作为自然资源行政处罚的证据。

第十八条 调查人员应当收集、调取与案件有关的书证、物证、视听资料、计算机数据的原件、原物、原始载体；收集、调取原件、原物、原始载体确有困难的，可以收集、调取复印件、复制件、节录本、照片、录像等。声音资料应当附有该声音内容的文字记录。

第十九条 证人证言应当符合下列要求：

（一）注明证人的姓名、年龄、性别、职业、住址、联系方式等基本情况；

（二）有证人的签名，不能签名的，应当按手印或者盖章；

（三）注明出具日期；

（四）附有居民身份证复印件等证明证人身份的文件。

第二十条 当事人请求自行提供陈述材料的，应当准许。必要时，调查人员也可以要求当事人自行书写。当事人应当在其提供的陈述材料上签名、按手印或者盖章。

第二十一条 询问应当个别进行，并制作询问笔录。询问笔录应当记载询问的时间、地点和询问情况等。

第二十二条 现场勘测一般由案件调查人实施，也可以委托有资质的单位实施。现场勘测应当制作现场勘测笔录。

第二十三条 为查明事实，需要对案件中的有关问题进行检验鉴定的，自然资源主管部门可以委托具有相应资质的机构进行。

第二十四条 案件调查终结，案件承办人员应当提交调查报告。调查报告应当包括当事人的基本情况、违法事实以及法律依据、相关证据、违法性质、违法情节、违法后果，并提出依法是否应当给予行政处罚以及给予何种行政处罚的处理意见。

涉及需要追究党纪、政纪或者刑事责任的，应当提出移送有权机关的建议。

第二十五条 自然资源主管部门在审理案件调查报告时，应当就下列事项进行审理：

（一）事实是否清楚、证据是否确凿；

（二）定性是否准确；

（三）适用法律是否正确；

（四）程序是否合法；

（五）拟定的处理意见是否适当。

经审理发现调查报告存在问题的，可以要求调查人员重新调查或者补充调查。

第四章　决　　定

第二十六条　审理结束后，自然资源主管部门根据不同情况，分别作出下列决定：

（一）违法事实清楚、证据确凿、依据正确、调查审理符合法定程序的，作出行政处罚决定；

（二）违法情节轻微、依法可以不给予行政处罚的，不予行政处罚；

（三）违法事实不成立的，不得给予行政处罚；

（四）违法行为涉及需要追究党纪、政纪或者刑事责任的，移送有权机关。

第二十七条　违法行为依法需要给予行政处罚的，自然资源主管部门应当制作《行政处罚告知书》，按照法律规定的方式，送达当事人。当事人有权进行陈述和申辩。陈述和申辩应当在收到《行政处罚告知书》后3个工作日内提出。口头形式提出的，案件承办人员应当制作笔录。

第二十八条　对拟给予较大数额罚款或者吊销勘查许可证、采矿许可证等行政处罚的，自然资源主管部门应当制作《行政处罚听证告知书》，按照法律规定的方式，送达当事人。当事人要求听证的，应当在收到《行政处罚听证告知书》后3个工作日内提出。

自然资源行政处罚听证适用《自然资源听证规定》。

第二十九条　当事人未在规定时间内陈述、申辩或者要求听证的，以及陈述、申辩或者听证中提出的事实、理由或者证据不成立的，自然资源主管部门应当依法制作《行政处罚决定书》，并按照法律规定的方式，送达当事人。

《行政处罚决定书》中应当包括行政处罚告知、当事人陈述、申辩或者听证的情况。

《行政处罚决定书》一经送达，即发生法律效力。当事人对行政处罚决定不服申请行政复议或者提起行政诉讼的，在行政复议或者行政诉讼期间，行政处罚决定不停止执行；法律另有规定的除外。

《行政处罚决定书》应当加盖作出处罚决定的自然资源主管部门的印章。

第三十条 法律法规规定的责令改正或者责令限期改正，可以与行政处罚决定一并作出，也可以在作出行政处罚决定之前单独作出。

第三十一条 当事人有两个以上自然资源违法行为的，自然资源主管部门可以制作一份《行政处罚决定书》，合并执行。《行政处罚决定书》应当明确对每个违法行为的处罚内容和合并执行的内容。

违法行为有两个以上当事人的，可以分别作出行政处罚决定，制作一式多份《行政处罚决定书》，分别送达当事人。《行政处罚决定书》应当明确给予每个当事人的处罚内容。

第三十二条 自然资源主管部门应当自立案之日起60日内作出行政处罚决定。

案情复杂，不能在规定期限内作出行政处罚决定的，经本级自然资源主管部门负责人批准，可以适当延长，但延长期限不得超过30日，案情特别复杂的除外。

第五章 执　　行

第三十三条 行政处罚决定生效后，当事人逾期不履行的，自然资源主管部门除采取法律法规规定的措施外，还可以采取以下措施：

（一）向本级人民政府和上一级自然资源主管部门报告；

（二）向当事人所在单位或者其上级主管部门通报；

（三）向社会公开通报；

（四）停止办理或者告知相关部门停止办理当事人与本案有关的许可、审批、登记等手续。

第三十四条 自然资源主管部门申请人民法院强制执行前，有充分理由认为被执行人可能逃避执行的，可以申请人民法院采取财产保全措施。

第三十五条 自然资源主管部门作出没收矿产品、建筑物或者其他设施的行政处罚决定后，应当在行政处罚决定生效后 90 日内移交同级财政部门处理，或者拟订处置方案报本级人民政府批准后实施。法律法规另有规定的，从其规定。

第三十六条 自然资源主管部门申请人民法院强制执行前，应当催告当事人履行义务。

当事人在法定期限内不申请行政复议或者提起行政诉讼，又不履行的，自然资源主管部门可以自期限届满之日起 3 个月内，向土地、矿产资源所在地有管辖权的人民法院申请强制执行。

第三十七条 自然资源主管部门向人民法院申请强制执行，应当提供下列材料：

（一）《强制执行申请书》；

（二）《行政处罚决定书》及作出决定的事实、理由和依据；

（三）当事人的意见以及催告情况；

（四）申请强制执行标的情况；

（五）法律法规规定的其他材料。

《强制执行申请书》应当加盖自然资源主管部门的印章。

第三十八条 符合下列条件之一的，经自然资源主管部门负责人批准，案件结案：

（一）执行完毕的；

（二）终结执行的；

（三）已经依法申请人民法院强制执行的；

（四）其他应当结案的情形。

涉及需要移送有关部门追究党纪、政纪或者刑事责任的，应当在结案前移送。

第六章　监督管理

第三十九条　自然资源主管部门应当通过定期或者不定期检查等方式，加强对下级自然资源主管部门实施行政处罚工作的监督，并将发现和制止违法行为、依法实施行政处罚等情况作为监督检查的重点内容。

第四十条　自然资源主管部门应当建立重大违法案件公开通报制度，将案情和处理结果向社会公开通报并接受社会监督。

第四十一条　自然资源主管部门应当建立重大违法案件挂牌督办制度，明确提出办理要求，公开督促下级自然资源主管部门限期办理并接受社会监督。

第四十二条　自然资源主管部门应当建立违法案件统计制度。下级自然资源主管部门应当定期将本行政区域内的违法形势分析、案件发生情况、查处情况等逐级上报。

第四十三条　自然资源主管部门应当建立自然资源违法案件错案追究制度。行政处罚决定错误并造成严重后果的，作出处罚决定的机关应当承担相应的责任。

第四十四条　自然资源主管部门应当配合有关部门加强对行政处罚实施过程中的社会稳定风险防控。

第七章　法律责任

第四十五条　县级以上自然资源主管部门直接负责的主管人员和其他直接责任人员，违反本办法规定，有下列情形之一，致使自然人、法人或者其他组织的合法权益、公共利益和社会秩序遭受损害的，应当依法给予处分：

（一）对违法行为未依法制止的；

（二）应当依法立案查处，无正当理由未依法立案查处的；

（三）在制止以及查处违法案件中受阻，依照有关规定应当向本级人民政府或者上级自然资源主管部门报告而未报告的；

（四）应当依法给予行政处罚而未依法处罚的；

（五）应当依法申请强制执行、移送有关机关追究责任，而未依法申请强制执行、移送有关机关的；

（六）其他徇私枉法、滥用职权、玩忽职守的情形。

第八章　附　　则

第四十六条　自然资源行政处罚法律文书格式，由自然资源部统一制定。

第四十七条　本办法自2014年7月1日起施行。原地质矿产部1993年7月19日发布的《违反矿产资源法规行政处罚办法》和原国家土地管理局1995年12月18日发布的《土地违法案件查处办法》同时废止。

自然资源听证规定

（2003年12月30日国土资源部令第22号公布　根据2020年3月20日《自然资源部关于第二批废止和修改的部门规章的决定》修订）

第一章　总　　则

第一条　为了规范自然资源管理活动，促进依法行政，提高自然资源管理的科学性和民主性，保护公民、法人和其他组织的合法权益，根据有关法律、法规，制定本规定。

第二条　县级以上人民政府自然资源行政主管部门（以下简称主管部门）依职权或者依当事人的申请组织听证的，适用本规定。

第三条　听证由拟作出行政处罚、行政许可决定，制定规章和规范性文件、实施需报政府批准的事项的主管部门组织。

依照本规定具体办理听证事务的法制工作机构为听证机构；但实施需报政府批准的事项可以由其经办机构作为听证机构。

本规定所称需报政府批准的事项，是指依法由本级人民政府批准后生效但主要由主管部门具体负责实施的事项，包括拟定或者修改基准地价、组织编制或者修改国土空间规划和矿产资源规划、拟定或者修改区片综合地价、拟定拟征地项目的补偿标准和安置方案、拟定非农业建设占用永久基本农田方案等。

第四条 主管部门组织听证，应当遵循公开、公平、公正和便民的原则，充分听取公民、法人和其他组织的意见，保证其陈述意见、质证和申辩的权利。

依职权组织的听证，除涉及国家秘密外，以听证会形式公开举行，并接受社会监督；依当事人的申请组织的听证，除涉及国家秘密、商业秘密或者个人隐私外，听证公开举行。

第五条 法律、法规和规章规定应当听证的事项，当事人放弃听证权利或者因情况紧急须即时决定的，主管部门不组织听证。

第二章　听证的一般规定

第六条 听证参加人包括拟听证事项经办机构的指派人员、听证会代表、当事人及其代理人、证人、鉴定人、翻译等。

第七条 听证一般由一名听证员组织；必要时，可以由三或五名听证员组织。听证员由主管部门指定。

听证设听证主持人，在听证员中产生；但须是听证机构或者经办机构的有关负责人。

记录员由听证主持人指定，具体承担听证准备和听证记录工作。

拟听证事项的具体经办人员，不得作为听证员和记录员；但可以由经办机构办理听证事务的除外。

第八条 在听证开始前，记录员应当查明听证参加人的身份和到场情况，宣布听证纪律和听证会场有关注意事项。

第九条 听证会按下列程序进行：

（一）听证主持人宣布听证开始，介绍听证员、记录员，宣布听证事项和事由，告知听证参加人的权利和义务；

（二）拟听证事项的经办机构提出理由、依据和有关材料及意见；

（三）当事人进行质证、申辩，提出维护其合法权益的事实、理由和依据（听证会代表对拟听证事项的必要性、可行性以及具体内容发表意见和质询）；

（四）最后陈述；

（五）听证主持人宣布听证结束。

第十条 记录员应当将听证的全部活动记入笔录。听证笔录应当载明

下列事项，并由听证员和记录员签名：

（一）听证事项名称；

（二）听证员和记录员的姓名、职务；

（三）听证参加人的基本情况；

（四）听证的时间、地点；

（五）听证公开情况；

（六）拟听证事项的理由、依据和有关材料；

（七）当事人或者听证会代表的观点、理由和依据；

（八）延期、中止或者终止的说明；

（九）听证主持人对听证活动中有关事项的处理情况；

（十）听证主持人认为的其他事项。

听证笔录经听证参加人确认无误或者补正后当场签字或者盖章；无正当理由又拒绝签字或者盖章的，记明情况附卷。

第十一条 公开举行的听证会，公民、法人或者其他组织可以申请参加旁听。

第三章 依职权听证的范围和程序

第十二条 有下列情形之一的，主管部门应当组织听证：

（一）拟定或者修改基准地价；

（二）编制或者修改国土空间规划和矿产资源规划；

（三）拟定或者修改区片综合地价。

有下列情形之一的，直接涉及公民、法人或者其他组织的重大利益的，主管部门根据需要组织听证：

（一）制定规章和规范性文件；

（二）主管部门规定的其他情形。

第十三条 主管部门对本规定第十二条规定的事项举行听证的，应当在举行听证会30日前，向社会公告听证会的时间、地点、内容和申请参加听证会须知。

第十四条 符合主管部门规定条件的公民、法人和其他组织，均可申请参加听证会，也可推选代表参加听证会。

主管部门根据拟听证事项与公民、法人和其他组织的申请情况，指定听证会代表；指定的听证会代表应当具有广泛性、代表性。

公民、法人和其他组织推选的代表，符合主管部门条件的，应当优先被指定为听证会代表。

第十五条 听证机构应当在举行听证会的10个工作日前将听证会材料送达听证会代表。

第十六条 听证会代表应当亲自参加听证，并有权对拟听证事项的必要性、可行性以及具体内容发表意见和质询，查阅听证纪要。

听证会代表应当忠于事实，实事求是地反映所代表的公民、法人和其他组织的意见，遵守听证纪律，保守国家秘密。

第十七条 听证机构应当在举行听证会后7个工作日内，根据听证笔录制作包括下列内容的听证纪要：

（一）听证会的基本情况；

（二）听证事项的说明；

（三）听证会代表的意见陈述；

（四）听证事项的意见分歧；

（五）对听证会意见的处理建议。

第十八条 主管部门应当参照听证纪要依法制定规章和规范性文

件；在报批拟定或者修改的基准地价、编制或者修改的国土空间规划和矿产资源规划、拟定或者修改的区片综合地价时，应当附具听证纪要。

第四章　依申请听证的范围和程序

第十九条　有下列情形之一的，主管部门在报批之前，应当书面告知

当事人有要求举行听证的权利：

（一）拟定拟征地项目的补偿标准和安置方案的；

（二）拟定非农业建设占用永久基本农田方案的。

有下列情形之一的，主管部门在作出决定之前，应当书面告知当事人有要求举行听证的权利：

（一）较大数额罚款、责令停止违法勘查或者违法开采行为、吊销勘查许可证或者采矿许可证等行政处罚的；

（二）国有土地使用权、探矿权、采矿权的许可直接涉及申请人与他人之间重大利益关系的；

（三）法律、法规或者规章规定的其他情形。

第二十条　当事人对本规定第十九条规定的事项要求听证的，主管部门应当组织听证。

第二十一条　当事人应当在告知后5个工作日内向听证机构提出书面申请，逾期未提出的，视为放弃听证；但行政处罚听证的时限为3个工作日。放弃听证的，应当书面记载。

第二十二条　当事人可以委托一至二名代理人参加听证，收集、提供相关材料和证据，进行质证和申辩。

第二十三条　听证的书面申请包括以下内容：

（一）当事人的姓名、地址（法人或者其他组织的名称、地址、法定代表人）；

（二）申请听证的具体事项；

（三）申请听证的依据、理由。

申请听证的，应当同时提供相关材料。

第二十四条 听证机构收到听证的书面申请后，应当对申请材料进行审查；申请材料不齐备的，应当一次告知当事人补正。

有下列情形之一的，不予受理：

（一）提出申请的不是听证事项的当事人或者其代理人的；

（二）在告知后超过5个工作日提出听证的；

（三）其他不符合申请听证条件的。

不予受理的，主管部门应当书面告知当事人不予听证。

第二十五条 听证机构审核后，对符合听证条件的，应当制作《听证通知书》，并在听证的7个工作日前通知当事人和拟听证事项的经办机构。

《听证通知书》应当载明下列事项：

（一）听证的事由与依据；

（二）听证的时间、地点；

（三）听证员和记录员的姓名、职务；

（四）当事人、拟听证事项的经办机构的权利和义务；

（五）注意事项。

第二十六条 当事人在接到《听证通知书》后，应当准时到场；无正当理由不到场的，或者未经听证主持人允许中途退场的，视为放弃听证。放弃听证的，记入听证笔录。

第二十七条 拟听证事项的经办机构在接到《听证通知书》后，应当指派人员参加听证，不得放弃听证。

第二十八条 当事人认为听证员、记录员与拟听证事项有利害关系可能影响公正的，有权申请回避，并说明理由。

听证主持人的回避由主管部门决定。听证员、记录员的回避，由听证主持人决定。

第二十九条 有下列情形之一的，可以延期举行听证：

（一）因不可抗力的事由致使听证无法按期举行的；

（二）当事人申请延期，有正当理由的；

（三）可以延期的其他情形。

延期听证的，主管部门应当书面通知听证参加人。

第三十条 有下列情形之一的，中止听证：

（一）听证主持人认为听证过程中提出新的事实、理由和依据或者提出的事实有待调查核实的；

（二）申请听证的公民死亡、法人或者其他组织终止，尚未确定权利、义务承受人的；

（三）应当中止听证的其他情形。

中止听证的，主管部门应当书面通知听证参加人。

第三十一条 延期、中止听证的情形消失后，由主管部门决定恢复听证，并书面通知听证参加人。

第三十二条 有下列情形之一的，终止听证：

（一）有权申请听证的公民死亡，没有继承人，或者继承人放弃听证权利的；

（二）有权申请听证的法人或者其他组织终止，承受其权利的法人或者组织放弃听证权利的；

（三）当事人在听证过程中声明退出的；

（四）当事人在告知后明确放弃听证权利或者被视为放弃听证权利的；

（五）需要终止听证的其他情形。

第三十三条 主管部门应当根据听证笔录，作出行政许可决定，依法作出行政处罚决定；在报批拟定的拟征地项目的补偿标准和安置方案、非农业建设占用永久基本农田方案时，应当附具听证笔录。

第五章 法律责任

第三十四条 法律、法规和规章规定应当听证的事项，当事人要求听证而未组织的，对直接负责的主管人员和其他直接责任人员依法给予处分。

第三十五条 主管部门的拟听证事项经办机构指派人员、听证员、记录员在听证时玩忽职守、滥用职权、徇私舞弊的，依法给予处分；构成犯罪的，依法追究刑事责任。

第六章　附　　则

第三十六条　组织听证不得向当事人收取或者变相收取任何费用。

组织听证所需经费列入主管部门预算。听证机构组织听证必需的场地、设备、工作条件，主管部门应当给予保障。

第三十七条　主管部门办理行政复议，受委托起草法律、法规或者政府规章草案时，组织听证的具体程序参照本规定执行。

第三十八条　本规定自2004年5月1日起施行。

最高人民法院关于审理涉及国有土地使用权合同纠纷案件适用法律问题的解释

（2004年11月23日最高人民法院审判委员会第1334次会议通过　根据2020年12月23日最高人民法院审判委员会第1823次会议通过的《最高人民法院关于修改〈最高人民法院关于在民事审判工作中适用《中华人民共和国工会法》若干问题的解释〉等二十七件民事类司法解释的决定》修正　2020年12月29日最高人民法院公告公布　法释〔2020〕17号）

为正确审理国有土地使用权合同纠纷案件，依法保护当事人的合法权益，根据《中华人民共和国民法典》《中华人民共和国土地管理法》《中华人民共和国城市房地产管理法》等法律规定，结合民事审判实践，制定本解释。

一、土地使用权出让合同纠纷

第一条 本解释所称的土地使用权出让合同，是指市、县人民政府自然资源主管部门作为出让方将国有土地使用权在一定年限内让与受让方，受让方支付土地使用权出让金的合同。

第二条 开发区管理委员会作为出让方与受让方订立的土地使用权出让合同，应当认定无效。

本解释实施前，开发区管理委员会作为出让方与受让方订立的土地使用权出让合同，起诉前经市、县人民政府自然资源主管部门追认的，可以认定合同有效。

第三条 经市、县人民政府批准同意以协议方式出让的土地使用权，土地使用权出让金低于订立合同时当地政府按照国家规定确定的最低价的，应当认定土地使用权出让合同约定的价格条款无效。

当事人请求按照订立合同时的市场评估价格交纳土地使用权出让金的，应予支持；受让方不同意按照市场评估价格补足，请求解除合同的，应予支持。因此造成的损失，由当事人按照过错承担责任。

第四条 土地使用权出让合同的出让方因未办理土地使用权出让批准手续而不能交付土地，受让方请求解除合同的，应予支持。

第五条 受让方经出让方和市、县人民政府城市规划行政主管部门同意，改变土地使用权出让合同约定的土地用途，当事人请求按照起诉时同种用途的土地出让金标准调整土地出让金的，应予支持。

第六条 受让方擅自改变土地使用权出让合同约定的土地用途，出让方请求解除合同的，应予支持。

二、土地使用权转让合同纠纷

第七条 本解释所称的土地使用权转让合同，是指土地使用权人作为转让方将出让土地使用权转让于受让方，受让方支付价款的合同。

第八条 土地使用权人作为转让方与受让方订立土地使用权转让合同后，当事人一方以双方之间未办理土地使用权变更登记手续为由，请求确认合同无效的，不予支持。

第九条 土地使用权人作为转让方就同一出让土地使用权订立数个转让合同，在转让合同有效的情况下，受让方均要求履行合同的，按照以下情形分别处理：

（一）已经办理土地使用权变更登记手续的受让方，请求转让方履行交付土地等合同义务的，应予支持；

（二）均未办理土地使用权变更登记手续，已先行合法占有投资开发土地的受让方请求转让方履行土地使用权变更登记等合同义务的，应予支持；

（三）均未办理土地使用权变更登记手续，又未合法占有投资开发土地，先行支付土地转让款的受让方请求转让方履行交付土地和办理土地使用权变更登记等合同义务的，应予支持；

（四）合同均未履行，依法成立在先的合同受让方请求履行合同的，应予支持。

未能取得土地使用权的受让方请求解除合同、赔偿损失的，依照民法典的有关规定处理。

第十条 土地使用权人与受让方订立合同转让划拨土地使用权，起诉前经有批准权的人民政府同意转让，并由受让方办理土地使用权出让手续的，土地使用权人与受让方订立的合同可以按照补偿性质的合同处理。

第十一条 土地使用权人与受让方订立合同转让划拨土地使用权，起诉前经有批准权的人民政府决定不办理土地使用权出让手续，并将该划拨土地使用权直接划拨给受让方使用的，土地使用权人与受让方订立的合同可以按照补偿性质的合同处理。

三、合作开发房地产合同纠纷

第十二条 本解释所称的合作开发房地产合同，是指当事人订立的以提供出让土地使用权、资金等作为共同投资，共享利润、共担风险合作开发房地产为基本内容的合同。

第十三条 合作开发房地产合同的当事人一方具备房地产开发经营资质的，应当认定合同有效。

当事人双方均不具备房地产开发经营资质的，应当认定合同无效。但起诉前当事人一方已经取得房地产开发经营资质或者已依法合作成立具有房地产开发经营资质的房地产开发企业的，应当认定合同有效。

第十四条 投资数额超出合作开发房地产合同的约定，对增加的投资数额的承担比例，当事人协商不成的，按照当事人的违约情况确定；因不可归责于当事人的事由或者当事人的违约情况无法确定的，按照约定的投资比例确定；没有约定投资比例的，按照约定的利润分配比例确定。

第十五条 房屋实际建筑面积少于合作开发房地产合同的约定，对房屋实际建筑面积的分配比例，当事人协商不成的，按照当事人的违约情况确定；因不可归责于当事人的事由或者当事人违约情况无法确定的，按照约定的利润分配比例确定。

第十六条 在下列情形下，合作开发房地产合同的当事人请求分配房地产项目利益的，不予受理；已经受理的，驳回起诉：

（一）依法需经批准的房地产建设项目未经有批准权的人民政府主管部门批准；

（二）房地产建设项目未取得建设工程规划许可证；

（三）擅自变更建设工程规划。

因当事人隐瞒建设工程规划变更的事实所造成的损失，由当事人按照过错承担。

第十七条 房屋实际建筑面积超出规划建筑面积，经有批准权的人民政府主管部门批准后，当事人对超出部分的房屋分配比例协商不成的，按照约定的利润分配比例确定。对增加的投资数额的承担比例，当事人协商不成的，按照约定的投资比例确定；没有约定投资比例的，按照约定的利润分配比例确定。

第十八条 当事人违反规划开发建设的房屋，被有批准权的人民政府主管部门认定为违法建筑责令拆除，当事人对损失承担协商不成的，按照当事人过错确定责任；过错无法确定的，按照约定的投资比例确定责任；没有约定投资比例的，按照约定的利润分配比例确定责任。

第十九条 合作开发房地产合同约定仅以投资数额确定利润分配比例，当事人未足额交纳出资的，按照当事人的实际投资比例分配利润。

第二十条 合作开发房地产合同的当事人要求将房屋预售款充抵投资参与利润分配的，不予支持。

第二十一条 合作开发房地产合同约定提供土地使用权的当事人不承担经营风险，只收取固定利益的，应当认定为土地使用权转让合同。

第二十二条 合作开发房地产合同约定提供资金的当事人不承担经营风险，只分配固定数量房屋的，应当认定为房屋买卖合同。

第二十三条 合作开发房地产合同约定提供资金的当事人不承担经营风险，只收取固定数额货币的，应当认定为借款合同。

第二十四条 合作开发房地产合同约定提供资金的当事人不承担经营风险，只以租赁或者其他形式使用房屋的，应当认定为房屋租赁合同。

四、其　　它

第二十五条 本解释自 2005 年 8 月 1 日起施行；施行后受理的第一审案件适用本解释。

本解释施行前最高人民法院发布的司法解释与本解释不一致的，以本解释为准。

最高人民法院关于审理破坏土地资源刑事案件具体应用法律若干问题的解释

（2000年6月19日　法释〔2000〕14号）

为依法惩处破坏土地资源犯罪活动，根据刑法的有关规定，现就审理这类案件具体应用法律的若干问题解释如下：

第一条　以牟利为目的，违反土地管理法规，非法转让、倒卖土地使用权，具有下列情形之一的，属于非法转让、倒卖土地使用权"情节严重"，依照刑法第二百二十八条的规定，以非法转让、倒卖土地使用权罪定罪处罚：

（一）非法转让、倒卖基本农田5亩以上的；

（二）非法转让、倒卖基本农田以外的耕地10亩以上的；

（三）非法转让、倒卖其他土地20亩以上的；

（四）非法获利50万元以上的；

（五）非法转让、倒卖土地接近上述数量标准并具有其他恶劣情节的，如曾因非法转让、倒卖土地使用权受过行政处罚或者造成严重后果等。

第二条　实施第一条规定的行为，具有下列情形之一的，属于非法转让、倒卖土地使用权"情节特别严重"：

（一）非法转让、倒卖基本农田10亩以上的；

（二）非法转让、倒卖基本农田以外的耕地20亩以上的；

（三）非法转让、倒卖其他土地40亩以上的；

（四）非法获利100万元以上的；

（五）非法转让、倒卖土地接近上述数量标准并具有其他恶劣情节，如造成严重后果等。

第三条　违反土地管理法规，非法占用耕地改作他用，数量较大，造成耕地大量毁坏的，依照刑法第三百四十二条的规定，以非法占用耕地罪定罪处罚：

（一）非法占用耕地"数量较大"，是指非法占用基本农田 5 亩以上或者非法占用基本农田以外的耕地 10 亩以上。

（二）非法占用耕地"造成耕地大量毁坏"，是指行为人非法占用耕地建窑、建坟、建房、挖沙、采石、采矿、取土、堆放固体废弃物或者进行其他非农业建设，造成基本农田 5 亩以上或者基本农田以外的耕地 10 亩以上种植条件严重毁坏或者严重污染。

第四条 国家机关工作人员徇私舞弊，违反土地管理法规，滥用职权，非法批准征用、占用土地，具有下列情形之一的，属于非法批准征用、占用土地"情节严重"，依照刑法第四百一十条的规定，以非法批准征用、占用土地罪定罪处罚：

（一）非法批准征用、占用基本农田 10 亩以上的；

（二）非法批准征用、占用基本农田以外的耕地 30 亩以上的；

（三）非法批准征用、占用其他土地 50 亩以上的；

（四）虽未达到上述数量标准，但非法批准征用、占用土地造成直接经济损失 30 万元以上；造成耕地大量毁坏等恶劣情节的。

第五条 实施第四条规定的行为，具有下列情形之一的，属于非法批准征用、占用土地"致使国家或者集体利益遭受特别重大损失"：

（一）非法批准征用、占用基本农田 20 亩以上的；

（二）非法批准征用、占用基本农田以外的耕地 60 亩以上的；

（三）非法批准征用、占用其他土地 100 亩以上的；

（四）非法批准征用、占用土地，造成基本农田 5 亩以上，其他耕地 10 亩以上严重毁坏的；

（五）非法批准征用、占用土地造成直接经济损失 50 万元以上等恶劣情节的。

第六条 国家机关工作人员徇私舞弊，违反土地管理法规，非法低价出让国有土地使用权，具有下列情形之一的，属于"情节严重"，依照刑法第四百一十条的规定，以非法低价出让国有土地使用权罪定罪处罚：

（一）出让国有土地使用权面积在30亩以上，并且出让价额低于国家规定的最低价额标准的60%的；

（二）造成国有土地资产流失价额在30万元以上的。

第七条　实施第六条规定的行为，具有下列情形之一的，属于非法低价出让国有土地使用权，“致使国家和集体利益遭受特别重大损失”：

（一）非法低价出让国有土地使用权面积在60亩以上，并且出让价额低于国家规定的最低价额标准的40%的；

（二）造成国有土地资产流失价额在50万元以上的。

第八条　单位犯非法转让、倒卖土地使用权罪、非法占有耕地罪的定罪量刑标准，依照本解释第一条、第二条、第三条的规定执行。

第九条　多次实施本解释规定的行为依法应当追诉的，或者1年内多次实施本解释规定的行为未经处理的，按照累计的数量、数额处罚。

最高人民法院关于审理涉及农村集体土地行政案件若干问题的规定

（2011年8月7日　法释〔2011〕20号）

为正确审理涉及农村集体土地的行政案件，根据《中华人民共和国物权法》、《中华人民共和国土地管理法》和《中华人民共和国行政诉讼法》等有关法律规定，结合行政审判实际，制定本规定。

第一条　农村集体土地的权利人或者利害关系人（以下简称土地权利人）认为行政机关作出的涉及农村集体土地的行政行为侵犯其合法权益，提起诉讼的，属于人民法院行政诉讼的受案范围。

第二条　土地登记机构根据人民法院生效裁判文书、协助执行通知书或者仲裁机构的法律文书办理的土地权属登记行为，土地权利人不服提起诉讼的，人民法院不予受理，但土地权利人认为登记内容与有关文书内容不一致的除外。

第三条 村民委员会或者农村集体经济组织对涉及农村集体土地的行政行为不起诉的，过半数的村民可以以集体经济组织名义提起诉讼。

农村集体经济组织成员全部转为城镇居民后，对涉及农村集体土地的行政行为不服的，过半数的原集体经济组织成员可以提起诉讼。

第四条 土地使用权人或者实际使用人对行政机关作出涉及其使用或实际使用的集体土地的行政行为不服的，可以以自己的名义提起诉讼。

第五条 土地权利人认为土地储备机构作出的行为侵犯其依法享有的农村集体土地所有权或使用权，向人民法院提起诉讼的，应当以土地储备机构所隶属的土地管理部门为被告。

第六条 土地权利人认为乡级以上人民政府作出的土地确权决定侵犯其依法享有的农村集体土地所有权或者使用权，经复议后向人民法院提起诉讼的，人民法院应当依法受理。

法律、法规规定应当先申请行政复议的土地行政案件，复议机关作出不受理复议申请的决定或者以不符合受理条件为由驳回复议申请，复议申请人不服的，应当以复议机关为被告向人民法院提起诉讼。

第七条 土地权利人认为行政机关作出的行政处罚、行政强制措施等行政行为侵犯其依法享有的农村集体土地所有权或者使用权，直接向人民法院提起诉讼的，人民法院应当依法受理。

第八条 土地权属登记（包括土地权属证书）在生效裁判和仲裁裁决中作为定案证据，利害关系人对该登记行为提起诉讼的，人民法院应当依法受理。

第九条 涉及农村集体土地的行政决定以公告方式送达的，起诉期限自公告确定的期限届满之日起计算。

第十条 土地权利人对土地管理部门组织实施过程中确定的土地补偿有异议，直接向人民法院提起诉讼的，人民法院不予受理，但应当告知土地权利人先申请行政机关裁决。

第十一条 土地权利人以土地管理部门超过两年对非法占地行

为进行处罚违法，向人民法院起诉的，人民法院应当按照行政处罚法第二十九条第二款的规定处理。

第十二条 征收农村集体土地时涉及被征收土地上的房屋及其他不动产，土地权利人可以请求依照物权法第四十二条第二款的规定给予补偿。

征收农村集体土地时未就被征收土地上的房屋及其他不动产进行安置补偿，补偿安置时房屋所在地已纳入城市规划区，土地权利人请求参照执行国有土地上房屋征收补偿标准的，人民法院一般应予支持，但应当扣除已经取得的土地补偿费。

第十三条 在审理土地行政案件中，人民法院经当事人同意进行协调的期间，不计算在审理期限内。当事人不同意继续协商的，人民法院应当及时审理，并恢复计算审理期限。

第十四条 县级以上人民政府土地管理部门根据土地管理法实施条例第四十五条的规定，申请人民法院执行其作出的责令交出土地决定的，应当符合下列条件：

（一）征收土地方案已经有权机关依法批准；

（二）市、县人民政府和土地管理部门已经依照土地管理法和土地管理法实施条例规定的程序实施征地行为；

（三）被征收土地所有权人、使用人已经依法得到安置补偿或者无正当理由拒绝接受安置补偿，且拒不交出土地，已经影响到征收工作的正常进行；

（四）符合最高人民法院《关于执行〈中华人民共和国行政诉讼法〉若干问题的解释》第八十六条规定的条件。

人民法院对符合条件的申请，应当予以受理，并通知申请人；对不符合条件的申请，应当裁定不予受理。

第十五条 最高人民法院以前所作的司法解释与本规定不一致的，以本规定为准。

国务院关于授权和委托用地审批权的决定

（2020 年 3 月 1 日　国发〔2020〕4 号）

为贯彻落实党的十九届四中全会和中央经济工作会议精神，根据《中华人民共和国土地管理法》相关规定，在严格保护耕地、节约集约用地的前提下，进一步深化“放管服”改革，改革土地管理制度，赋予省级人民政府更大用地自主权，现决定如下：

一、将国务院可以授权的永久基本农田以外的农用地转为建设用地审批事项授权各省、自治区、直辖市人民政府批准。自本决定发布之日起，按照《中华人民共和国土地管理法》第四十四条第三款规定，对国务院批准土地利用总体规划的城市在建设用地规模范围内，按土地利用年度计划分批次将永久基本农田以外的农用地转为建设用地的，国务院授权各省、自治区、直辖市人民政府批准；按照《中华人民共和国土地管理法》第四十四条第四款规定，对在土地利用总体规划确定的城市和村庄、集镇建设用地规模范围外，将永久基本农田以外的农用地转为建设用地的，国务院授权各省、自治区、直辖市人民政府批准。

二、试点将永久基本农田转为建设用地和国务院批准土地征收审批事项委托部分省、自治区、直辖市人民政府批准。自本决定发布之日起，对《中华人民共和国土地管理法》第四十四条第二款规定的永久基本农田转为建设用地审批事项，以及第四十六条第一款规定的永久基本农田、永久基本农田以外的耕地超过三十五公顷的、其他土地超过七十公顷的土地征收审批事项，国务院委托部分试点省、自治区、直辖市人民政府批准。首批试点省份为北京、天津、上海、江苏、浙江、安徽、广东、重庆，试点期限 1 年，具体实施方案由试点省份人民政府制订并报自然资源部备案。国务院将建立健全省级人民政府用地审批工作评价机制，根据各省、自治区、直辖市的土地管理水平综合评估结果，对试点省份进行动态调整，对连续排名靠后或考核不合格的试点省份，国务院将收回委托。

三、有关要求。各省、自治区、直辖市人民政府要按照法律、行政法规和有关政策规定，严格审查把关，特别要严格审查涉及占用永久基本农田、生态保护红线、自然保护区的用地，切实保护耕地，节约集约用地，盘活存量土地，维护被征地农民合法权益，确保相关用地审批权“放得下、接得住、管得好”。各省、自治区、直辖市人民政府不得将承接的用地审批权进一步授权或委托。

自然资源部要加强对各省、自治区、直辖市人民政府用地审批工作的指导和服务，明确审批要求和标准，切实提高审批质量和效率；要采取“双随机、一公开”等方式，加强对用地审批情况的监督检查，发现违规问题及时督促纠正，重大问题及时向国务院报告。

中共中央、国务院关于保持土地承包关系稳定并长久不变的意见

（2019年11月26日）

党的十九大提出，保持土地承包关系稳定并长久不变，第二轮土地承包到期后再延长三十年。为充分保障农民土地承包权益，进一步完善农村土地承包经营制度，推进实施乡村振兴战略，现就保持农村土地（指承包耕地）承包关系稳定并长久不变（以下简称“长久不变”）提出如下意见。

一、重要意义

自实行家庭承包经营以来，党中央、国务院一直坚持稳定农村土地承包关系的方针政策，先后两次延长承包期限，不断健全相关制度体系，依法维护农民承包土地的各项权利。在中国特色社会主义进入新时代的关键时期，党中央提出保持土地承包关系稳定并长久不变，

是对党的农村土地政策的继承和发展，意义重大、影响深远。

（一）实行“长久不变”有利于巩固和完善农村基本经营制度。在农村实行以家庭承包经营为基础、统分结合的双层经营体制，是改革开放的重大成果，是农村基本经营制度。这一制度符合我国国情和农业生产特点，具有广泛适应性和强大生命力。承包关系稳定，有利于增强农民发展生产的信心、保障农村长治久安。实行“长久不变”，顺应了农民愿望，将为巩固农村基本经营制度奠定更为坚实基础，展现持久制度活力。

（二）实行“长久不变”有利于促进中国特色现代农业发展。土地承包关系是农村生产关系的集中体现，需要适应生产力发展的要求不断巩固完善。改革开放初期实行家庭联产承包制，成功解决了亿万农民的温饱问题。随着工业化、城镇化发展和农村劳动力大量转移，农业物质装备水平大幅提升，农业经营规模扩大成为可能。实行“长久不变”，促进形成农村土地“三权”分置格局，稳定承包权，维护广大农户的承包权益，放活经营权，发挥新型农业经营主体引领作用，有利于实现小农户和现代农业发展有机衔接，有利于发展多种形式适度规模经营，推进中国特色农业现代化。

（三）实行“长久不变”有利于推动实施乡村振兴战略。当前，我国发展不平衡不充分问题在乡村最为突出。实施乡村振兴战略是决胜全面建成小康社会、全面建设社会主义现代化国家的重大历史任务。改革是乡村全面振兴的法宝。推动乡村全面振兴，必须以完善产权制度和要素市场化配置为重点，强化制度性供给。实行“长久不变”，完善承包经营制度，有利于强化农户土地承包权益保护，有利于推进农村土地资源优化配置，有利于激活主体、激活要素、激活市场，为实现乡村振兴提供更加有力的制度保障。

（四）实行“长久不变”有利于保持农村社会和谐稳定。土地问题贯穿农村改革全过程，涉及亿万农民切身利益，平衡好各方土地权益，是党的执政能力和国家治理水平的重要体现。实行“长久不变”，进一步明晰集体与农户、农户与农户、农户与新型农业经营主体之间在承包土地上的权利义务关系，有利于发挥社会主义集体经济的优越性，通过起点公平、机会公平，合理调节利益关系，消除土地纠纷隐患，促进社会公平正义，进一步巩固党在农村的执政基础。

二、总体要求

（一）指导思想。以习近平新时代中国特色社会主义思想为指导，全面贯彻党的十九大和十九届二中、三中全会精神，认真落实党中央、国务院决策部署，紧紧围绕统筹推进“五位一体”总体布局和协调推进“四个全面”战略布局，牢固树立和贯彻落实新发展理念，紧扣处理好农民和土地关系这一主线，坚持农户家庭承包经营，坚持承包关系长久稳定，赋予农民更加充分而有保障的土地权利，巩固和完善农村基本经营制度，为提高农业农村现代化水平、推动乡村全面振兴、保持社会和谐稳定奠定制度基础。

（二）基本原则

——稳定基本经营制度。坚持农村土地农民集体所有，确保集体经济组织成员平等享有土地权益，不断探索具体实现形式，不搞土地私有化；坚持家庭承包经营基础性地位，不论经营权如何流转，不论新型农业经营主体如何发展，都不能动摇农民家庭土地承包地位、侵害农民承包权益。

——尊重农民主体地位。尊重农民意愿，把选择权交给农民，依靠农民解决好自己最关心最现实的利益问题；尊重农民首创精神，充分发挥其主动性和创造性，凝聚广大农民智慧和力量，破解改革创新中的难题；加强示范引导，允许农民集体在法律政策范围内通过民主协商自主调节利益关系。

——推进农业农村现代化。顺应新形势完善生产关系，立足建设现代农业、实现乡村振兴，引导土地经营权有序流转，提高土地资源利用效率，形成多种形式农业适度规模经营，既解决好农业问题也解决好农民问题，既重视新型农业经营主体也不忽视普通农户，走出一条中国特色社会主义乡村振兴道路。

——维护农村社会稳定。以农村社会稳定为前提，稳慎有序实施，尊重历史、照顾现实、前后衔接、平稳过渡，不搞强迫命令；

从各地实际出发，统筹考虑、综合平衡、因地制宜、分类施策，不搞一刀切；保持历史耐心，循序渐进、步步为营，既解决好当前矛盾又为未来留有空间。

三、准确把握“长久不变”政策内涵

（一）保持土地集体所有、家庭承包经营的基本制度长久不变。农村土地集体所有、家庭承包经营的基本制度有利于调动集体和农民积极性，对保障国家粮食安全和农产品有效供给具有重要作用，必须毫不动摇地长久坚持，确保农民集体有效行使集体土地所有权、集体成员平等享有土地承包权。要从我国经济社会发展阶段和各地发展不平衡的实际出发，积极探索和不断丰富集体所有、家庭承包经营的具体实现形式，不断推进农村基本经营制度完善和发展。

（二）保持农户依法承包集体土地的基本权利长久不变。家庭经营在农业生产经营中居于基础性地位，要长久保障和实现农户依法承包集体土地的基本权利。农村集体经济组织成员有权依法承包集体土地，任何组织和个人都不能剥夺和非法限制。同时，要根据时代发展需要，不断强化对土地承包权的物权保护，依法保障农民对承包地占有、使用、收益、流转及承包土地的经营权抵押、担保权利，不断赋予其更加完善的权能。

（三）保持农户承包地稳定。农民家庭是土地承包经营的法定主体，农村集体土地由集体经济组织内农民家庭承包，家庭成员依法平等享有承包土地的各项权益。农户承包地要保持稳定，发包方及其他经济组织和个人不得违法调整。鼓励承包农户增加投入，保护和提升地力。各地可在农民自愿前提下结合农田基本建设，组织开展互换并地，发展连片种植。支持新型农业经营主体通过流转农户承包地进行农田整理，提升农业综合生产能力。

四、稳妥推进“长久不变”实施

（一）稳定土地承包关系。第二轮土地承包到期后应坚持延包原则，不得将承包地打乱重分，确保绝大多数农户原有承包地继续保持稳定。对少数存在承包地因自然灾害毁损等特殊情形且群众普遍要求调地的村组，届时可按照大稳定、小调整的原则，由农民集体民主协商，经本集体经济组织成员的村民会议三分之二以上成员或者三分之二以上村民代表同意，并报乡（镇）政府和县级政府农业等行政主管部门批准，可在个别农户间作适当调整，但要依法依规从严掌握。

（二）第二轮土地承包到期后再延长三十年。土地承包期再延长三十年，使农村土地承包关系从第一轮承包开始保持稳定长达七十五年，是实行“长久不变”的重大举措。现有承包地在第二轮土地承包到期后由农户继续承包，承包期再延长三十年，以各地第二轮土地承包到期为起点计算。以承包地确权登记颁证为基础，已颁发的土地承包权利证书，在新的承包期继续有效且不变不换，证书记载的承包期限届时作统一变更。对个别调地的，在合同、登记簿和证书上作相应变更处理。

（三）继续提倡“增人不增地、减人不减地”。为避免承包地的频繁变动，防止耕地经营规模不断细分，进入新的承包期后，因承包方家庭人口增加、缺地少地导致生活困难的，要帮助其提高就业技能，提供就业服务，做好社会保障工作。因家庭成员全部死亡而导致承包方消亡的，发包方应当依法收回承包地，另行发包。通过家庭承包取得土地承包权的，承包方应得的承包收益，依照继承法的规定继承。

（四）建立健全土地承包权依法自愿有偿转让机制。维护进城农户土地承包权益，现阶段不得以退出土地承包权作为农户进城落户的条件。对承包农户进城落户的，引导支持其按照自愿有偿原则依法在本集体经济组织内转让土地承包权或将承包地退还集体经济组织，也可鼓励其多种形式流转承包地经营权。对长期弃耕抛荒承包地的，发包方可以依法采取措施防止和纠正弃耕抛荒行为。

五、切实做好“长久不变”基础工作

（一）做好承包地确权登记颁证工作。承包地确权登记颁证是稳定农村土地承包关系的重大举措，也是落实“长久不变”的重要前提和基本依据。在 2018 年年底前基本完成确权登记颁证工作的基础上，继续做好收尾工作、化解遗留问题，健全承包合同取得权利、登记记载权利、证书证明权利的确权登记制度，并做好与不动产统一登记工作的衔接，赋予农民更有保障的土地承包权益，为实行

"长久不变"奠定坚实基础。

（二）完善落实农村土地所有权、承包权、经营权"三权"分置政策体系。不断探索农村土地集体所有制的有效实现形式，充分发挥所有权、承包权、经营权的各自功能和整体效用，形成层次分明、结构合理、平等保护的格局。深入研究农民集体和承包农户在承包地上、承包农户和经营主体在土地流转中的权利边界及相互权利关系等问题，充分维护农户承包地的各项权能。完善土地经营权流转市场，健全土地流转规范管理制度，探索更多放活土地经营权的有效途径。

（三）健全农村土地承包相关法律政策。按照党中央确定的政策，抓紧修改相关法律，建立健全实行"长久不变"、维护农户土地承包权益等方面的制度体系。在第二轮土地承包到期前，中央农办、农业农村部等部门应研究出台配套政策，指导各地明确第二轮土地承包到期后延包的具体办法，确保政策衔接、平稳过渡。

（四）高度重视政策宣传引导工作。各地区各有关部门要加大宣传力度，各新闻媒体要积极发挥作用，做好"长久不变"政策解读和业务培训，及时、充分、有针对性地发布信息，使广大农民和基层干部群众全面准确了解党和国家的农村土地承包政策。密切关注政策落实中出现的新情况新问题，积极应对、妥善处理，重大问题要及时报告。

各省（自治区、直辖市）党委和政府要充分认识实行"长久不变"的重要性、系统性、长期性，按照党中央、国务院要求，切实加强领导，落实工作责任，研究解决实行"长久不变"的重点难点问题，保障"长久不变"和第二轮土地承包到期后再延长三十年政策在本地顺利实施。实行县级党委和政府负责制，县级要针对具体问题制定工作方案，结合本地实际周密组织实施，确保"长久不变"政策落实、承包延期平稳过渡，保持农村社会和谐稳定。各有关部门要按照职责分工，主动支持配合，形成工作合力，健全齐抓共管的工作机制，维护好、实现好农民承包土地的各项权利，保证农村长治久安。

中共中央、国务院关于建立国土空间规划体系并监督实施的若干意见

（2019年5月23日）

国土空间规划是国家空间发展的指南、可持续发展的空间蓝图，是各类开发保护建设活动的基本依据。建立国土空间规划体系并监督实施，将主体功能区规划、土地利用规划、城乡规划等空间规划融合为统一的国土空间规划，实现“多规合一”，强化国土空间规划对各专项规划的指导约束作用，是党中央、国务院作出的重大部署。为建立国土空间规划体系并监督实施，现提出如下意见。

一、重大意义

各级各类空间规划在支撑城镇化快速发展、促进国土空间合理利用和有效保护方面发挥了积极作用，但也存在规划类型过多、内容重叠冲突，审批流程复杂、周期过长，地方规划朝令夕改等问题。建立全国统一、责权清晰、科学高效的国土空间规划体系，整体谋划新时代国土空间开发保护格局，综合考虑人口分布、经济布局、国土利用、生态环境保护等因素，科学布局生产空间、生活空间、生态空间，是加快形成绿色生产方式和生活方式、推进生态文明建设、建设美丽中国的关键举措，是坚持以人民为中心、实现高质量发展和高品质生活、建设美好家园的重要手段，是保障国家战略有效实施、促进国家治理体系和治理能力现代化、实现“两个一百年”奋斗目标和中华民族伟大复兴中国梦的必然要求。

二、总体要求

（一）指导思想。以习近平新时代中国特色社会主义思想为指导，全面贯彻党的十九大和十九届二中、三中全会精神，紧紧围绕统筹推进“五位一体”总体布局和协调推进“四个全面”战略布

局，坚持新发展理念，坚持以人民为中心，坚持一切从实际出发，按照高质量发展要求，做好国土空间规划顶层设计，发挥国土空间规划在国家规划体系中的基础性作用，为国家发展规划落地实施提供空间保障。健全国土空间开发保护制度，体现战略性、提高科学性、强化权威性、加强协调性、注重操作性，实现国土空间开发保护更高质量、更有效率、更加公平、更可持续。

（二）主要目标。到 2020 年，基本建立国土空间规划体系，逐步建立“多规合一”的规划编制审批体系、实施监督体系、法规政策体系和技术标准体系；基本完成市县以上各级国土空间总体规划编制，初步形成全国国土空间开发保护“一张图”。到 2025 年，健全国土空间规划法规政策和技术标准体系；全面实施国土空间监测预警和绩效考核机制；形成以国土空间规划为基础，以统一用途管制为手段的国土空间开发保护制度。到 2035 年，全面提升国土空间治理体系和治理能力现代化水平，基本形成生产空间集约高效、生活空间宜居适度、生态空间山清水秀，安全和谐、富有竞争力和可持续发展的国土空间格局。

三、总体框架

（三）分级分类建立国土空间规划。国土空间规划是对一定区域国土空间开发保护在空间和时间上作出的安排，包括总体规划、详细规划和相关专项规划。国家、省、市县编制国土空间总体规划，各地结合实际编制乡镇国土空间规划。相关专项规划是指在特定区域（流域）、特定领域，为体现特定功能，对空间开发保护利用作出的专门安排，是涉及空间利用的专项规划。国土空间总体规划是详细规划的依据、相关专项规划的基础；相关专项规划要相互协同，并与详细规划做好衔接。

（四）明确各级国土空间总体规划编制重点。全国国土空间规划是对全国国土空间作出的全局安排，是全国国土空间保护、开发、利用、修复的政策和总纲，侧重战略性，由自然资源部会同相关部门组织编制，由党中央、国务院审定后印发。省级国土空间规划是对全国国土空间规划的落实，指导市县国土空间规划编制，侧重协调性，由省级政府组织编制，经同级人大常委会审议后报国务院审批。市县和乡镇国土空间规划是本级政府对上级国土空间规划要求的细化落实，是对本行政区域开发保护作出的具体安排，侧重实施性。需报国务院审批的城市国土空间总体规划，由市政府组织编制，经同级人大常委会审议后，由省级政府报国务院审批；其他市县及乡镇国土空间规划由省级政府根据当地实际，明确规划编制审批内容和程序要求。各地可因地制宜，将市县与乡镇国土空间规划合并编制，也可以几个乡镇为单元编制乡镇级国土空间规划。

（五）强化对专项规划的指导约束作用。海岸带、自然保护地等专项规划及跨行政区域或流域的国土空间规划，由所在区域或上一级自然资源主管部门牵头组织编制，报同级政府审批；涉及空间利用的某一领域专项规划，如交通、能源、水利、农业、信息、市政等基础设施，公共服务设施，军事设施，以及生态环境保护、文物保护、林业草原等专项规划，由相关主管部门组织编制。相关专项规划可在国家、省和市县层级编制，不同层级、不同地区的专项规划可结合实际选择编制的类型和精度。

（六）在市县及以下编制详细规划。详细规划是对具体地块用途和开发建设强度等作出的实施性安排，是开展国土空间开发保护活动、实施国土空间用途管制、核发城乡建设项目规划许可、进行各项建设等的法定依据。在城镇开发边界内的详细规划，由市县自然资源主管部门组织编制，报同级政府审批；在城镇开发边界外的乡村地区，以一个或几个行政村为单元，由乡镇政府组织编制“多规合一”的实用性村庄规划，作为详细规划，报上一级政府审批。

四、编制要求

（七）体现战略性。全面落实党中央、国务院重大决策部署，体现国家意志和国家发展规划的战略性，自上而下编制各级国土空间规划，对空间发展作出战略性系统性安排。落实国家安全战略、区域协调发展战略和主体功能区战略，明确空间发展目标，优化城镇化格局、农业生产格局、生态保护格局，确定空间发展策略，转变国土空间开发保护方式，提升国土空间开发保护质量和效率。

（八）提高科学性。坚持生态优先、绿色发展，尊重自然规律、经济规律、社会规律和城乡发展规律，因地制宜开展规划编制工作；坚持节约优先、保护优先、自然恢复为主的方针，在资源环境承载能力和国土空间开发适宜性评价的基础上，科学有序统筹布局生态、农业、城镇等功能空间，划定生态保护红线、永久基本农田、城镇开发边界等空间管控边界以及各类海域保护线，强化底线约束，为可持续发展预留空间。坚持山水林田湖草生命共同体理念，加强生态环境分区管治，量水而行，保护生态屏障，构建生态廊道和生态网络，推进生态系统保护和修复，依法开展环境影响评价。坚持陆海统筹、区域协调、城乡融合，优化国土空间结构和布局，统筹地上地下空间综合利用，着力完善交通、水利等基础设施和公共服务设施，延续历史文脉，加强风貌管控，突出地域特色。坚持上下结合、社会协同，完善公众参与制度，发挥不同领域专家的作用。运用城市设计、乡村营造、大数据等手段，改进规划方法，提高规划编制水平。

（九）加强协调性。强化国家发展规划的统领作用，强化国土空间规划的基础作用。国土空间总体规划要统筹和综合平衡各相关专项领域的空间需求。详细规划要依据批准的国土空间总体规划进行编制和修改。相关专项规划要遵循国土空间总体规划，不得违背总体规划强制性内容，其主要内容要纳入详细规划。

（十）注重操作性。按照谁组织编制、谁负责实施的原则，明确各级各类国土空间规划编制和管理的要点。明确规划约束性指标和刚性管控要求，同时提出指导性要求。制定实施规划的政策措施，提出下级国土空间总体规划和相关专项规划、详细规划的分解落实要求，健全规划实施传导机制，确保规划能用、管用、好用。

五、实施与监管

（十一）强化规划权威。规划一经批复，任何部门和个人不得随意修改、违规变更，防止出现换一届党委和政府改一次规划。下级国土空间规划要服从上级国土空间规划，相关专项规划、详细规划要服从总体规划；坚持先规划、后实施，不得违反国土空间规划进行各类开发建设活动；坚持“多规合一”，不在国土空间规划体系之外另设其他空间规划。相关专项规划的有关技术标准应与国土空间规划衔接。因国家重大战略调整、重大项目建设或行政区划调整等确需修改规划的，须先经规划审批机关同意后，方可按法定程序进行修改。对国土空间规划编制和实施过程中的违规违纪违法行为，要严肃追究责任。

（十二）改进规划审批。按照谁审批、谁监管的原则，分级建立国土空间规划审查备案制度。精简规划审批内容，管什么就批什么，大幅缩减审批时间。减少需报国务院审批的城市数量，直辖市、计划单列市、省会城市及国务院指定城市的国土空间总体规划由国务院审批。相关专项规划在编制和审查过程中应加强与有关国土空间规划的衔接及“一张图”的核对，批复后纳入同级国土空间基础信息平台，叠加到国土空间规划“一张图”上。

（十三）健全用途管制制度。以国土空间规划为依据，对所有国土空间分区分类实施用途管制。在城镇开发边界内的建设，实行“详细规划+规划许可”的管制方式；在城镇开发边界外的建设，按照主导用途分区，实行“详细规划+规划许可”和“约束指标+分区准入”的管制方式。对以国家公园为主体的自然保护地、重要海域和海岛、重要水源地、文物等实行特殊保护制度。因地制宜制定用途管制制度，为地方管理和创新活动留有空间。

（十四）监督规划实施。依托国土空间基础信息平台，建立健全国土空间规划动态监测评估预警和实施监管机制。上级自然资源主管部门要会同有关部门组织对下级国土空间规划中各类管控边界、约束性指标等管控要求的落实情况进行监督检查，将国土空间规划执行情况纳入自然资源执法督察内容。健全资源环境承载能力监测预警长效机制，建立国土空间规划定期评估制度，结合国民经济社会发展实际和规划定期评估结果，对国土空间规划进行动态调整完善。

（十五）推进“放管服”改革。以“多规合一”为基础，统筹规划、建设、管理三大环节，推动“多审合一”、“多证合一”。优化现行建设项目用地（海）预审、规划选址以及建设用地规划许可、建设工程规划许可等审批流程，提高审批效能和监管服务水平。

六、法规政策与技术保障

（十六）完善法规政策体系。研究制定国土空间开发保护法，加快国土空间规划相关法律法规建设。梳理与国土空间规划相关的现行法律法规和部门规章，对“多规合一”改革涉及突破现行法律法规规定的内容和条款，按程序报批，取得授权后施行，并做好过渡时期的法律法规衔接。完善适应主体功能区要求的配套政策，保障国土空间规划有效实施。

（十七）完善技术标准体系。按照“多规合一”要求，由自然资源部会同相关部门负责构建统一的国土空间规划技术标准体系，修订完善国土资源现状调查和国土空间规划用地分类标准，制定各级各类国土空间规划编制办法和技术规程。

（十八）完善国土空间基础信息平台。以自然资源调查监测数据为基础，采用国家统一的测绘基准和测绘系统，整合各类空间关联数据，建立全国统一的国土空间基础信息平台。以国土空间基础信息平台为底板，结合各级各类国土空间规划编制，同步完成县级以上国土空间基础信息平台建设，实现主体功能区战略和各类空间管控要素精准落地，逐步形成全国国土空间规划“一张图”，推进政府部门之间的数据共享以及政府与社会之间的信息交互。

七、工作要求

（十九）加强组织领导。各地区各部门要落实国家发展规划提出的国土空间开发保护要求，发挥国土空间规划体系在国土空间开发保护中的战略引领和刚性管控作用，统领各类空间利用，把每一寸土地都规划得清清楚楚。坚持底线思维，立足资源禀赋和环境承载能力，加快构建生态功能保障基线、环境质量安全底线、自然资源利用上线。严格执行规划，以钉钉子精神抓好贯彻落实，久久为功，做到一张蓝图干到底。地方各级党委和政府要充分认识建立国土空间规划体系的重大意义，主要负责人亲自抓，落实政府组织编制和实施国土空间规划的主体责任，明确责任分工，落实工作经费，加强队伍建设，加强监督考核，做好宣传教育。

（二十）落实工作责任。各地区各部门要加大对本行业本领域涉及空间布局相关规划的指导、协调和管理，制定有利于国土空间规划编制实施的政策，明确时间表和路线图，形成合力。组织、人事、审计等部门要研究将国土空间规划执行情况纳入领导干部自然资源资产离任审计，作为党政领导干部综合考核评价的重要参考。纪检监察机关要加强监督。发展改革、财政、金融、税务、自然资源、生态环境、住房城乡建设、农业农村等部门要研究制定完善主体功能区的配套政策。自然资源主管部门要会同相关部门加快推进国土空间规划立法工作。组织部门在对地方党委和政府主要负责人的教育培训中要注重提高其规划意识。教育部门要研究加强国土空间规划相关学科建设。自然资源部要强化统筹协调工作，切实负起责任，会同有关部门按照国土空间规划体系总体框架，不断完善制度设计，抓紧建立规划编制审批体系、实施监督体系、法规政策体系和技术标准体系，加强专业队伍建设和行业管理。自然资源部要定期对本意见贯彻落实情况进行监督检查，重大事项及时向党中央、国务院报告。

自然资源部关于加强国土空间详细规划工作的通知

（2023年3月23日　自然资发〔2023〕43号）

各省、自治区、直辖市自然资源主管部门，新疆生产建设兵团自然资源局：

为深入贯彻党的二十大精神，深化“多规合一”改革，提高城市规划、建设、治理水平，促进城乡高质量发展，依据《土地管理法》《城乡规划法》和《中共中央国务院关于建立国土空间规划体系并监督实施的若干意见》，就加强国土空间详细规划（以下简称“详细规划”）工作通知如下。

一、积极发挥详细规划法定作用。详细规划是实施国土空间用途管制和核发建设用地规划许可证、建设工程规划许可证、乡村建设规划许可证等城乡建设项目规划许可以及实施城乡开发建设、整治更新、保护修复活动的法定依据，是优化城乡空间结构、完善功能配置、激发发展活力的实施性政策工具。详细规划包括城镇开发边界内详细规划、城镇开发边界外村庄规划及风景名胜区详细规划等类型。各地在“三区三线”划定后，应全面开展详细规划的编制（新编或修编，下同），并结合实际依法在既有规划类型未覆盖地区探索其他类型详细规划。

二、分区分类推进详细规划编制。要按照城市是一个有机生命体的理念，结合行政事权统筹生产、生活、生态和安全功能需求划定详细规划编制单元，将上位总体规划战略目标、底线管控、功能布局、空间结构、资源利用等方面的要求分解落实到各规划单元，加强单元之间的系统协同，作为深化实施层面详细规划的基础。各地可根据新城建设、城市更新、乡村建设、自然和历史文化资源保护利用的需求和产城融合、城乡融合、区域一体、绿色发展等要求，因地制宜划分不同单元类型，探索不同单元类型、不同层级深度详细规划的编制和管控方法。

三、提高详细规划的针对性和可实施性。要以国土调查、地籍调查、不动产登记等法定数据为基础，加强人口、经济社会、历史文化、自然地理和生态、景观资源等方面调查，按照《国土空间规划城市体检评估规程》，深化规划单元及社区层面的体检评估，通过综合分析资源资产条件和经济社会关系，准确把握地区优势特点，找准空间治理问题短板，明确功能完善和空间优化的方向，切实提高详细规划的针对性和可实施性。

四、城镇开发边界内存量空间要推动内涵式、集约型、绿色化发展。围绕建设“人民城市”要求，按照《社区生活圈规划技术指南》，以常住人口为基础，针对后疫情时代实际服务人口的全面发展需求，因地制宜优化功能布局，逐步形成多中心、组团式、网络化的空间结构，提高城市服务功能的均衡性、可达性和便利性。要补齐就近就业和教育、健康、养老等公共服务设施短板，完善慢行系统和社区公共休闲空间布局，提升生态、安全和数字化等新型基础设施配置水平。要融合低效用地盘活等土地政策，统筹地上地下，鼓励开发利用地下空间、土地混合开发和空间复合利用，有序引导单一功能产业园区向产城融合的产业社区转变，提升存量土地节约集约利用水平和空间整体价值。要强化对历史文化资源、地域景观资源的保护和合理利用，在详细规划中合理确定各规划单元范围内存量空间保留、改造、拆除范围，防止“大拆大建”。

五、城镇开发边界内增量空间要强化单元统筹，防止粗放扩张。要根据人口和城乡高质量发展的实际需要，以规划单元统筹增量空间功能布局、整体优化空间结构，促进产城融合、城乡融合和区域一体协调发展，避免增量空间无序、低效。要严格控制增量空间的开发，确需占用耕地的，应按照“以补定占”原则同步编制补充耕地规划方案，明确补充耕地位置和规模。总体规划确定的战略留白用地，一般不编制详细规划，但要加强开发保护的管控。

六、强化详细规划编制管理的技术支撑。重点地区编制详细规划，自然资源部门应按照《国土空间规划城市设计指南》要求开展城市设计，城市设计方案经比选后，按法定程序将有关建议统筹纳入详细规划管控引导要求。适应新产业、新业态和新生活方式的需要，鼓励地方按照“多规合一”、节约集约和安全韧性的原则，结合城市更新和新城建设的实际，因地制宜制定或修订基础设施、公共服务设施和日照、间距等地方性规划标准，体现地域文化、地方特点和优势，防止“千城一面”。要加快推进规划编制和实施管理的数字化转型，依托国土空间基础信息平台和国土空间规划“一张图”系统，按照统一的规划技术标准和数据标准，有序实施详细规划编制、审批、实施、监督全程在线数字化管理，提高工作质量和效能。

七、加强详细规划组织实施。市县自然资源部门是详细规划的主管部门，省级自然资源部门要加强指导。应当委托具有城乡规划编制资质的单位编制详细规划，并探索建立详细规划成果由注册城乡规划师签字的执业规范。要健全公众参与制度，在详细规划编制中做好公示公开，主动接受社会监督。

各地要在2023年底前，完成详细规划编制单元划定工作，并结合“十四五”经济社会发展和城市建设、治理的需要，及时启动实施层面详细规划的编制工作。各地要及时总结经验、分析问题和矛盾、提出深化改革意见和建议，重要事项及时报告我部。

实用附录：

1. 征地流程图*

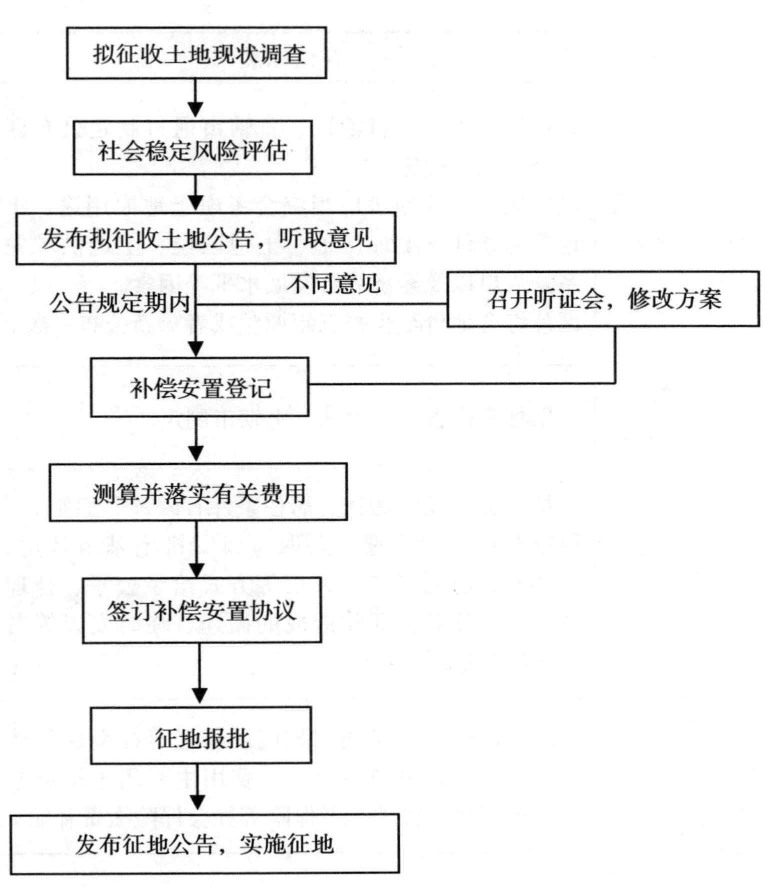

* 仅供参考。

2. 集体土地征收补偿标准

补偿项目	补偿标准
土地补偿费及安置补助费	补偿标准由省、自治区、直辖市通过制定公布区片综合地价确定。 制定区片综合地价应当综合考虑土地原用途、土地资源条件、土地产值、土地区位、土地供求关系、人口以及经济社会发展水平等因素。 区片综合地价至少每三年调整或者重新公布一次。
地上附着物和青苗补偿	补偿标准由省、自治区、直辖市制定。
农村村民住宅安置	坚持“先补偿后搬迁、居住条件有改善”原则。 尊重农村村民意愿，采取重新安排宅基地建房、提供安置房或者货币补偿等方式给予公平、合理的补偿，并对因征收造成的搬迁、临时安置等费用予以补偿。
社会保障费用	应当将被征地农民纳入相应的养老等社会保障体系。被征地农民的社会保障费用主要用于符合条件的被征地农民的养老保险等社会保险缴费补贴。

图书在版编目（CIP）数据

中华人民共和国土地管理法（含土地管理法实施条例）注解与配套／中国法制出版社编．—北京：中国法制出版社，2023.7

（法律注解与配套丛书）

ISBN 978-7-5216-3691-8

Ⅰ．①中…　Ⅱ．①中…　Ⅲ．①土地管理法-法律解释-中国　Ⅳ．①D922.305

中国国家版本馆 CIP 数据核字（2023）第 117244 号

策划编辑：袁笋冰　　　　责任编辑：刘晓霞　　　　封面设计：杨泽江

中华人民共和国土地管理法注解与配套（含土地管理法实施条例）

ZHONGHUA RENMIN GONGHEGUO TUDI GUANLIFA ZHUJIE YU PEITAO（HAN TUDI GUANLIFA SHISHI TIAOLI）

经销/新华书店
印刷/三河市国英印务有限公司
开本/850 毫米×1168 毫米 32 开　　　　印张/ 13.125　字数/ 307 千
版次/2023 年 7 月第 1 版　　　　2023 年 7 月第 1 次印刷

中国法制出版社出版
书号 ISBN 978-7-5216-3691-8　　　　定价：38.00 元

北京市西城区西便门西里甲 16 号西便门办公区
邮政编码：100053　　　　传真：010-63141600
网址：http：//www.zgfzs.com　　　　编辑部电话：010-63141664
市场营销部电话：010-63141612　　　　印务部电话：010-63141606

（如有印装质量问题，请与本社印务部联系。）